横行草原的柔然

柔然

从黄河到莱茵河

罗三洋 著

中国国际广播出版社

图书在版编目（CIP）数据

横行草原的柔然——从黄河到莱茵河 / 罗三洋著. —北京：中国国际广播出版社，2021.8（2023.4重印）

（消失的帝国）

ISBN 978-7-5078-4951-6

Ⅰ.①横… Ⅱ.①罗… Ⅲ.①柔然－民族历史－通俗读物 Ⅳ.①K289-49

中国版本图书馆CIP数据核字（2021）第164022号

横行草原的柔然——从黄河到莱茵河

著　　者	罗三洋	
责任编辑	笑学婧	
校　　对	张　娜	
设　　计	GF Design Studio	

出版发行	中国国际广播出版社有限公司 ［010–89508207（传真）］	
社　　址	北京市丰台区榴乡路88号石榴中心2号楼1701	
	邮编：100079	
印　　刷	环球东方（北京）印务有限公司	

开　　本	710×1000　1/16	
字　　数	210千字	
印　　张	20.25	
版　　次	2021 年 10 月 北京第一版	
印　　次	2023 年 4 月 第二次印刷	
定　　价	48.00 元	

目录

被遗忘的草原帝国

"远方的人请问你来自哪里，你可曾听说过
阿瓦尔古丽？她带着我的心儿穿越那戈壁，多
年以前丢失在遥远的伊犁。"这首《新阿瓦尔古
丽》不仅将我们的心绪带到现代的伊犁，也带
回了古时的戈壁。

在1700余年前，柔然，一个太阳神阿波罗
的后裔，以异乎寻常的速度突然出现在蒙古高
原，开始在纵横几万里的欧亚大陆尽情驰骋。
欧洲人惊讶地发现，百余年前匈奴大帝阿提拉
的阴魂尚未散去，一个叫吐贺真的"魔鬼"又
带领一支辫子军出现在眼前。

墙内开花墙外香，柔然—阿瓦尔，这个继
匈奴、鲜卑之后的草原骄子到哪里去了呢？他
们留下的只是一些充满神奇的名字吗？

> 远方的人请问你来自哪里，你可曾听说过阿瓦尔古丽？她带着我的心儿穿越那戈壁，多年以前丢失在遥远的伊犁……

这悠扬的旋律将我们的心绪带回了两千年前的戈壁。

从戈壁以南的河套平原到接近北极圈的西伯利亚苔原，从大兴安岭到喀尔巴阡山脉之间的亚欧大草原，自古就是游牧民族生活的乐土。一群牲畜、一副弓箭、一顶帐篷，似乎就是他们的全部家当。当气候宜人时，他们生活得松散而安逸，醉心于放牧、狩猎和歌舞，对偶然来访的客人表现出极大的热情；而当气候恶化、牲畜成批死亡时，他们则会显现出另一种狂野的性格，在短期内自发地组成庞大的军队，像饥饿的狼群那样洗劫南方的农业居住区。他们的弓骑兵像旋风一般疾驰，发射出像机关枪一样猛烈的箭雨，每每令文明大国的正规军疲于奔命。从东亚到中欧，所有的农业民族都曾是他们征服的对象，所有的可耕地都曾留下他们无情的蹄痕，只有几个最强盛的农业帝国能勉强与之抗衡。

公元4世纪，亚欧大草原与中原大地一样，笼罩在军阀混战的阴影中。匈奴与鲜卑的时代已然消逝，突厥与蒙古的时代却尚未到来。一个新兴的民族经过几十年混战，终于君临大草原。他们上承匈奴、乌桓、鲜卑，下启突厥、契丹、蒙古，既是古老草原传统的捍卫者，也是新兴科技文化的倡导者。小到发型和武器，大到信仰和语言，他们的文化都深刻地影响着后世欧亚大陆上的众多民族。

和许多古代游牧集团一样，这个民族曾经有许多名字：北朝人称他们为"蠕蠕"，南朝人称他们为"蝚蠕"或"芮芮"，隋唐的中原人称他们为"阿拔"，突厥人则称他们为"阿帕尔"（Apar）。

在境外，他们的名字更是五花八门。阿拉伯人称他们为"沙里"（Sharii），欧洲人则称他们为"哲欧根"（Geougen）、"阿瓦尔"（Avar）、"欧伯尔"（Obor）或"瓦尔匈奴"（Varchonitae）。他们给自己的命名是"阿瓦尔"。

按照《辽史·国语解》的记载，"蠕蠕"的"蠕"字，古代发音是"而宣切"，也就是"ruan"，读如"软"，表示蛇虫爬行的形象。从语音判断，"蠕蠕""蝚蠕""芮芮""茹茹""柔然""哲欧根"等显然是同一个名字，现代汉语拼音应拼作"ruan ruan"，而国外的著作则沿用威氏拼音法，拼作"juan juan"。同样，"阿拔""阿帕尔""欧伯尔""阿瓦尔"也可以合而为一，即满语中的"Abahai"（通常译为"阿巴亥"或"阿拔嘎"）或突厥语中的"Abakan"（阿巴坎），也是蛇的意思。可见，这个民族的本名应该是"阿拔尔"，其他音译形式为"阿拔""阿帕尔""阿瓦尔""阿拔嘎"或"阿巴坎"；它的意译则为"蠕蠕""蝚蠕"或"柔然"，也可写作"芮芮""茹茹""哲欧根"等形式。

与匈奴、鲜卑、突厥、契丹、蒙古等更著名的游牧民族不同，柔然关于民族的起源既没有怪异的野史传说，也没有动人的传奇可讲。但这绝不代表它缺乏惊心动魄的内容，只能抱怨生不逢时。因为柔然人叱咤风云的时候，世界各地都处于文化衰落时期，普遍缺乏优秀的历史著作。同时柔然人不像他们的前辈匈奴人、鲜卑人那么嗜血，虽然他们曾经横扫东西数万里，攻陷过上千座城镇，但是从来没有进行过一次屠城，因此也就没有制造出大批对所受苦难刻骨铭心的受害者。没有了受害者的诅咒，柔然人自然淡出了口传史学"家"们的视野。

柔然民族原本出自拓跋鲜卑，与后者一样，是出自匈奴以东的东胡族系。除了战马和弓箭，他们更崇拜从东方升起的太阳及由鹰、豹组合而成的怪兽。

他们神秘的族名"阿瓦尔"出自亚欧草原上古老的传奇英雄阿波罗。不过阿波罗辉煌的历史历经数千年的口耳相传，早已成为模糊的神话，新的光荣需要太阳神后裔们自己去努力博取。

当拓跋鲜卑被前秦征服时，柔然人也沦为前秦帝国的臣民。但淝水之战完全改变了中原历史的进程，前秦帝国几乎在一夜之间土崩瓦解。柔然人乘机摆脱鲜卑人的控制，独立并北上，进而统一了蒙古高原，建立起绵延万里的柔然汗国。

为了对付昔日的宗主——拓跋鲜卑人建立的北魏帝国，柔然人与汉族统治的南朝政权建立了长期盟友关系。在此后的三百多年中，这支令人闻风丧胆的辫子军东征西讨，踏遍从黑龙江到易北河之间的辽阔土地，继匈奴之后，将草原帝国的荣耀再次传遍亚欧大陆。正因为他们的牵制，北魏才无法完成统一中国的使命；也正由于他们的西征，西罗马帝国才最终被欧洲民族大迁徙的浪潮摧毁。

早年的苦难没有在柔然民族心中燃起复仇的烈焰，反而培养了他们同情弱者的宽厚性格。远征柔然的失利一度使北魏帝国沦落到崩溃的边缘，进而导致了人类历史上的第一次灭佛。大批北魏佛教徒逃奔漠北避难。受其感召，柔然民族逐渐接受了佛教信仰，佛法自此在蒙古高原上深入人心。受佛教影响，柔然汗国一度与死敌北魏和解，双方还合资兴建了大同云冈石窟、敦煌莫高窟、河北响堂山等佛教石窟。其盟友嚈哒汗国也在中亚同时兴建了闻名于世的巴米扬大佛。

对佛教来说，那是一个最激动人心的时代，也是一个充满艺术奇迹的时代。

5世纪中叶是柔然汗国的鼎盛时期，他们软硬兼施，建立起一个比匈奴帝国更加庞大的国家。北匈奴的直系后裔——悦般，就是被柔然和嚈哒联盟消灭的，冒顿单于的后代因而丧失了贵族的地位，沦为普通的中亚牧民。

不久，柔然铁骑越过乌拉尔河，深入东欧腹地，若不是他们伟大的可汗吐贺真正好在此时去世，柔然人早就可以在维也纳森林野营了。出于对柔然人的畏惧，东欧民族纷纷涌向中欧，在匈奴帝国崩溃后制造出又一波民族迁徙浪潮，最终将盛极一时的西罗马帝国彻底灭亡。这次远征虽然半途而废，但为柔然人的后裔保存了西方的记忆，阿瓦尔人、保加利亚人、突厥人、马扎尔人和蒙古人没有必要向别人打探道路，也无须自己摸着石头过河，就可以沿着先人的足迹，从额尔齐斯河直扑多瑙河。

到了公元 6 世纪中叶，北魏与柔然这对亦敌亦友、亦亲亦仇的欢喜冤家，相继分裂成东西两朝。柔然汗国经过艰苦努力，一度重整山河，并利用北魏的分裂主宰了东方的政局。但上次分裂的恶果继续发酵，原本臣属于柔然汗国的突厥人在西魏的支持下突然崛起，一举结束了柔然人在漠北的霸权。在突厥人的追杀下，柔然民族四分五裂，大多融入其他的亚洲民族中，他们兄弟般的盟友——哒哒也落了个相同的下场。

558 年，自称"阿瓦尔人"的异国使团抵达君士坦丁堡（Constantinople，今土耳其伊斯坦布尔），请求与拜占庭人结盟，这给西方人带来了巨大的惊讶和震动。不久，突厥人也派来使团，抗议拜占庭人接纳阿瓦尔人，这时西方才知道，阿瓦尔人就是柔然人，他们只是回到了祖先阿波罗生活和战斗过的地方而已。

拜占庭与较为强大的突厥人结盟，以对付死敌波斯，阿瓦尔人则巧妙地拉拢波斯夹击拜占庭，又先后征服了保加利亚人和斯拉夫人等西方民族，在东欧平原上重建柔然汗国，从此开始了他们"墙内开花墙外香"的第二春。

柔然铁骑的出现，给衰落中的欧洲带来了极大的冲击，他们要向东方军队学习的东西太多了，欧洲最早的军事理论巨著《战略学》就是在这种背景下应运而生的。弯曲的马刀、丈八长矛、鱼鳞甲、新式钢盔，特别是金属马镫，这些阿瓦尔武器使欧洲的军火库焕然一新。同时，阿瓦尔人也乐于引进西方独有的科技，例如马蹄铁和马刺。正是在阿瓦尔汗国，现代马匹的全套装备才最终成型。

虽然被突厥人赶出家乡，但阿瓦尔人毕竟是幸运的。他们找到了一块肥沃的土地，还拥有了一位杰出的君主——伯颜可汗。伯颜不仅是出色的军事家，更是高明的外交家，为了给本民族争取最大的利益，他与拜占庭人进行了多次经典的谈判。他也意识到武力的局限性，所以尽量避免对征服地区进行经济上的破坏，并且用减税的方法促进农业生产，促成了中世纪欧洲农奴制经济的发展。

依靠军事才能，伯颜西征法国，生擒了法国国王西格伯特，导致墨洛温王朝的衰微和加洛林王朝的兴起；依靠外交才能，伯颜利用日耳曼民族间的矛盾，成功地吞并了曾经翦灭欧洲匈奴人的格皮德王国，并迫使伦巴第人向南方迁徙。后者在意大利北部一直居住至今，当地因此得名"伦巴第"。

至此，整个中欧地区都落入了阿瓦尔汗国，也就是柔然帝国之手。随后，伯颜东御突厥，南征拜占庭，勒索了巨额贡金，使濒临绝境的阿瓦尔民族快速崛起为欧洲第一强权。

草原帝国的一大缺点是过于依赖英雄。由于缺乏稳固的政治体系、可持续发展的经济模式和科技创新，帝国的盛衰几乎全部系于可汗一身。伯颜的儿子滥用父亲的遗产，联合波斯夹击拜占庭，把实力全部消耗在君士坦丁堡坚固的城墙之下，最终功亏一篑。

草原帝国传统的"暴力经济"需要不断的军事成就来维持，没有取得战利品的征战就是失败。缺乏掠夺成果使阿瓦尔汗国内部矛盾重重，地方诸侯各怀鬼胎，汗位争夺斗争更使得阿瓦尔汗国彻底分裂，大保加利亚汗国、可萨突厥汗国和各个斯拉夫国家则趁机相继形成。而当大保加利亚汗国瓦解之后，保加利亚人便在可萨突厥人的驱逐下四处迁徙，引发了新一轮的民族迁徙狂潮，同时也进一步削弱了阿瓦尔人的实力。

查理大帝登上法国王位后，觊觎阿瓦尔汗国的财富，积极东侵。此时的阿瓦尔人早已定居务农，民不知战，无力抵抗自己的学生——法国重骑兵的攻击，又因陷入内讧难以自拔，终于在公元8世纪末向法军投降。在远征阿瓦尔汗国期间，著名的《尼伯龙根之歌》开始在法军队伍里流行，它描述的故事并不是一个虚幻的传奇，而是对现实的演绎。根本没有什么勃艮第人对匈奴的远征，有的只是法国对阿瓦尔的远征。《尼伯龙根之歌》中的大部分人物都可以在那段历史中找到原型，"尼伯龙根的宝物"正是阿瓦尔可汗的国库。它传唱千古，打造了德意志民族的性格，影响至今不衰。

被法国征服后仅仅一年，因不堪忍受残酷剥削，阿瓦尔人纷纷暴动，结果惨遭法国和保加利亚的联合镇压，领地和民众都被两国瓜分。从此，这个曾经叱咤风云的民族便陨落在历史长河中，渐渐被后人遗忘。

柔然人，或者阿瓦尔人，真的彻底灭亡了吗？

时光又流淌了八百多年之后，"Abahai"再次成为后金大汗努尔哈赤最钟爱的名字。

1601年，努尔哈赤迎娶了纳喇氏女子阿巴亥为妾，后来将她升为大妃，宠爱无比。阿巴亥给努尔哈赤生了三个儿子：阿济格、多尔衮、多铎。临终前，努尔哈赤遗命阿巴亥为自己殉葬，这引起了轩然大波。"阿巴亥"即"Abahai"，相当于维吾尔语的"阿瓦尔古丽"。

为了对抗明朝，努尔哈赤在 1614 年与蒙古科尔沁部首领莽古思联姻。莽古思把女儿博尔济吉特氏嫁给努尔哈赤的第八子阿拔嘎（Abahai），由此开启了满蒙联盟。努尔哈赤死后，满蒙贵族推举阿拔嘎继承了后金汗位。不久，这位阿拔嘎改国号为"大清"，汉族官员称他为"皇太极"。"阿拔嘎"与"阿巴亥"发音一样，都等于"阿瓦尔"，也就是柔然。换言之，清太宗皇太极的满语本名既可以音译为"爱新觉罗·阿瓦尔"，还可以意译为"金柔然"！

别看"皇太极"这个名字像汉语，其实也与柔然有关。它本来叫"黄台吉"，是汉语和蒙古语的混合词。"台吉"是蒙古贵族头衔，相当于满语中的"贝勒"。阿拔嘎是后金的四贝勒，又主管正黄旗和镶黄旗，所以被称为"黄色的台吉"。

"台吉"经常被译为"太子"，但它与汉语的"太子"并不相同，因为中原政权的太子只能有一个，而草原政权却可以并立多个台吉，台吉并不自动获得皇储的身份，更像是亲王。金太祖完颜阿骨打的第四子金兀术（完颜宗弼）情况与皇太极类似，岳飞称他为"四太子"，也就相当于"四贝勒"。其实，金兀术并非真正的皇太子，而只是个"台吉"。"台吉"这个词最早可以追溯到柔然时期，当时柔然、突厥、哒各草原民族都称高级别的贵族为"特勤"（Tegin），它显然与"台吉"是同一个词，尔后被蒙古人和女真人沿用。

　　类似于金兀术和皇太极这样的情况，还有许多许多。成吉思汗的祖先吐贺真·伯颜，就是一位柔然可汗与一位阿瓦尔可汗名字的结合。正因为有柔然汗国的存在，草原民族历史的前后承接才不至于过于突兀。是的，历史不曾忘记，万物皆有遗迹。

黑暴：夹缝中成长起来的柔然帝国

鲜卑人是幸运的，因为他们面对的是"五胡"丢下的残局，可以轻而易举地进占中原；鲜卑人是倒霉的，因为他们将面对另一个草原民族的持久冲击。两个草原帝国的战争，有一个滑稽的开始，却没有皆大欢喜的结局。

第一章
一个奴隶的神话：鲜卑人母体中孕育出来的掘墓人

木骨闾，一个奴隶，带领一群逃兵，创造了一个神话。

你方唱罢我登场的中原乱局为他们提供了左右逢源的机会，也锻炼了他们神奇的外交才华。可不断的内乱和不可思议的性丑闻拖住了他们成长的步伐，也让鲜卑人赢得了占据中原的时间。

这些匈奴人的后代啊，不知最初从何而来，突然像狂风一样呼啸，像洪水一样涌来，皇帝的战车因为他们而不能修整。柔然人，你们什么时候能让我们的皇帝饮马长江？

尚未长大先分家

412 年，僧伽罗岛（Simhala，即今斯里兰卡）。

在这个远离亚欧草原的印度洋岛屿上，一位中国僧人心事重重地登上了回乡的商船。

他叫法显。

十多年前，法显离开战乱频仍的祖国，经中亚陆路长途跋涉，来到安定祥和的印度取经。如今，中国战乱依旧，而印度却也不再太平。西北方的寄多罗人正在入侵，印度的一代雄主超日王（Vikramaditya，又称游陀罗笈多二世）绝望地发现，自己那绵延百年之久的笈多王朝（Gupta）已然风雨飘摇。因此，天生晕船的法显离开印度时，才不走来时的陆路，而甘愿冒着遭遇台风的危险，选择海路回国。

寄多罗人之所以要南下印度，是因为他们自己正遭到更强大的游牧民族的逼迫。这是一场多米诺骨牌式的民族迁徙：贵霜人被柔然人追逐着，而柔然人又被拓跋鲜卑人追逐着。

本书的主人公柔然既是拓跋鲜卑的死敌，又是拓跋鲜卑的至亲，因为他们原本都属东胡族系，是从拓跋鲜卑中分化出去的一支。

对于本民族的起源，拓跋鲜卑人建立的北魏帝国的官方说法：他们本是黄帝的后裔，在秦末被匈奴人驱赶至大鲜卑山（今大兴安岭），所以称为"鲜卑"；鲜卑人称土为"拓"，称君主为"跋"，合称"拓跋"。显然，这是为了强调自己入主中原、君临天下的合法性，是奉正朔而编造的。其实，他们知道自己是出自胡人（匈奴）之东的东胡。

对柔然民族的起源，《魏书·蠕蠕列传》做了动人的评述，大意为这些匈奴人的后代啊，不知最初从何而来，逃离我们的控制，集结他们的丑类，突然间从弱小发展为强大，像狂风一样呼啸，向鸟雀一样飞腾，像洪水一样涌来，像闪电一样离去，我国首都多次遭到他们的威吓，皇帝的战车因他们而无法休整。

这就说明，拓跋鲜卑人知道柔然人从何而来——就从他们自己。据《魏书·蠕蠕列传》相关记载可知，520年，柔然可汗阿那瓌觐见北魏孝明帝元诩时，自我介绍说："臣先世源由，出于大魏。"元诩也点头称是，答道："朕已具之。"

西晋统一中国前不久，即275年左右，正值拓跋鲜卑领袖拓跋力微在位。此时，拓跋鲜卑人已经扩展到燕山与河套地区，主营设在一块名叫"参合陂"的湖泊边（今内蒙古凉城东的岱海）。

某日，拓跋鲜卑骑兵抓获一名少年战俘，将他收为奴隶。拓跋鲜卑男子都留着长辫子，称为"绊发"，因此被汉族贬称为"索头虏"或"索虏"。这名奴隶因为年幼，头发还很短，无法扎成辫子，所以被主人起名叫"木骨闾"，也就是"秃头"的意思。

有意思的是，"拓跋"这个姓也被写作"秃发"，据《魏书·源贺列传》记载，北魏太武帝拓跋焘曾对大臣秃发贺说："卿与朕源同，因事分姓。"所以，"木骨闾"和"拓跋"可能也颇有渊源。

木骨闾成年之后，因为身材健壮、工作卖力，被释放为自由人，随即参军入伍，进入了拓跋鲜卑的主流社会。当时拓跋力微已死，部众纷乱。304年，南匈奴单于刘渊起兵反晋，"五胡乱华"开始。这时，拓跋力微的孙子拓跋猗卢统一了拓跋鲜卑各部，势力扩展到长城脚下。西晋为对抗南匈奴，用高官厚禄拉拢拓跋猗卢。拓跋猗卢于是以晋朝盟友的身份攻入桑干河流域，与刘渊抢夺地盘，木骨闾也随他南征。

一次，木骨闾在军事行动中迟到了，非常担心会遭到拓跋猗卢的严惩，于是隐姓埋名，改叫"郁久闾"，和百余名逃兵一起溜走，跑到阴山北麓的匈奴部落"纯突邻"避难。不久，拓跋鲜卑人自己打了起来，拓跋猗卢死在内乱之中。这场内乱持续了半年多，最后以拓跋猗卢的侄子郁律取胜告终。他们自顾不暇，更奈何不得郁久闾等逃兵了。

"郁久闾"这个名字的发音与"郁律"非常接近，可以说两者都是拓跋鲜卑男子的典型名字。

郁久闾去世以后，他的儿子车鹿会认为自身的安全已经有了保障，就离开纯突邻部，自立门户，号称"阿拔尔"，汉语称之为"柔然"或"茹茹"等。这个名字的本义其实并非"蛇"或"蠕动"，而是有着相当久远的文化起源，我们在中部第一章中会详细介绍。

为纪念过世的父亲，车鹿会改姓为"郁久闾"。后来，"郁久闾"这个姓氏又被改为"闾"姓或"茹茹"姓，以适应汉文化的大环境，所以据《魏书·官氏志》记载，"郁久闾扶仁"也叫"茹茹扶仁"。

起初，无论是拓跋鲜卑还是东晋政权，都不承认柔然这个新兴民族的独立存在，将他们与秃发鲜卑、吐谷浑、乙弗勿敌等部并列，混称为"河西鲜卑"，也就是住在黄河以西的鲜卑人。独立之初，柔然男子大多效仿祖先郁久闾，不辫发，而是留着披肩长发，所以被拓跋鲜卑人称为"髡头"，还不能叫作"辫子军"。随着时间的推移，柔然人渐渐受周边游牧民族影响，不仅系起了醒目的大辫子，还用彩色丝带加以装饰，但那是上百年以后的事情了。

柔然独立不久，又分裂为东西二部，分别由车鹿会的曾孙匹侯跋与缊纥提两兄弟统治，都臣属于拓跋鲜卑，每年向后者贡献兽皮和牲畜。随着前秦皇帝苻坚在 376 年征服拓跋鲜卑，柔然人便沦为了前秦的属民。苻坚采用"分而治之"的策略，以黄河为界，将拓跋鲜卑分为东西两部，西部归西单于刘卫辰管辖，东部归广武将军刘库仁管辖。刘卫辰与刘库仁都是匈奴男子和鲜卑女子所生的混血儿，也就是所谓"铁弗匈奴"或"铁伐氏"。柔然人既然被称为"河西鲜卑"，自然要归由刘卫辰管辖。几年后，刘卫辰驱逐了刘库仁，独霸戈壁南北，东西两部柔然都得受刘卫辰的节制，不满情绪由此产生。

383 年，苻坚大败于淝水，鲜卑族大将慕容垂乘机独立。刘库仁奉苻坚之命，率军去攻打慕容垂，结果反而丧了性命。刘库仁之弟刘眷害怕慕容垂，北迁到牛川（今内蒙古包头市北）躲避。柔然人见前秦帝国崩溃，于是宣布独立。但瘦死的骆驼比马大，刘眷毫不犹豫地对其发起攻击，柔然人因此损失了数十万头牛羊。虽然打了败仗，不过也由此看出他们当时的经济状况已经相当不错。

不久，刘眷被侄子刘显害死，刘眷的女婿拓跋珪听说自己上了刘显的刺杀黑名单，连夜逃奔到匈奴贺兰部避难。在贺兰部的支持下，拓跋珪于 386 年战胜刘显，自称代王，不久又改称魏王，建立起雄霸一时的北魏帝国。

拓跋珪建国之后，立即着手统一大漠南北。391 年，匹侯跋与缊纥提两兄弟听说北魏已经驱走弱洛水（今蒙古国土拉河）流域的库莫奚人和契丹人，又兼并了纯突邻部，感到大事不好，连忙带领部下向西北方逃跑，企图投奔铁弗匈奴。

拓跋珪在军粮耗尽的情况下杀掉备用马匹充饥，连续狂奔八日，终于追上了正在休整的柔然人，将匹侯跋与缊纥提当场抓获。一个月后，铁弗匈奴人也被拓跋珪击败，刘卫辰的儿子刘勃勃辗转投奔了羌族人姚苌建立的后秦。

这样一来，柔然人希望借助外力恢复独立的计划便化成了泡影，就连缊纥提都对此绝了念想。没想到，这时天上突然掉下一块大馅饼。拓跋珪也许是过于自信，居然只将缊纥提所部南迁，分配给拓跋鲜卑各部管辖，却赦免了匹侯跋的部族，允许他们继续在漠北生活。这无疑给自己埋下了一枚定时炸弹。

394 年，拓跋珪将进攻的矛头转向东南方，准备与慕容鲜卑政权、后燕皇帝慕容垂决战。被北魏南迁到云中（今内蒙古呼和浩特一带）的柔然王子曷多汗、社仑、斛律三兄弟认为这是摆脱北魏统治的良机，便不顾其父缊纥提的反对，率部北逃。拓跋珪闻讯后派兵追赶，杀死了曷多汗等人，但社仑和斛律还是成功摆脱了北魏军的追击，穿越戈壁滩，来到了匹侯跋的营地。

身为北魏的臣属，匹侯跋虽然不忍把两个侄子遣送给拓跋珪，但也担心他们给自己带来麻烦，于是将他们安置在自己主营南方五百里的草场上，并派人在旁监视。社仑兄弟起初表现得很恭顺，不久后却突然发动兵变，逮捕了匹侯跋及其家属。匹侯跋的几个儿子流亡到北方的高车斛律部，社仑派兵追击，于是侵入了高车人的领土。

高车民族属于敕勒（铁勒）族群的一支，汉朝称为丁零族，生活在巳尼陂（今俄罗斯贝加尔湖）周围，以畜牧和渔猎为生。贝加尔湖一带是亚洲北部淡水资源最丰富的地区，人畜不易受干渴之苦，所以丁零族的生活区域相对固定，生活较为富庶。他们不仅放牧马、牛、羊，而且还养猪，种麦子，定居在半地下的木屋里，不像其他住在帐篷中的游牧民族，一年四季都在迁徙。

因为家中物资较多，所以每户丁零人都有几辆大马车，以便运输家什和围栏牲畜。为了能够在贝加尔湖边的沼泽里自由穿行，丁零人把马车的车轮造得特别大，直径达两米左右，所以鲜卑人称之为"高车丁零"，简称"高车"。后来，丁零的称号逐渐被人遗忘，只剩下"高车"了。

秦汉时期，高车民族长期臣服于匈奴，在匈奴衰微后便成为独立势力，后来分为七部，与社仑的弟弟同名的斛律部就是其中之一。

收留匹侯跋诸子的斛律部领袖名叫倍侯利，是漠北有名的猛将。当地人如果被婴儿的哭声惹烦了，就会吓唬说："倍侯利来啦！"婴儿就不敢再哭了。英俊潇洒的倍侯利还是大众偶像，当地女青年唱的流行歌曲很肉麻地说："嫁人就要嫁倍侯利这样的人！（求良夫，当如倍侯！）"倍侯利业余爱好广泛，擅长用五十棵枯草占卜，方法大概类似于现代的扑克牌占卜，准确率据说很高。

社仑袭击匹侯跋的消息传来，倍侯利拿起枯草占卜吉凶，结果对自己不利，颇为忧虑。当他看到匹侯跋的儿子们前来投奔，社仑的兵马又侵入了本方领土，于是鼓足勇气，对部下说："社仑现在刚刚起事，兵贫马少，容易战胜，正是我们的好机会呀！"

在匹侯跋家人的引导下，倍侯利绕小道发动奇袭，打了社仑一个措手不及。社仑被迫求和，并将匹侯跋及其家属全部释放。倍侯利见社仑不堪一击，十分得意，放任部下蹂躏柔然部落，陶醉于酒色之中。社仑与斛律发现高车人已经完全放松了警惕，于是率领千余人在清晨突袭敌营，一举消灭了大多数高车人。匹侯跋在混战中被杀死，倍侯利与匹侯跋的几个儿子逃奔北魏，后来都被拓跋珪封为高官。从此之后，北魏和柔然开始展开竞赛，看谁收留和重用的对方逃犯多。

异常轻松的崛起奇迹

社仑听说残敌投奔了北魏，又得知拓跋珪已经战胜后燕军，担心北魏接下来会找自己秋后算账，于是强迫漠南的多个游牧民族与自己一同迁到漠北。随后，柔然人转向北方扩张，深入頞根河（今蒙古国鄂尔浑河）与弱洛水流域，战胜了盘踞当地的匈奴军阀拔也稽。① 正巧高车贵族叱洛侯与上司发生矛盾，畏罪投奔社仑，引导柔然人吞并了许多高车部落。贝加尔湖周围的游牧部落闻讯之后，纷纷向社仑表示臣服。几年之前，柔然人还在为生存苦苦挣扎，如今却利用鲜卑主力南下中原之机，秋风扫落叶般统一了整个蒙古高原。真是世事难料。

在结束了漠北草原上的分裂局面后，社仑将主营设于土拉河流域的鹿浑海之滨（今蒙古国乌吉淖尔一带），自称"丘豆伐可汗"，也就是"始皇帝"或"太祖"的意思。"丘豆伐"之类的头衔类似中原皇帝的谥号，但它是柔然君主生前使用的尊号，而非死后的追称。

"可汗"一词最早出自慕容鲜卑，相当于匈奴语中的"单于"，就是"广大"的意思。"可汗"（Khan）的发音也与"单"（Chan）一致，相当于"单于"一词的鲜卑方言，慕容鲜卑和从他们之中分化出的吐谷浑人都称君主为"可汗"，但并不是正式头衔，而是相当于古汉语中的"陛下"或"官家"。从社仑开始，北亚民族的领袖才正式自称"可汗"。就连北魏君主也乐于赶这个时髦，例如《木兰辞》中就有所谓的"可汗大点兵"，反映了这些民族语言上的鲜卑化倾向。由此而言，社仑给自己起的这个"始皇帝"头衔还真是实至名归。

---

① 拔也稽的余部即《隋书·铁勒列传》中的拔也古部。

立国之初，社仑设置了简单的政府部门，可考的主要官爵如下：

主要官爵	对应古突厥语	职能
国相	古突厥语的"叶护"（Yabghu）	相当于中原王朝的丞相，主管行政和外交
俟力发	古突厥语的"颉利发"（Iltabar）	相当于中原王朝的九卿，主管一方军政
吐豆发	古突厥语的"吐屯发"（Tudunbar）	相当于中原王朝的御史大夫或尚书令
俟利	古突厥语的"俟斤"（Ilta）	相当于中原王朝的大夫，直属俟力发
吐豆登	古突厥语的"吐屯"（Tudun）或满语的"多铎"	相当于中原王朝的御史或尚书，直属吐豆发
莫弗或莫何	古突厥语的"莫何弗"	相当于部落酋长

此外，可汗的正妻称为"可贺敦"，即古突厥语的"可敦"（Katun）。

除了组建政府之外，社仑还参照拓跋北魏的军事制度，制定了《柔然军法》：每一千人为一军，每一军设一将统领；一百人为一幢，每幢设一帅统领。当时的柔然没有文字，军官用羊屎球计算士兵的数量，后来改为在木板上刻线记数。社仑又严明军纪，作战勇猛者必赏，懦弱退缩者必罚，部队的战斗力有了显著提高。

为了对抗强大的北魏，社仑称汗之后，派人出使北魏的邻邦后秦，提出和亲结盟的请求。此前（393），拓跋珪曾派使者狄干前往后秦，提出以一千匹马为聘礼，迎娶后秦皇帝姚苌的女儿。没想到，狄干刚到后秦，姚苌就驾崩了，太子姚兴登基，婚事因此久拖不决。这回，社仑给后秦开出了八千匹马的高价聘礼。姚兴见马眼开，觉得与柔然人和亲更划得来，于是接受了社仑的请求，而将北魏使者软禁起来。

拓跋珪听说后秦胆敢与自己的敌人——柔然和亲，还囚禁自己的使者，一怒之下于 398 年发兵攻打柔然，结果却没占到丝毫的便宜。拓跋珪深感忧虑，对尚书崔宏说："柔然人以前比较憨厚，现在社仑向中国（北魏）学习，建立军法，终于成了边疆大害。道家说'圣人生，大盗起'，的确有道理。"

正如拓跋珪所言，在社仑可汗的领导下，柔然人积极学习周边先进文化，并采取宽容的民族政策，实力迅速增强。在柔然人的军事压力下，拓跋珪不得不在 398 年把北魏帝国的都城从长城以北的盛乐（今内蒙古和林格尔北）迁到长城以南的平城（今山西大同），并同时创建了影响深远的府兵制，在北方边疆设置了几十个军府，以防柔然人南下。早期北魏军队以骑兵为主，步兵很少，游牧民族构成了北魏府兵的主力。但游牧民族人口缺乏，训练汉族当骑兵既费时，又不可靠，所以北魏统治者就利用府兵制，强迫游牧民族的后裔世代充当炮灰。

401 年春，拓跋珪派军西征河套平原，进攻附属后秦的高车人。后秦向柔然求救，社仑派骑兵来救，但被击退。此战中，北魏军缴获了披铠甲的柔然战马两千余匹，可见柔然此时的军事力量已经不小。是年夏季，姚兴派弟弟姚平反击北魏，却惨遭围歼。拓跋珪志得意满，拒绝姚兴的求和，准备乘胜一举消灭后秦。但就在此时传来消息，社仑亲自率柔然军队南下，占领了拓跋鲜卑的圣湖——参合陂，而且正在逼近北魏的都城平城。拓跋珪担心后院失火，只得班师回国。社仑既然已经达到了围魏救秦的目的，便不再恋战，掉头北返。

接下来，柔然人将扩张的目标转向了西域，在不经意之间，令世界格局为之发生了剧变。

两晋时期，西域各国以乌孙国为最强。但到了公元 5 世纪初，原先居住在天山北麓及伊犁河流域的乌孙人不断遭到柔然军队的攻击，只得向西逃进葱岭山中（今天山西段及帕米尔高原）避难，沦为二流国家，辽阔的"乌孙故地"全部被柔然人占据。不久，乌孙西方的贵霜人也因多次遭到柔然的进攻，被迫南迁到兴都库什（Hindukush）山区，但在那儿又遭到西方波斯人的打击，实在难以立足，只好又逃往印度河流域。其实，"Hindukush"这个名字就应该翻译成"印度贵霜"。

在印度河流域，惊魂未定的贵霜国王寄多罗（Kidara）总算交上了好运。恒河流域的笈多王国在超日王（Vikramaditya）的领导下，刚刚吞并了印度河流域的设陀罗巴（Kshtrapa）王国①，统一了

---

① 设陀罗巴是中亚的塞族人（Saka，即月氏人）被帕提亚人击败后南迁，于公元 78 年建立的国家，印度人沿用至今的"塞种纪年"就始于此年。该国国名显然来自波斯语的"总督"（Shatrap），但流行希腊语和梵文。

大半个印度次大陆。超日王被淹没在子民的阿谀奉承之中，大臣们已经把他吹捧成了第二个阿育王。但与武功显赫的阿育王不同，超日王和笈多贵族都是些重文轻武之徒。印度的种姓本来只是一种对职业的划分，却被他们改造为世世代代都不能改变的等级制度。笈多君主扩张国家的主要方式也不是亲自东征西讨，而是运用联姻和计谋拉拢盟友，分化敌人。

寄多罗看到笈多王国是个外强中干的庞然大物，于是鼓起勇气，一举征服了整个印度河流域，由此便发生了本章开头描述的法显渡海回国的那一幕。

几年以后，寄多罗和超日王相继死去，寄多罗的儿子昆葛思巩固了父王征服的地区，定都于富楼沙（今巴基斯坦白沙瓦），重建了贵霜王国。但他觉得"月氏"和"贵霜"等名字已经不够响亮、震撼，而且好像还有些晦气，所以在钱币上自称为"寄多罗王国"，有时还被称为"西匈奴"。

贵霜王国之所以能够幸存下来，都是拜柔然汗国发生内部纷争所赐。404年年初，社仑的堂弟悦伐大那计划刺杀社仑，自立为柔然可汗。社仑闻讯，只得放弃了继续追杀贵霜人的计划，撤回蒙古高原，而将肥沃的中亚河间地区交给了自己的属邦"滑国"管辖。

"滑国"之"滑"，即"匈奴"一词的急读。在出土钱币上，滑国人自称为"匈奴"（Hyono）；在文献中，拜占庭人称他们为"匈尼特"（Chionitae），叙利亚人称他们为"阿布德"（Abdel），波斯人称他们为"赫塔尔"（Hetal），阿拉伯人则称他们为"哈伊阿提拉"

（Hayatila）。通常，他们因其国王"厌带夷栗陀"（Hephthaelitar）之名，被称为"嚈哒"（Hephthalite），也就是"强者"或"勇士"的意思。

　　嚈哒人出自车师民族，起初住在吐鲁番盆地一带。汉朝的车师国分为前后两部，到了南北朝时期，车师前部仍然居住在原地，并臣属于柔然，所以嚈哒人大概出自失踪的车师后部。他们的语言、风俗都与柔然不同，肤色也较为洁白，所以被外人叫作"白匈奴"，以与入侵欧洲的"黑匈奴"和以突厥为代表的"红匈奴"相区别。

　　随着嚈哒势力在中亚如鱼得水的发展，他们与柔然发展为互惠互利的盟友，王室间经常联姻，最终也生死与共。因此，柔然的历史，也就是柔然与嚈哒联盟的历史。在此后的 150 年内，半个亚洲都得承认柔然与嚈哒联盟的领导地位。

　　社仑可汗回国后，迅速平息了叛乱，悦伐大那仓皇投奔北魏。拓跋珪秉承一贯的招降纳叛政策，对他予以重赏，还把女儿华阴公主当奖品，嫁给悦伐大那为妻。

　　平叛之后，社仑深感自己在东方缺乏嚈哒这样的可靠盟友，于是思念起了未婚妻——后秦公主。都说"皇帝的女儿不愁嫁"，但这次和亲已经拖了 12 年，姚苌的女儿也许早已从红粉佳人熬成了黄脸婆，再拖下去就太不合适了。405 年，社仑如约给姚兴送去作为聘礼的八千匹马，并抵达河套西北的朔方郡大城（今内蒙古杭锦旗南）。

　　当时，后秦的朔方守将不是别人，正是刘卫辰之子刘勃勃。刘

25

勃勃与北魏有杀父之仇，所以才投奔北魏的敌国后秦。但后秦自401年战败以来，对北魏的态度日渐软弱，刘勃勃十分恼火，暗中准备独立。看到八千匹柔然骏马送上门来，他立即抓住这一天赐良机，将它们全部据为己有，并与柔然一道密谋反抗后秦。社仑对后秦的亲北魏政策也心怀不满，双方一拍即合。姚兴十分惊恐，连忙派人出使北魏，表示愿意释放北魏使者，并赎回战俘，以换得双方结盟。拓跋珪为了促使后秦与柔然交恶，很痛快地答应了。

但姚兴的反应还是太迟了。407年，刘勃勃以打猎为名，从朔方南下，同时秘密向社仑借兵。到达高平川（今宁夏清水河）之后，刘勃勃突然在三万余名柔然援军的帮助下发动兵变，袭杀后秦守将，自称大夏天王，同时改姓"赫连"，也就是夏武帝赫连勃勃。

假如没有柔然汗国的协助，赫连勃勃建立大夏政权的这次尝试肯定难以成功。可是没过多久，他却与恩主社仑可汗翻脸，双方冲突不断，令亲者痛仇者快。北魏谋臣崔浩就嘲笑赫连勃勃说，他同时与柔然和后秦结怨，实在太不明智，迟早将被邻国吞并。

409年，北魏也发生了宫廷政变，道武帝拓跋珪没有社仑的好运，被儿子拓跋绍刺杀。不久，拓跋珪的长子拓跋嗣又消灭拓跋绍，自立为帝。社仑听说北魏内乱，觉得这是进攻的好机会，便大举南征。拓跋嗣派将军长孙嵩等北上迎战，反而中了社仑之计，被包围在牛川。拓跋嗣亲自率军北上，才给长孙嵩解了围。

这位长孙嵩是长孙肥的亲戚，也是唐太宗李世民的大舅子长孙无忌的祖先。长孙家族本出鲜卑拓跋氏，因为是拓跋宗室的族长，被赐姓长孙氏，犹如春秋鲁国的孟孙氏，在北魏皇室中地位特别高。

挺进西域

这次战役之后，社仑可汗病逝，留下从大兴安岭到阿尔泰山的庞大遗产亟待继承。古代游牧民族领袖通常不立遗嘱，新领袖由各部酋长联合推举。社仑的两个儿子度拔和社拔当时都还年幼，各部酋长不服，于是拥立了社仑之弟斛律为可汗，号称"蔼苦盖可汗"，就是"容貌俊美的可汗"的意思，相当于汉语里的"昭帝"。

长得帅毕竟不能当饭吃。斛律可汗虽然外表长得玉树临风，但是因为长期担任副手，缺乏裁断重大事务的能力。社仑的大哥缊多汗的儿子步鹿真（Bulgan，即布尔干或保加利亚）看到斛律为人软弱可欺，便产生了非分之想。

414 年，斛律本着远交近攻的战略思想，以三千匹马的聘礼迎娶北燕王冯跋的女儿乐浪公主，并把自己的女儿嫁给冯跋，以图结盟对付日益强大的北魏。就在送亲的车队出发前夕，步鹿真装出一副关切的样子，建议斛律说："公主还小，远嫁到外国，容易因忧思而生病。几位大臣的女儿与公主年龄相当，可以让她们陪嫁，好让公主有个伴。"但等他走出帐外，却又换了副嘴脸，向大臣们宣扬说："听斛律说，要拿你们的女儿当他女儿的陪嫁，远嫁到北燕去啦！"众人很生气，便在当夜发动政变，把斛律推翻，连同他女儿一并送到了北燕。

斛律父女抵达北燕首都和龙（今辽宁朝阳市东）之后，受到冯跋的热情款待。但在这块曾经令曹操感慨万千的土地上，斛律的心情实在无法平静，不断请求冯跋帮自己回国复辟。冯跋回答："您离祖国有万里之遥，又没有内应。如果我们发强兵相送，后勤难以保证；如果去的人少，又没有用。"斛律坚持说："不需要大军随护，三百名骑兵就足够了，因为我国人民一定会高兴地来迎接我的。"冯跋只好答应，派将领万陵率三百名骑兵护送。但万陵对完成这份工作没有信心，也可能是受了步鹿真的贿赂，竟然在半路上刺杀了斛律，然后回国去了。

步鹿真驱逐斛律之后，自立为柔然可汗。斛律死后，他的统治本应更加巩固，但不料却因一起桃色事件戛然而止。原来，高车贵族叱洛侯曾经为社仑打江山立下不少功劳，所以升官发财，过上了富裕快乐的生活，娶到了年轻貌美的女子。有道是"妻不如妾，妾不如偷"，步鹿真早就对叱洛侯的妻子垂涎三尺。登基后，他故意派叱洛侯出差，随即与好友社拔跑到叱洛侯家中，调戏其妻。偏偏叱洛侯的妻子是个武则天式的人物，权欲很重，幻想当可贺敦，于是与步鹿真半推半就，勾搭成奸。

在被窝里，叱洛侯夫人对步鹿真告密说：叱洛侯正准备谋反，要推翻步鹿真，拥立镇守西部边疆的贵族大檀为新可汗。大檀是社仑的侄子，与步鹿真是堂兄弟关系，平素很得民心。步鹿真像所有的花心大萝卜一样，对情妇的枕边风言听计从，再加上他早就嫉妒大檀的威望，担心他威胁自己的地位，便立即发兵袭击叱洛侯，迫使他自刎而死。随后，步鹿真又去攻打大檀，结果反而战败被俘。

414年初秋的西伯利亚针叶林里，有两棵歪脖树特别引人注目，它们就是步鹿真与社拔的葬身之地。只有到绞索套在脖子上之时，步鹿真可汗才领悟到"色即是空"这个不变的真理。对大男子主义者来说，婚外情永远是最昂贵的爱好。至于那位备受后人关注的叱洛侯夫人，史书没有记载她的命运，但想来不会比包法利夫人好到哪里去。

处死步鹿真与社拔之后，大檀自立为"牟汗纥升盖可汗"，也就是"常胜可汗"的意思，相当于汉语里的"武帝"。

自大檀可汗开始，柔然民族也常被叫作"大檀"或"檀檀"。大檀与"檀檀"互通，因为"大"与"檀"两字的古音相同，都念作"tɑ"（塔）。所以，"大檀"应当被念作"塔塔"，加上北亚民族常用的词尾儿音，就变成了"Tartar"，通常被翻译作"塔塔尔"或"鞑靼"。

"Tartar"其实并不是新名词。早在公元前8世纪，它就传遍了亚欧各地，并成为农业民族永恒的噩梦。古希腊诗人赫西俄德与荷马都称地狱为"Tartaros"，去掉古希腊阳性词尾"os"就成了"Tartar"。大约与这两位古希腊诗人同时，西周青铜器铭文也提到，犬戎部族酋长"大敦"多次南侵，给关中造成过很大的破坏。

从发音上说，"大敦"与"Tartar"可以相通。与大敦类似的名字还有东汉末年的乌桓单于蹋顿，但这些人生前的势力都无法与大檀相比。所以，"Tartar"这个名字真正时髦起来，应追溯到柔然可汗大檀，由此可见他在草原民族心目中的历史地位何等崇高。

414年八月，北魏明元帝拓跋嗣听说柔然国发生内乱，以往名不见经传的大檀登上了可汗宝座，感到这是一个外交机会，便派两名使者分别出使柔然和北燕。当时黄河流域大乱，正是北魏南下的良机。拓跋嗣选择在此时与柔然和北燕和解，明显是为了逐鹿中原，认为是一本万利的好买卖。

但拓跋嗣彻底失望了。出访北燕的使者被冯跋抓起来羞辱并囚禁，出使柔然的使者干脆从人间蒸发了。不久，一名北魏官员逃亡到柔然，拓跋嗣派人去追，与大檀发生激烈争执。结果，大檀在登上可汗宝座不到半年后，就发动了南征。拓跋嗣亲自应战，大檀闻讯后撤退，北魏的追兵路遇寒雪，部队损失惨重，狼狈而归。此后，有关柔然人能够呼风唤雪的传说不胫而走。据说，柔然的萨满巫师能够通过摆弄鹅卵石的方法改变天气，因此在战败之后，他们的军队前方面对烈日，后面却风雪云集，泥水横流，使敌人无法追及。

由于柔然人的牵制，北魏错过了南征的好机会，反而被东晋名将刘裕抢得先机，攻占了洛阳和长安。但刘裕很快返回江南，篡晋称帝，建立刘宋政权，赫连勃勃乘机席卷关中。420年，人称"卢水胡"的北凉王沮渠蒙逊攻灭河西走廊的西凉国，杀死西凉公李歆

（唐高祖李渊的第六世祖），① 李歆之子李重耳跑到江南，投奔了刚刚代晋称帝的宋武帝刘裕。李歆还有李翻等五个弟弟，向西逃到敦煌，次年被沮渠蒙逊的太子沮渠正德攻灭。又过了一年，李翻之子李宝与其舅舅唐契成功越狱，从北凉首都姑臧（今甘肃武威）逃到伊吾（今新疆哈密西北）。在那里，为求自保，他们主动向大檀可汗称臣。从此，柔然汗国在西域就有了一个重要的基地。

李宝投奔柔然的同年，刘裕去世。拓跋嗣正要乘机南下抢占豫州，却又被南侵的柔然人拖了后腿。忍无可忍的拓跋嗣为了能全力逐鹿中原，下诏整修自西晋以来就长期荒废的长城，驻扎重兵把守。当年八月，暂时受阻于长城的大檀在唐契和李宝的劝说下，移师西征北凉，斩杀轻骑冒进的沮渠正德，为李渊家族报了仇。

同年十一月，拓跋嗣去世，他年仅 15 岁的独生子拓跋焘即位，史称北魏太武帝。

拓跋焘小时候不受父皇喜爱，在东宫里只能夹着尾巴做人，以"明睿温和"著称。大檀认为这个年轻的君王懦弱可欺，便决定乘人之丧，南下攻灭宿敌北魏。但与他的预料相反，拓跋焘居然在日后成为柔然汗国最难对付的敌手。

---

① 北凉政权与柔然政权几乎同时崛起，都是前秦帝国崩溃的产物，西凉又是李歆的父亲李暠叛离北凉政权的产物。沮渠蒙逊因为祖先世代担任匈奴左沮渠而得此姓，又因祖籍卢水，因此被北魏称为"卢水胡"。

第二章
铁骑突出刀枪鸣：战绩显赫的柔然－哌哒联盟

正当柔然人准备大干一场时，一个叫拓跋焘的家伙挡在了面前。于是，一队队重骑兵迈着整齐的步伐，前仆后继走向长城，开始了长期的争夺。

有着洁癖的悦般人霉运当头，因为一句粗话招来持久的讨伐，只好南逃。在那里，柔然人的盟友——哌哒人已经临阵以待。因为联盟的打击，波斯帝国的野驴沙皇巴赫兰五世轰然倒下，阿提拉却趁机统一了西走的匈奴民族，开始扫荡欧洲。

两位雄主的竞争

唧唧复唧唧，木兰当户织。不闻机杼声，唯闻女叹息。

木兰女为何叹息呢？因为北魏与柔然的战争连绵不绝，她的父亲虽然已经年老体衰，但还是被急需兵源的北魏朝廷征召入伍，参加胜负难料的北伐。

在《木兰辞》产生的整个 5 世纪，类似这样的远征司空见惯。

北魏与柔然本是同根生，它们之间的关系犹如南北朝，双方都非常了解对方，也都意图完全吞并对方。因此，这场旷日持久的战争演变得异常艰苦和残酷。"将军百战死，壮士十年归"，绝非夸大其词。

显然，木兰是个游牧民族女子。她从小就会骑马和武艺，出征前需要自行购置战马和一整套骑兵装备，"东市买骏马，西市买鞍鞯，南市买辔头，北市买长鞭"，花销非常大。在当时，汉族农户女子不可能有如此强劲的购买力，更不可能立即学会骑马和武艺，只有府兵的女儿才有这种条件。按照府兵制的规定，战时每个军户必须至少出一名士兵，如果户主无法上战场，其家庭成员也可以代其服役。木兰没有成年的兄长，弟弟还年幼，所以她女扮男装，替父出征，便成为一种合乎逻辑的选择。

木兰时代的北魏和柔然军队，拥有比前代更加先进的武器装备。秦汉及匈奴时期，青铜武器和皮甲仍占据武库装备的半壁江山，骑兵多为轻装弓箭手，即便手持戈矛，也难以进行长期搏斗。到了5世纪，人与马都身披铁甲的重骑兵已构成北魏和柔然军队的主力，他们"朔气传金柝，寒光照铁衣"，不仅难以被敌人伤害，还能连续几个小时挥动长矛刺杀。

重骑兵之所以能够普及，主要是因为铁马镫的发明。脚踩铁马镫的骑兵在马背上立足稳，不易翻身落马，战马也因此可以背负更大的重量。

铁马镫的前身可能是帮助人上马的皮制或木制马脚扣，由于不耐磨，容易断裂，所以才被包金属的木芯马镫取代，继而又发展为纯铁制的马镫。考古发掘表明，慕容鲜卑人首先在 3 世纪发明了木芯包金属的马镫，4 世纪时，纯铁制的马镫已经在中原和北方草原等地流行。很多名不见经传的民族就因为引进了铁马镫，而迅速崛起，以至于能与后来的隋唐帝国掰手腕。至于金属马镫在蒙古高原的普及和向中亚的传播，无疑要归功于柔然人。

424 年八月，六万柔然骑兵脚踏铁马镫，在大檀可汗的亲自率领下杀入北魏的云中郡，擒杀守将段进，攻陷郡首府盛乐（今内蒙古和林格尔北），渐渐逼近长城。为了展示自己的军事才能，慑服各个心怀叵测的邻国，年轻的拓跋焘决心向柔然发动反击，亲自带领五万骑兵北伐，在云中郡与大檀遭遇。

以往，因为冶金技术落后，近战能力差，游牧民族在正规军面前往往采取游击战术，诱敌深入，待到对方疲惫之后，再伺机予以打击。不过，大檀可汗这次却并不打算撤退，而是在拓跋焘面前堂堂正正地列阵迎战。

5 世纪之前，骑兵在战场上通常不列方阵，因为骑兵运动快，战马的奔跑速度也不相同，很难统一调控。但拥有铁马镫的大檀却参照重步兵阵形，将重骑兵列成整齐划一的方阵，并要求战马的进退速度完全一致，以便能在保持阵形的情况下发动集团冲锋。和灵活机动的轻骑兵相比，重骑兵方阵的运动速度要缓慢许多，但近战的威力却大大增强，相当于长了四条马腿的重步兵方阵。汉人最初看到这种进退如一的骑兵方阵时，误以为这些战马是用链条锁在一起的，所以把它叫作"连环马"或"拐子马"，又管重骑兵叫"铁浮屠"，也就是铁塔的意思。

任何战阵都有自己的弱点，连环马也不例外。为了保持阵形的一致，它的运动速度比普通骑兵慢许多，只是比步兵运动得快一些而已。更何况，它的防护装备并非无懈可击。和重步兵的脚踝部位一样，重骑兵的马小腿部位为了运动方便，也无法用甲胄保护。众所周知，古希腊英雄阿喀琉斯（Achilleus）全身上下刀枪不入，但在被敌人射中没有甲胄保护的脚踵后，却一命呜呼。大约与特洛伊战争同时，以色列士师约书亚（Joshua）也是靠砍断敌军战马的蹄筋而取胜。无独有偶，在1140年，金兀术引以为傲的拐子马同样被宋将刘锜和岳飞用长斧和麻札刀斩断了自己的"阿喀琉斯之踵"，轰然倒地。

但在424年，拓跋焘既没有长斧，也没有麻札刀。大檀的拐子马发动集团冲锋时，看上去就像一排排能够移动的城墙，从没见过这幅景象的北魏军被吓得魂飞魄散，柔然重骑兵一直逼到拓跋焘面前。拓跋焘当年虽然才15岁，却处乱不惊，指挥部下快速撤退。拐子马因为奔跑缓慢，追赶不上，双方就此鸣金收兵。过了几天，传来柔然本土军士哗变、射杀将领于陟斤的消息，大檀十分吃惊，赶紧拔营回国。拓跋焘的副将长孙翰（长孙肥之子）率军追击，取得了不菲的战果，算是给拓跋焘找回了一些面子。

尚书令刘洁看到，拓跋焘虽然"凯旋"，但柔然汗国的主力并未受损，于是建议在农收之后再次发动北伐，以预先阻止对方的南侵。拓跋焘深以为然，便在次年初向柔然开战。大檀见北魏军队在冬季深入漠北，将计就计，带领部落向北撤退。拓跋焘连续推进了15天，仍然找不到敌人，知道大檀使出了游牧民族擅长的诱敌深入之计，只好知趣地撤退了。

回到平城之后，拓跋焘看到北魏四面受敌，便诏问大臣，应当首先翦灭哪一个邻国。长孙嵩、长孙翰等拓跋鲜卑贵族认为："柔然是我国世世代代的边疆大害，最好先讨伐大檀。如果能够追上他，就可以俘虏一些牲畜，足以富国；如果追不上，也可以顺便去阴山打猎，杀一些野生禽兽，用它们的皮肉筋角充当军实。"崔浩建议先讨大夏，刘洁则建议先征服最弱的邻国北燕。正当会议各方争执不下之时，传来赫连勃勃去世、其子赫连昌继位的消息，拓跋焘乘机西征大夏。两年后，大夏被北魏消灭，柔然与北魏之间的边界也因此变得更长了。

不争气的盟友

大檀之所以放任北魏攻击大夏，是因为西方的一个强国吸引了他的主要兵力，这就是北匈奴的正宗后裔——悦般。

原来，北匈奴在1世纪末被东汉和鲜卑军队逐出蒙古高原后，翻越阿尔泰山，逃至乌孙故地。此后，北匈奴单于就很少出现在史书中，但他手下的呼衍王却仍然控制着天山西麓到阿尔泰山脉一

带，在 120—151 年多次与班勇等东汉将领交战，互有胜负。到了
153 年，鲜卑酋长檀石槐统一了蒙古高原，随即又向乌孙发起进攻。
呼衍王畏惧檀石槐，与北单于一起跑到巴尔喀什湖以西的康居国，
以后又迁至咸海和亚速海之间的亚欧交界处，汉文史籍中称他们为
"悦般"。290 年左右，亚美尼亚王国曾经雇用过悦般士兵。350 年
后不久，悦般攻灭咸海南岸的粟特国（Sogdiana）①，随即又联合贵
霜王国南下攻打萨珊波斯，结果遭到波斯沙皇沙普尔二世（Sapor
Ⅱ）的迎头痛击。战败的悦般只得臣服于波斯，为其服役。359 年，
悦般单于格龙巴特（Grumbates）随同沙普尔攻打东罗马帝国，围
困了阿米达（Amida），结果悦般太子被东罗马守军射杀。

　　悦般人南下受挫，东归无望，北方又是不生水草的苦寒之地，
只能向西拓展生存空间。375 年左右，一支自称"匈奴"的东方游
牧民族冲过顿河，引发了导致罗马帝国衰亡的欧洲民族大迁徙，他
们的帝国囊括整个东欧和中欧，一直持续到 454 年才瓦解。此后，
悦般国还在中亚存在了几年，460 年之后被柔然和哒哒联手消灭。
这一现象说明，欧洲匈奴人很可能与悦般有关，但又不完全等同。

　　匈奴人最初进入欧洲时并无统一的政权，而是许多互不统属的

---

① 《魏书·西域列传》："粟特国，在葱岭之西……先是，匈奴杀其王而有其
　　国，至王忽倪已三世矣。其国商人先多诣凉土贩货，及克姑臧，悉见虏。
　　高宗初，粟特王遣使请赎之，诏听焉。"联系时代背景，此处的"匈奴"
　　当指悦般。北魏"克姑臧"在 439 年，由此上溯三世，可知悦般灭粟特
　　在 350 年后不久，与西方史料中匈奴与贵霜在 356—358 年攻击萨珊波斯
　　帝国中亚领土之事恰好对应，可以视为悦般的一次全面南下扩张。

部落，也许格龙巴特单于派了几个部落或几个仆从民族去西方碰碰运气，结果意外地取得了很大的发展。等到阿提拉统一欧洲匈奴各部之后，势力显然已经大大超出其宗主国悦般，但两国之间的关系似乎依然很友好，互为唇齿，一荣俱荣，一损俱损。这和柔然与嚈哒，以及嚈哒与其印度属邦之间的关系非常相似，也比较接近古代民族在人口增长到一定程度后离开母邦，到国外建立新的定居地的行为，可以说这是当时草原帝国很流行的一种扩张模式。

或许是自认为出身高贵的原因，悦般民族十分在意个人形象，男子都系辫子，有染发的习俗，而且有很强的洁癖，每天要洗三次澡。没想到，这种看似高雅、文明的风俗却给他们招来了杀身之祸。425 年左右，进入欧洲的匈奴人实力迅速增长，悦般单于的腰杆也随之硬了起来，打算重新介入亚洲内陆的事务。在大臣的建议下，他亲自出访柔然，要与大檀可汗结盟。但进入柔然国土后，单于看到柔然人既不洗衣，也不洗手，男子不系辫子，妇女还在饭后用舌头舔餐具，感到很恶心，对大臣说："你们竟然把我骗到这么一个狗国里！"于是掉头回国。

大檀闻讯大怒，发兵攻打悦般。两国从此长期交战，互有胜负。这场持久战消耗了悦般单于的全部精力，对西部诸侯的控制因而大为削弱。很快，以往各自为政的欧洲匈奴部落就在卢阿（Rua）、布勒达（Bleda）和阿提拉（Attila）叔侄的领导下统一为强大的帝国，这恐怕是悦般单于和大檀可汗都始料未及的。

其实，悦般与柔然交恶，不仅是由于两国风俗的差异。乌孙、康居两国都曾经有大恩于悦般，贵霜又是悦般的传统盟友，而柔然兴起后，西征攻破乌孙，逼迫贵霜人南迁到印度河去建立寄多罗王国，康居也被迫臣服于柔然的属国嚈哒，悦般的感受可想而知。悦般与柔然交恶，同时也就是对柔然－嚈哒联盟宣战，这需要很强大的实力做后盾。战争之初，优势似乎还在悦般一方，大檀的几次西征都毫无建树，嚈哒更被向南方挤压，这样的局面有些令人吃惊。显然，悦般人并不是在单独战斗。为了和柔然－嚈哒联盟对抗，他们也找到了自己的盟友，这就是萨珊波斯和寄多罗。

原来，柔然汗国的手下败将寄多罗王国巩固了在印度河流域的统治之后，继续东侵，占领了旁遮普，逼近德里一带。笈多王国费了很大力气，才勉强抵挡住他们的攻势。寄多罗王国东进受阻后，又掉转矛头，向萨珊波斯帝国寻衅。当时，统治萨珊波斯的沙皇（Shah）是巴赫兰五世（Bahram V），此人早在当太子时就以纵情声色犬马闻名，在社会上广受非议。他登基后急于改善自己的社会形象，恰逢罗马帝国分裂为东西二部，又被匈奴人引发的欧洲民族大迁徙折腾得焦头烂额，便想顺水推舟、趁火打劫。

即位的次年（421），巴赫兰五世带着大军杀向西方，与东罗马军在幼发拉底河畔对阵。可是，波斯军自觉师出无名，东罗马军思乡心切，两边都士气低落，怎么也打不起来。就这样无聊地对峙了半年之后，年轻气盛的巴赫兰五世丧失了耐心，提议两军各选一名武士出来，以单挑决胜负，结果东罗马武士取胜。巴赫兰五世深感无趣，只好签署和约，在众人的嘲笑声中回师。四年之后，当面对来犯的寄多罗人时，他又整天躲在荒原里打猎，尤其喜欢射杀野驴烤着吃，听任边疆地区被敌人蹂躏，于是民众公认其为昏君，并送给他一个外号"野驴沙皇"。

正在波斯国难当头之时，悦般与柔然－呋哒联盟公开决裂，并向传统盟友寄多罗求助。与悦般联合，向把自己从家乡赶出来的死敌报仇，无疑更符合寄多罗王国的利益，所以他们很快就与波斯人和解，悦般－寄多罗－萨珊波斯联盟正式形成。

呋哒人发现自己被敌国三面包围，便打算先找一个比较软的柿子捏，结果选中了由昏君统治的波斯。427年，呋哒军队穿越卡拉库姆沙漠，出现在伊朗高原上。波斯东部城镇接二连三地沦陷，敌人的铁蹄都踏到了德黑兰一带，野驴沙皇才宣布要守土抗战。可他刚离开首都泰西封（Ctesiphon，今伊拉克巴格达东北）就杳无音信。民众纷纷议论说，沙皇是不是又去打野驴了。大臣们无可奈何，只好拿出国库的金钱，恳求呋哒人撤兵。

但谁也没有想到，正当呋哒人前歌后舞地满载而归时，却在木鹿（今土库曼斯坦马雷）城郊的古斯迈罕山谷里遭到波斯大军的伏击。原来，巴赫兰五世多年来的狩猎，其实既是军事演习，也是对国家地理情况的调查。为了掩人耳目，他带领七千勇士坐着羊皮筏子渡过里海，抄到呋哒军队前方。当日，野驴沙皇用自己多年打猎所得的野驴皮和野牛皮制作了大批军鼓，命部下用布塞住耳朵，趁着夜深人静，到呋哒军营门口全力敲打。正在做美梦的呋哒军人无法忍受突然爆发的噪声，登时乱作一团。呋哒君主跨上战马企图逃走，但他的坐骑不熟地形，在黑灯瞎火中绊倒在山岩上，结果被波斯追兵取了性命。

巴赫兰五世缴获了包括呎哒王后在内的大批战利品，然后又乘胜东征，一直杀过卡拉库姆沙漠，顺带光复了被寄多罗人侵占的全部国土，并立了一根巨型石柱，作为波斯的东部界标，宣布蛮族敢擅自越过此柱者，必将死无葬身之地。此后，再也没有人敢小看这位野驴沙皇了，萨珊波斯帝国因此得以安享太平达二十年之久。野驴本来是怯懦的象征，从此却在波斯与阿拉伯转而成为勇士的标志。至今，在阿拉伯和伊朗语中，它仍然保留着这一含义。

呎哒人的西征以惨败收场，寄多罗人乘机组建回乡团，翻越兴都库什山脉，一直打到阿姆河以北。在波斯和寄多罗的联合攻势下，呎哒人被迫向北收缩，柔然军主力也被悦般牵制，北魏的边防压力便小了许多，无意中捡了个大便宜。直到 428 年八月，大檀才再次派一万多骑兵南下攻击长城，但收获不多。拓跋焘看到柔然的实力已经今非昔比，便决定乘机北伐，一举征服柔然汗国。

429 年四月，拓跋焘在平城南郊举行军事演习，准备奔袭柔然。除了崔浩之外，文武官员都对这次军事行动持保留态度，并抬出曾经劝阻苻坚发动淝水之战的前大夏太史张渊，警告拓跋焘说："今年的星相对我方不利，北伐必败，即便获胜，对陛下也不利。"拓跋焘犹豫不决，便让崔浩与张渊辩论。崔浩对星相学也有研究，计算出"三年，天子大破蠕头之国"的结论，以此反驳张渊。张渊于是转移话题，声称远征柔然不能获取现实利益，那里的土地无法耕种，人民也难以驾驭。

崔浩反驳说："你这是汉朝的老生常谈，现在早就不合时宜了。柔然本来是我国的叛变奴隶，现在诛其首恶，收其良民，让他们继续从事畜牧工作，并非无法驾驭。漠北气候凉爽，不生蚊虫，水草丰盛，可以在夏季把畜群迁到那里吃草，绝非没有经济价值。柔然人来投奔我国的，显贵者迎娶公主，卑贱者也出任将军、大夫，都成为我国政府的重要成员。过去，汉军用步兵去追逐游牧民族，总是因对方行动快速灵活而吃亏，但我国的军队以骑兵为主，没有这种弱点。我们如果不在夏季主动进攻，柔然一定会在秋季再次南下！"

正在此时，北魏出使江南的使者回到平城，报告说宋文帝刘义隆正准备北伐，要求北魏交还黄河以南的国土。保太后与一些大臣据此认为："如果柔然诱我深入，前无所获，后方又被宋人袭击，那就太危险了。"

崔浩替拓跋焘辩解道："宋人多步兵，行动迟缓，等到我们战胜柔然之后回师，他们的部队也未必能出发……柔然习惯于夏季放牧，冬季南侵的生活，又自恃遥远，眼下笃定缺乏战备。我们在夏季北伐，攻其不备，必可一举加以消灭，机不可失。"

正如崔浩预言的那样，北魏军在五月出现在漠北草原上，使得在与悦般的战争中消耗得精疲力竭的柔然人大吃一惊，纷纷仓皇而逃。北魏军长驱三千里，几乎没有遇到什么像样的抵抗，柔然贵族郁久闾辰和原本附属于柔然的高车人也纷纷倒向北魏。拓跋焘登上涿邪山，见地形复杂，怀疑前面有伏兵，便不再深入，收兵南返。后来，柔然战俘交代说，大檀可汗当时正在生重病，根本无法骑马，只得坐着驴车驶入山谷中躲藏，后来见追兵没来，才徐徐西走。拓跋焘非常后悔自己放跑了大檀，又听说东部高车正在贝加尔湖一带放牧，便派悦伐大那等柔然裔将领绕东道北伐高车，收获颇丰，这才心理平衡。

经此大败，柔然汗国的人口和经济都损失惨重。在北魏与悦般的夹击之中，大檀的病情迅速恶化，终于一命呜呼。大檀有乞列归等好几个儿子，但都能力平平，柔然贵族们认为他们不适合当可汗，所以就像满蒙贵族在皇太极死后拥立顺治皇帝那样，拥立大檀的小儿子吴提（Utri）继位，号称"敕连可汗"，也就是"神圣可汗"的意思，相当于汉语中的"圣祖"。

拓跋焘凯旋，又听说老对手大檀已死，心情极好，于是召来崔浩，命令他续写北魏的国史《国记》，为自己歌功颂德。这部书不仅是北魏的第一部官方史书，也是第一部叙述柔然历史的著作。但是，崔浩不仅是精明的谋士，更是狡猾的政客，他借著史之机以权谋私，借机四处索贿，把自己美化成北魏朝廷的主要决策者，并大肆丑化政敌，与其堂侄女婿魏收后来写《魏书》时的所作所为一脉相承。正如魏收所言，身为史官，他们对历史人物"举之则使上天，按之当使入地"。柔然民族的历史，不可避免地在他们的笔下被严重歪曲，仿佛北魏对柔然的每次战争都以胜利收场，其实却是胜负各半。

匈奴史因为有司马迁和班固执笔，给后人留下了深刻印象；而柔然赶上了崔浩和魏收，导致历史地位被严重矮化，只能怨自己的命不好了。

吴提登基不久，就听说拓跋焘西平赫连定，南破刘义隆，害怕他接下来会攻打自己，便派使者去北魏求和。拓跋焘虽然屡战屡胜，但也不愿意陷入长期两线作战的窘境，所以顺坡下驴，释放了一些柔然战俘，双方从此言归于好，结束了 40 多年来的战争局面。

434 年二月，北魏正式与柔然和亲：拓跋焘将女儿西海公主嫁给吴提，自己迎娶了吴提的妹妹，又为太子拓跋晃迎娶了郁久闾辰的女儿郁久闾氏为妃，后来还封郁久闾辰为中山王，以代替刚刚病逝的悦伐大那。[①]

可是，好景不长。436 年，北魏攻灭柔然的盟国北燕，吴提因此撕毁盟约，再次南下攻打长城，并于次年大举西征，导致悦般、粟特、乌孙等国联合派使团向北魏求援。为了遏制柔然汗国的扩张，拓跋焘在 438 年亲自北伐，但因为准备不足，许多战马都渴死在戈壁滩里，军中又流行瘟疫。拓跋焘见势不妙，赶紧下令撤退。

---

① 《魏书·闾大肥传》说，悦伐大那（闾大肥）即将被拜为王时病逝，后来拓跋焘追封他为中山王。现存《赫连子悦妻闾炫墓志》，称悦伐大那为"老生王"。当以后者为是。

进击河西走廊

南北朝的政局向来牵一发而动全身。拓跋焘回国之后，听说盟友北凉已经背叛了自己，倒向柔然，十分恼怒。过去，北凉王沮渠蒙逊曾与柔然交恶，导致大檀可汗攻杀其太子沮渠正德，沮渠蒙逊只好改立第三子沮渠茂虔（《魏书》作"沮渠牧犍"）为继承人。所以，沮渠茂虔与柔然既有杀兄之仇，又要感谢柔然帮自己取得了王储的地位。沮渠蒙逊死后，沮渠茂虔继位，起初与北魏和亲，把妹妹嫁给拓跋焘，拓跋焘也把妹妹嫁给沮渠茂虔。两方关系本应融洽，但沮渠茂虔却一直害怕被对方兼并，忐忑不安。拓跋焘北伐失利后，吴提可汗便派使者到周边各国宣扬说："去年，北魏天子亲自来攻打我，军中大疫，惨败而还，我俘虏了他的长弟乐平王拓跋丕。[①] 北魏已经削弱，目前天下要数我柔然最强。如果以后再有北魏使者出使你们的国家，不必再以礼相待了！"沮渠茂虔闻讯大喜，觉得纵横捭阖的机会来了，便转而投靠吴提。众多西域小国也跟着北凉一起向柔然表示臣服，只有唐契、李宝因为与北凉是死敌，反而背离旧主柔然，转而向北魏示好。

---

① 　拓跋丕被俘肯定是吴提造的谣，因为前者一直在北魏朝廷中任职到444年。

439 年，恼怒的拓跋焘亲征北凉，命令女婿宜都王穆寿辅佐太子拓跋晃留守平城，舅舅长乐王嵇敬与弟弟建宁王拓跋崇出镇阴山，以防柔然军南下。临行时，拓跋焘特意叮嘱穆寿说："吴提已经与沮渠牧犍（茂虔）结盟，听说朕亲征凉州，一定会来犯塞。你们不可纵容他深入，最好在漠南埋下伏兵，先诱敌深入，然后在长城以北消灭他们。"但穆寿的谋士公孙质十分迷信，算卦后认为柔然人不会来，穆寿因此没有按照拓跋焘的命令设防。

不出拓跋焘所料，沮渠茂虔听说北魏军来犯，立即向柔然人求救。吴提可汗决定围魏救凉，迅速南下。他见阴山脚下有北魏驻军把守，便分兵两路，派兄长乞列归率一支部队去牵制嵇敬与拓跋崇，自己则带着主力部队绕出东道，攻破疏于防范的长城，随即又扑入大同盆地，占领了平城以西 70 公里的善无郡（今山西右玉）。消息传来，平城居民极为惊恐。穆寿打算自己守城，请太后和太子到恒山以南避难。保太后不同意，命长孙嵩的堂侄长孙道生等将领出击。两军正要交战，却从西北战场上传来了对柔然不利的消息。

原来，吴提的低能哥哥乞列归成事不足，败事有余，不仅没能牵制住北魏阴山驻军，反而被嵇敬与拓跋崇围歼，乞列归等五百名将领都被俘虏，一万多名士兵阵亡。吴提闻讯，心中暗自叫苦，担心嵇敬与拓跋崇还会移师东进，截断自己的退路，于是放弃了围攻平城的计划，连夜翻越长城遁走。

与柔然南下同时，拓跋焘率领的北魏军也开进了北凉境内。沮渠茂虔几次出战，都被击败，只得退回首都姑臧死守，并用柔然军已经推进到善无的消息给部下打气，希望拓跋焘能够撤兵回去救平城。但当乞列归战败被俘，柔然军退却的消息传来时，北凉部队便丧失了斗志，纷纷投奔北魏，沮渠茂虔被迫出降，北凉就此灭亡。

其实并不是所有北凉军民都跟着他们的君主投降了敌人：沮渠茂虔的几个子弟就不肯屈服，沮渠安周南奔吐谷浑，沮渠无讳等人西奔敦煌，继续在河西走廊抵抗魏军。随他们西迁的，还有沮渠茂虔的部下阿史那、阿史德兄弟及其五百户属民。这批北凉难民当时叫作"屠各"，也就是后来柔然人的头号苦主——突厥（Turk）。

和"蠕蠕"一样，"突厥"并不是什么新名词，而只是一种新译法而已。司马迁曾经在《史记·匈奴列传》中提及这个名词，将它译作"屠耆"。东汉、魏晋时将它译作"屠各"，隋唐时译作"突厥"，近现代译作"土耳其"。在汉朝，匈奴有"左、右屠耆王"，意译为"左、右贤王"。所以，"Turk"一词的本义是"贤能"，后来才产生了"强壮""头盔"两种说法。

拓跋焘凯旋后双喜临门，因为他就要当爷爷了：他的柔然儿媳郁久闾氏在440年生下了皇太孙拓跋濬。拓跋焘爱屋及乌，更加优待归附北魏的柔然人，封被俘的吴提之兄乞列归为朔方王，与中山王郁久闾辰共同主管北魏的北疆，以备吴提的南下。这种"以夷制夷"之策看上去很冒险，但实践的效果却还不错，北方战场形势向着对北魏有利的方向发展。

442 年，沮渠无讳在北魏军的逼迫下，放弃敦煌西迁，攻打鄯善国（今新疆若羌）。鄯善王比龙在北魏使者的协助下奋力抵抗，沮渠无讳一时无法攻克，就想换个地方试试运气。偏偏正在此时，从北方的高昌（今新疆吐鲁番）传来了一封向他求救的信。

原来，柔然汗国为了控制吐鲁番盆地，立当地人阚爽担任高昌太守。435—440 年拓跋焘为打通丝绸之路的北道，派人出使高昌，结果被阚爽引渡给了吴提可汗。拓跋焘闻讯，便在西征沮渠无讳同时，命新近投靠自己的唐契带领伊吾戍军攻打高昌。阚爽招架不住，就同时向吴提可汗和沮渠无讳求救。这正中沮渠无讳的下怀，他得报后立即赶赴高昌，但还是晚到了一步：当他抵达高昌时，柔然援军已经击杀唐契，给阚爽解了围。李宝听说唐契战死，慌忙放弃伊吾，逃到敦煌投奔北魏。

唐契阵亡、李宝东迁后，他们留在伊吾的部下全被沮渠无讳收编。阚爽觉得沮渠无讳为人反复无常，拒绝放他进城，不料遭到对方的夜袭，只得弃城北奔柔然。在这场争夺吐鲁番盆地的斗争中，北魏与柔然两败俱伤，李渊家族也损失惨重。只有原本穷途末路的沮渠家族红运当头，大发横财，将突厥人和李渊家族的部分成员都收入帐下，但也因此得罪了各个周边势力，前途注定一片黑暗。

拓跋焘深知，消灭沮渠家族并不困难，但要想真正打通丝绸之路，就必须征服柔然。恰在此时，北魏民间流传起了"灭魏者吴"的预言，拓跋焘对此极为敏感，认为"吴"指的就是吴提可汗，于是决心彻底吞并柔然汗国。当年九月发生异常天象，占星师分析后认为："王者之兵将要扫除髦头之域，显贵大臣也会被集体处死。"当时已是深秋，北方气候严寒，北魏大臣都不愿北伐，只有崔浩又力主出征，说柔然人一定会避寒南徙，可以在漠南围歼。

第三章

左手掐念珠，右手舞长刀：一个"文明"帝国的诞生

一次失败给鲜卑人造成了持久的内讧，招来了人类历史上的第一次灭佛，但也给柔然送去了佛祖的纶音。于是，一个能征善战却从来与血腥无缘的草原民族诞生了。

为了不沾染血腥，可汗们学会了精妙的外交艺术，也给拜占庭帝国的皇帝们带去了持久的烦恼。要金币，还是要性命？这真的是个问题。

漠北大捷换来的佛祖纶音

经过一年的周密准备，拓跋焘于 443 年九月正式大举北伐，兵分四道：拓跋焘与太子拓跋晃、五弟永昌王拓跋健、尚书令刘洁出中道，四弟乐安王拓跋范、六弟建宁王拓跋崇出东道，二弟乐平王拓跋丕出西道，儿女亲家中山王郁久闾辰指挥殿后部队，琅琊王司马楚之督运粮草。志在必得的拓跋焘此时肯定不会料到，这次远征

将会成为北魏建国以来最惨痛的军事灾难，还会给此后的历史造成难以估量的深远影响。

从一开始，远征就很不顺利。镇北将军封沓因为对取胜缺乏信心，主动投奔了柔然，并建议吴提可汗说："北魏的兵马虽多，但粮草有限，可派轻骑袭击司马楚之的辎重部队，烧其粮草，敌军将不战自退。"几天之后，司马楚之的部下发现几头驴的耳朵被割掉了，大家都以为是有人恶作剧。经验丰富的司马楚之却一眼看出，这是柔然侦察兵干的好事，立即下令就地筑城备战。情况紧急，夯土或烧砖都已经来不及了，司马楚之只好因地制宜，命部下砍伐柳树造栅栏，然后向上浇河水。初冬的漠北天寒地冻，河水迅速结冰，与柳木结合得天衣无缝。次日，大批柔然军果然出现，但在这座冰城面前却无计可施，只得撤退，北魏的辎重部队因此逃过一劫。

虽然辎重保住了，但令拓跋焘意外的是，柔然主力并没有像崔浩预言的那样南迁，而是仍旧聚集在鹿浑海。为了取得战果，他决定改变战前部署，向更北的目标挺进。

拓跋焘本人率领的主力部队行动顺利，一路深入鹿浑海南的鹿浑谷，谷北的柔然可汗庭上空登时烟尘滚滚。太子拓跋晃见状，力劝拓跋焘立即进攻，刘洁却认为烟尘滚滚，说明对方兵力雄厚，不宜冒进。拓跋晃反驳说，帐篷上也有大量尘土，这说明对方已经完全混乱了，不会有什么危险。拓跋焘认可了刘洁的意见，决定留在谷口，等待其他三路部队抵达后再进攻。结果一连等了六天，郁久闾辰指挥的殿后部队才姗姗来迟。

拓跋焘会合全军，便向西北方追击，在鄂尔浑河畔击破两万余名柔然骑兵，又渡过石水（今色楞格河），逼近燕然山（今蒙古国杭爱山脉）。北魏军此时已经耗尽了粮草，但拓跋焘不肯撤兵，执意继续前进。吴提可汗见敌人已经精疲力竭，便指挥养精蓄锐多日的柔然军猛扑上来，北魏军大败，奚拔、沓干等名将战死，乐陵公冯邈被俘。据《宋书·索虏列传》记载，六七成的北魏远征军士丧生于此役。拓跋焘本人也陷入险境，刘洁甚至建议他扔下大部队，轻骑突围。所幸永昌王拓跋健指挥的殿后部队英勇抵抗，拓跋焘一行才得以勉强逃回漠南。

死里逃生的拓跋焘似乎心灰意冷，444年正月，刚刚回到长城内，他就摆出对远征失利负责的姿态，命令太子拓跋晃"监国""总百揆"，负责朝廷一切政务，穆寿、崔浩等大臣辅政，似乎做好了退位的准备。其实，拓跋焘只是做做样子而已，暗中仍然死死抓住大权不放。就在这个月，他下达了震惊天下的诏书：

首先，拓跋焘严禁死难军人的家属办丧事，违者杀无赦！原来，拓跋焘和崔浩对内宣传说，自己并未战败，只是没有找到敌军主力而已。但此次出征的阵亡者太多，如果任由他们的家属发丧，满街飘扬着白布带和纸钱，惨败的真相就无法掩盖了。拓跋鲜卑本是北魏的少数民族，其统治并不受多数臣民的爱戴，各地百姓听说他们战败后，必然纷纷揭竿而起，邻国也将联合进攻，北魏帝国就将面临灭亡的危险。

其次，拓跋焘命令，贵族官员子弟都要去太学进修，从此开始了拓跋鲜卑的汉化进程。究其原因，也是拓跋焘看到拓跋鲜卑民族在此次远征中损失惨重，单凭武力已经难以弹压反抗势力，所以要发展教育，全面吸收汉文化，以便用软硬兼施的办法巩固统治。

更重要的是，远征的惨败给北魏带来的不仅是人员上的损失，更导致了物资的严重消耗，国内经济形势极为严峻，而新的战争又迫在眉睫。拿破仑说过："战争需要的，第一是钱，第二是钱，第三还是钱。"拓跋焘的思想与拿破仑不谋而合，他迫切需要找金融机构融资。所幸，他惊喜地发现，北魏各地到处都分布着生意兴隆的民间金融机构。这些民间金融机构就是佛寺。

佛教自东汉时传入中国以来，几度沉浮，到东晋十六国时才真正兴盛起来，信徒日增，流向佛寺的钱财也越来越多。新宗教兴起时，总是厉行节俭，以移风易俗为己任；但时间久了，难免也像世俗的王朝一般，陷于奢靡之中。此时的佛教寺院中已经是金玉满堂，发展为令皇帝都垂涎三尺的营利性机构，从而为祸患埋下了祸根。

还是在444年正月，拓跋焘下诏说：

> 无知的百姓被妖邪的迷信诱惑，私自供养巫师，购买谶记、阴阳、图纬等非法出版物；还有一群沙门（Sramana，可能与北亚的"萨满"有共同的来源），假借西域的虚诞传说，

伪造教义，有伤社会风化。私自在家供养沙门、巫师和金银工匠者，无论贵贱，都必须在今年二月十五日前把这些人交给官府。过期不交，主人全家抄斩，巫师、沙门杀无赦！

看来拓跋焘真是穷疯了，不仅严禁百姓供养僧侣，连社会上的金银工匠都不放过。

在禁丧事、开太学、灭佛法同时，为了推卸北伐失败的责任，拓跋焘又把屠刀指向了北魏统治集团的内部成员。

在漠北回师途中，拓跋焘的两大汉族军师就恶斗起来。刘洁报告说，北伐失利，责任都在预言柔然人将会南迁的崔浩。崔浩听说之后反咬一口，控告刘洁篡改诏书，使各路军队无法及时抵达战场，还曾经讲过："如果皇上此次出征不能返回的话，我就立乐平王拓跋丕为帝。"拓跋焘命崔浩继续调查，结果又"发现"刘洁向右丞张嵩询问自己能否当皇帝的秘事，崔浩的副手高允也举证说，乐平王拓跋丕曾经咨询过日者（用天象预测未来的巫师）董道秀类似的问题。拓跋焘听信了崔浩、高允的报告，于是兴起巨案。

二月辛未，中山王郁久闾辰、奚眷、邓权、薛谨等八大将都以北伐迟到的罪名，被公开在平城南郊处斩。两天后，刘洁、张嵩、董道秀等人被夷灭三族，乐平王拓跋丕同日暴毙。

郁久闾辰、刘洁、拓跋丕等人涉及的案件，都颇具疑点。郁久闾辰虽然迟到了6日，但绝非出于故意，否则以他柔然贵族和后军统帅的身份，如果当时临阵倒戈，拓跋焘父子就只有惨死在漠北的份了。刘洁如果真像崔浩说的那样，一直反对北伐柔然，那为什么拓跋焘每次北伐柔然，都带上主和派刘洁做军师，而把主战派崔浩留在国内呢？拓跋丕作为西路军统帅，一直冲锋在前，并未像郁久闾辰那样迟到，如果拓跋焘战死，他就能安然回朝登基吗？崔浩利用撰写史书的特权，大肆诬蔑政敌，殊不知同样的命运也即将落到他自己身上。

北魏军443年北伐失败的主要原因，是根本就不应该在冬季深入北方。从北魏军的粮草迅速耗尽来看，拓跋焘要么根本没有准备在北方做这么长时间的战斗，要么他的大量军粮都在途中被柔然军袭取。到了鹿浑海后，北魏军不见好就收，反而在缺粮和严寒的情况下继续向燕然山推进，纯属自取灭亡之举。究其罪魁祸首，只能是好大喜功的拓跋焘、拓跋晃父子，爱告密的崔浩只不过是他们的一个工具而已。郁久闾辰、刘洁、拓跋丕等人之所以要被处死，就因为他们是北伐的主要将领，深知拓跋焘父子的指挥错误，所以要被灭口，以维护皇帝用兵如神的光辉形象。此时的拓跋焘，正如伐俄失败后的拿破仑和希特勒一样，急需铲除异己。他知道，纸包不住火，北伐失败的真相迟早要被民众发现，大叛乱就要开始了。

最先听说拓跋焘北伐柔然大败的外人，似乎是屯驻在敦煌的李宝。他担心柔然乘胜南下，连忙从敦煌跑到了平城。消息从西北向东南传开，沮渠茂虔的亲戚、东雍州刺史沮渠康立即起兵反魏，失败后南奔刘宋。同时，河东汾阴人薛永宗、薛安都也发动了反魏暴动。到了夏季，西域和江南都知道了拓跋焘北伐失败的消息。北魏的盟友、鄯善王比龙极为恐惧，带着忠于自己的四千余族人西奔且末。当时，沮渠无讳刚刚病死，沮渠安周继承了高昌王位，新任鄯善王真达趁机与沮渠安周和解，一同背弃了北魏，改向柔然臣服。

北魏的更大麻烦来自从来没消停过的屠各人。当北魏征服北凉时，有些屠各人西迁，有些则跟随沮渠茂虔臣服于北魏，其中就包括被称为"卢水胡"（也就是沮渠蒙逊的旧部）的盖吴。445年九月，盖吴看到北魏四面楚歌，便在杏城（今陕西铜川北部）起兵，东连薛永宗，南连刘宋，北连柔然，多次击破北魏军队，渐渐逼近长安。

拓跋焘看到一个"吴"还没有倒下，另一个"吴"又站了起来，想起"灭魏者吴"的预言，非常紧张，决定亲自西征。为了防止被敌人南北夹击，他首先北上漠南，以图抵御柔然人可能的侵略。但听说吴提已经西征悦般去了，暂时不会南下，他便放手进攻，先消灭了薛永宗，随即渡过黄河，向盖吴进攻。

446年三月，拓跋焘以在长安佛寺内发现武器为由（很可能是他自编自导的一场闹剧），宣布当地僧人参予盖吴谋反，将他们全部处死，并没收寺中财产，以充军费。随后，在崔浩等素来反对佛教的儒生协助下，拓跋焘公布了自己的重大学术研究成果：释迦牟尼并不是真实的历史人物，而是被东汉人刘元真、吕伯强虚构出来的！此前，北魏当局只禁止私人供养僧侣，至此则干脆下令屠杀全体佛教徒，烧毁佛经，并拆毁所有佛庙和佛塔，以图彻底铲除佛教。

就这样，人类历史上的第一次灭佛运动开始了。假若没有拓跋焘此前三年北伐柔然的惨败，这一切原本不会发生。

结果，北魏的佛教徒或者被杀，或者被迫还俗，或者隐居山林，或者投奔北魏的敌国——刘宋和柔然。从此，佛乐和诵经声日渐响亮地在蒙古高原上飘扬。

最早向柔然人弘传佛法的僧侣，可能是曹魏名臣辛毗的后裔法爱。他的弟弟法瑗生于 409 年，圆寂于 489 年，是活跃在南方宋、齐两朝的高僧。作为法瑗的二哥，法爱估计生于公元四五世纪之交。因为精通佛经和占卜术，据《高僧传》记载，法爱深受柔然可汗的信任，"俸以三千户"，还被委任为国师。

法爱赢得柔然可汗的赏识并出任柔然国师的时间，与拓跋焘灭佛的时间相当。由此推断，法爱大概是因为不肯按拓跋焘的诏书还俗，才逃奔柔然的。而最先皈依佛教的柔然可汗，看来正是吴提。法爱被"俸以三千户"，说明柔然汗国的官员有固定工资，也说明柔然汗国有纳税制度，这与以往的游牧民族政权不同，大概是从汉族政权那里学来的。

通过灭佛，拓跋焘虽然杀害和驱逐了许多人才，但也大发横财，有了充足的军费，结果很快扭转了战局，将盖吴逼入绝境。为了阻止盖吴北投柔然，拓跋焘专门征集十万民工加固长城。盖吴北上突围不成，最后被叛变自己的二叔射杀。显赫一时的"屠各"民族，也从此从史书中淡出，大部分成员换上"独孤"的新面具，继续在华北平原上指点江山；而他们的支系突厥人，则仍在塔里木盆地里卧薪尝胆。

不过，443年漠北惨败带给北魏的恶果还在继续发酵。446年，此前被北魏驱逐到于阗的吐谷浑可汗慕利延向南回到位于柴达木盆地的故土，并与柔然、刘宋结成了联盟。柔然与南朝的信息往来都通过吐谷浑传达，一道反北魏的铁幕从此在河西走廊上落下。

成功地镇压了各地暴动之后，拓跋焘凯旋，回到平城。他想起盖吴、沮渠康、薛永宗等反魏暴动领袖都是北凉的遗民，便以涉嫌支持叛乱为由，派崔浩去赐前北凉君主沮渠茂虔自杀。很快，崔浩又向皇帝进言，乐安王拓跋范听说过刘洁谋反的言论，却没有及时报告。疑神疑鬼的拓跋焘毫不犹豫，立即又赐自己的这位四弟自杀。

当拓跋焘忙于四处镇压暴动、肃清异己时，吴提可汗之所以没有南下呼应反魏势力，是因为他正忙着对付另一个死敌——悦般。

448年年初，悦般使者造访北魏，向拓跋焘报告说，吴提不久前发兵攻打他们，但悦般巫师施展魔法，使柔然军队陷入狂风大雪和洪水之中，损失了十分之二三的将士，只好仓皇撤退。这次西征的柔然人被欧洲人称为“哲欧根”（Geougen）[1]，该词听上去有些像“成吉思”，由“哲欧”和“根”两个相似的音节组成，与“柔然”一词很相似，这个民族又被描绘成突厥的宗主国，所以它无疑就是柔然。当时，欧洲匈奴人领袖阿提拉已经建成庞大的帝国，悦般能

---

① 爱德华·吉本. 罗马帝国衰亡史（第三卷）[M]. 席代岳，译. 长春：吉林出版集团有限公司，2008.

够击退柔然的进攻，可能与阿提拉在背后撑腰有关。

西征悦般的失败，给吴提可汗的身心造成了严重的伤害，他在448 年夏季便撒手人寰。吴提之子吐贺真（Torholjin）继承了柔然可汗之位，号称"处可汗"，相当于汉语中的"思帝"。他即将成为柔然民族历史上最伟大的可汗。

"吐贺真"这个名字发人深省。据颇具权威性的《蒙古秘史》记载，成吉思汗的第 12 代男性祖先（至少是名义上的）就叫"吐贺真·伯颜"（又译作"财主脱罗豁勒真"），生活年代约在吐贺真登基的 500 年之后，这间接证明了吐贺真可汗的功业在草原上何等深入人心。

"伯颜"的意思是财主，后来带领阿瓦尔人（柔然人）西迁，在东欧和中欧重建汗国的可汗就叫伯颜。吐贺真·伯颜这个名字，简直就是柔然历史的一座丰碑。

听说两个"吴"都死在了自己的前面，拓跋焘感觉已经破除了"灭魏者吴"的迷信预言，如释重负。同年秋季，悦般使节再次出访北魏，建议两国乘吴提死去之机，东西并进，瓜分柔然汗国。拓跋焘欣然许诺，立即征调各路府兵北上，集结于阴山，并在年底推进至受降城（今蒙古国瑙木岗南）。太子拓跋晃一朝被蛇咬，十年怕井绳，对这次远征兴趣不大，被留在受降城督运粮草，尔后又擅自返回平城，他与父皇拓跋焘的关系因此恶化。

449 年年初，北魏军穿越戈壁，进入漠北。吐贺真这时刚刚上台，地位不稳，柔然各部落纷纷投降北魏。拓跋焘向北推进了数千里，未能找到柔然军主力，便吸取上次的教训，掉头返回阴山。但他并未就此收手，而是在当年九月再度出击。此时，拓跋焘已经把自己的亲兄弟杀戮殆尽，只好命两位堂兄弟：高凉王长孙那（《宋书》作"高梁王阿叔泥"）、略阳王长孙羯儿各领一军，要求他们与自己在地弗池（今蒙古国巴彦洪戈尔）会师。

这时，吐贺真已经巩固了自己的地位，于是决定迎战北魏军。听说对方分兵三路来犯，他决定集中兵力，"管他几路来，我只一路去"，结果很快将高凉王长孙那的东路军包围。长孙那命工兵掘长壕固守，与敌人相持数日，形势越发危急。拓跋焘远在西方数百里外，闻讯后派贴身侍卫鲁秀率领轻骑驰援，将长孙那救出，鲁秀因此立了大功被封为广陵侯。

拓跋焘班师后，认为柔然人已经不再构成严重的威胁，就准备大举南征刘宋，以图统一中国。悦般如能在西方牵制住柔然主力，使其不再南下，对北魏而言，是莫大的好事。起初，悦般似乎也完成了这一任务，拓跋焘对此大加赞赏，命乐府收录悦般的军歌《鼓舞之节》，作为北魏的凯旋进行曲。

450年二月，拓跋焘留太子拓跋晃和崔浩等人驻守平城，亲自南征，围攻刘宋的悬瓠城（今河南汝南）。城内的僧人因为恨拓跋焘灭佛，帮助守军设计防御器械，北魏军屡攻不克，但宋军也无法解围。不料到了四月，拓跋焘却突然撤兵，快马加鞭，返回了平城。

拓跋焘放着统一天下的正事不干，忙着回来做什么？

忙着回来杀崔浩！

　　崔浩全家的惨死，被《魏书》作者魏收解释为他主持编纂北魏正史《国书》，因秉笔直书，触犯了拓跋鲜卑贵族的忌讳所致，又说崔浩参与灭佛，所以遭了报应。

　　其实，这两种说法都是崔浩的堂侄女婿魏收对他的涂脂抹粉之词。如果拓跋焘只是为了杀一个秉笔直书的史官，就慌忙中断了南征计划，实在不近情理，而且处死崔浩后，他仍旧没有放松对佛教的镇压。只有读了《宋书》，崔浩的真正死因才会昭然若揭。

　　按照《宋书》的《柳元景列传》和《索虏列传》记载，在崔浩被杀后，他的小舅子——折冲将军、河北太守柳光世南奔刘宋，向宋文帝刘义隆报告说：当拓跋焘南下时，留守北方的崔浩"密有异图"，柳光世也组织了"河北义士为浩应"，结果崔浩"谋泄，被诛"。

　　原来，崔浩是因为谋反而死的！

　　有意思的是，当时的许多史官都有谋反的怪癖。就在崔浩东窗事发之前五年（445），《后汉书》的作者范晔就因为企图谋杀宋文帝刘义隆失败被处决。这两位史官有颇多相似之处：范晔"耻作文士"，"跃马顾盼，自以为一世之雄"；崔浩"自比张良"，而且还"稽古过之"。范晔盛赞自己的著作，"笔势纵放，实天下之奇作……殆无一字空设，奇变不穷，同合异体，乃自不知所以称之……自古体大而思精，未有此也"；崔浩则号称"玄象阴阳，百家之言，无不关综，研精义理，时人莫及"。他们两人都负责国史的编纂，又都是太子的老师，还都是无神论者，经常嘲笑佛教。事发之后，他们又都勇于谋反、怯于认罪，结果下狱受辱，惨遭满门抄斩，令后世史学家为之寒心。

看来，史书经常是任人涂抹的小姑娘，还是当事人的亲笔信比较可靠。

从悬瓠城外撤兵前夕，拓跋焘给刘义隆写信说："柔然可汗吴提已经死了，其子吐贺真继续像他爹一样胡作非为，但今年二月也死了。我现在北伐，先除了这个长着马蹄的对手……因为你没有马蹄，所以我先不去管你……"

崔浩死后，刘义隆下令全国总动员，大举北伐，诏书说：近日，朕得到河朔、秦、雍各地华人和戎人的上书陈词，说他们已经全部组织起来，正准备迎接王师……还报告说，柔然军今年春季南下，袭击了拓跋鲜卑的老巢，他们的百姓和牲畜损失大半，两军长期拉锯相持，至今尚未决出胜负。拓跋焘又心生猜忌，屠杀自己的亲戚和党羽，亲手毁掉了他的根基。柔然使者也刚刚抵达，报告了相同的事件，并表示他们将会尽力配合我军的行动，说明这些盟友都是诚实可信的。现在降雨充沛，水上交通便利，光复失地的大好时机就在今年……

据此，我们已经足以将450年上半段的历史真相复原如下：

二月，拓跋焘听说柔然可汗吐贺真已死，判断柔然军队暂时不会南下，于是立即向刘宋进攻。岂料吐贺真其实还活着，更不像《魏书》说的那样不敢再次南下，而崔浩又心怀叵测，与亲友策划推翻北魏政权，同时还向吐贺真求援。柔然军于是乘虚而入，直逼北魏首都平城，沿途抓获了大批百姓和牲畜。

四月，正在围攻悬瓠城的拓跋焘得到柔然军南下的消息，急忙解围北撤，并写信威胁刘义隆。

六月，拓跋焘及时返回平城，将兵临城下的柔然军赶往阴山，并将崔浩灭门，但柳光世逃脱。

七月，柳光世抵达建康，刘义隆从他口中了解到北魏内乱的情况，又获知间谍和柔然使者的报告，认为拓跋焘正在长城脚下与柔然军相持，北魏军主力肯定无法南下，便大举北伐，自以为会像乃父刘裕一样，"金戈铁马，气吞万里如虎"。

自信满满的刘义隆万万没想到，他的这次北伐会落得一个极为悲惨的结局。正如辛弃疾后来在《永遇乐·京口北固亭怀古》中写的那样：

> 元嘉草草，封狼居胥，赢得仓皇北顾。
> 四十三年，望中犹记，烽火扬州路。
> 可堪回首，佛狸祠下，一片神鸦社鼓。

这首词涉及众多史事，需要多做些解释。

450年是刘宋元嘉二十七年，时年43岁的刘义隆获得柔然使者和间谍带来的消息，又受王玄谟等主战大臣的鼓舞，决意北伐，声称："闻王玄谟陈说，使人有封狼居胥意。"但他这话说得实在没过脑子，因为狼居胥山即今蒙古肯特山脉，当时属于柔然的领土。

当时身在建康的柔然使者闻听此言，误以为刘义隆想连柔然一起消灭，勃然大怒，当即拂袖而去，回去报告吐贺真可汗，说刘义隆对我国领土有野心，不可信任。吐贺真也信以为真，便不再与拓跋焘纠缠，主动撤回漠北。

同时，拓跋焘得到刘义隆北伐的消息，命令太子拓跋晃到漠南屯田，以防柔然人卷土重来，自己则带主力南下迎战宋军。接下来，就该冒失鬼刘义隆倒霉了。小名"佛狸"的拓跋焘一直打到长江北岸，沿途以屠戮百姓为乐，江淮之间的居民几乎被杀光，而刘义隆只能站在京口（今江苏镇江西北）的一座凉亭里，恐惧地向北方眺望。这座亭子因而被叫作"北顾亭"，后来变成了辛弃疾笔下的"北固亭"。

从此，南朝再也无力对北朝形成威胁了。

纵观整场灾难，根源都在于刘义隆一时头脑发热，不合时宜地提出"封狼居胥"的口号，得罪了最重要的盟友柔然。纵观南北朝的历史，其实更多的是南北朝与柔然的三国演义。

451 年春，拓跋焘无法渡过长江，只得挥师北返。途中，他得知太子要谋杀自己，于是效法吐贺真装死，派使者召拓跋晃来迎丧即位。拓跋晃信以为真，美滋滋地前往军营，却看到了诈尸的父皇，结果被装进铁笼带回平城，秘密处决掉了。高凉王长孙那、略阳王长孙羯儿也都因涉及此案被赐死。

处决太子拓跋晃的次年，拓跋焘驾崩，留下一个虽有版图所扩大，但内部却千疮百孔的北魏帝国。由于他已经把本家族杀得人口凋零，拓跋皇室被别人取而代之，只是一个时间问题了。

短暂的内乱之后，拓跋晃与郁久闾氏所生的皇太孙拓跋濬登基，史称北魏文成帝。从此以后，多数北魏皇帝都有柔然血统。当然，他们本来就是一家人。

拓跋濬刚一上台，就下令废止祖父拓跋焘颁布的《灭佛诏》，并责成官员仿效佛像，给自己建造石像。此时的中国北方石雕艺术崇尚写实，甚至连拓跋濬身上的黑痣都雕了出来。从此，给佛像安上皇帝的面孔，成为中国佛教艺术中的一道独特风景。

也许是因为背弃祖父灭佛的旨意，拓跋濬的地位并不巩固。453 年，北魏再次发生内讧，濮阳王闾若文等贵族谋反，失败后被处死。北魏的闾姓就是"郁久闾"的简称，所以这位闾若文肯定是归化北魏的柔然贵族，和拓跋濬的母亲郁久闾氏可能还是亲戚呢。

闾若文发动的未遂政变无法动摇拓跋濬的崇佛意志。次年秋天，他因太子拓跋弘降生，又命官员用赤金铸造了五尊巨型佛像，分别长着拓跋珪、拓跋嗣、拓跋焘、拓跋晃和他自己的面孔。颇具讽刺意味的是，生前大力灭佛的拓跋焘死后居然也能成佛！

同年，从西方传来了对柔然十分有利的消息。

一个"世界帝国"的诞生

原来，自从波斯沙皇巴赫兰五世在 427 年击溃来犯的哒哒军队之后，波斯人一直在东方采取咄咄逼人的战略。到了442年之后，巴赫兰五世之子伊嗣侯二世（Yazdgard Ⅱ）出于征服中亚的野心，数次亲自深入哒哒领土。哒哒人起初屡战屡败，但逐渐摸清了波斯军队的特点，以其人之道还治其人之身，施展伏击的计策，在454年将伊嗣侯杀得大败，夺回了全部被占领土。波斯沙皇为了报复，在次年派出使者出访柔然－哒哒联盟的死敌北魏，寻求与北魏结盟。

不过，作为虔诚的佛教徒和有一半柔然血统的北魏皇帝，拓跋濬对远征柔然和哒哒并无多大兴趣。到了456年，伊嗣侯移师南下，大破昔日的盟国——寄多罗王国。但当他正要直扑印度河时却突然病倒，只得撤兵。哒哒人乘虚而入，抢得大片寄多罗王国的领土，并向笈多王国发起进攻，但被笈多王塞建陀（Skanda Gupta）击退，后者得意扬扬，立碑纪念自己战胜"白匈奴"的丰功伟绩，吹嘘说："当我与匈奴人激战时，双臂令大地都为之震动……"其实，他打败的并非哒哒军主力，因为对方的扩张重点此时还不在东南战场，而在西方和北方。这年，哒哒使者访问北魏，试图阻挠北魏与波斯结盟，就是这种战略思想的反映。

拓跋濬权衡利弊，决定抑制柔然－哒哒联盟势力的增长，便在458年年底率十万骑兵北伐柔然。由于是冬季出征，北魏军很快就受到冰雪的困扰，拓跋濬本来就对这次远征兴趣不大，于是准备以此为借口撤兵。老将尉眷劝他说，出兵不久就撤退，敌人会认为我方出了内乱，必定会追杀过来，不如再继续挺进一段距离。拓跋濬于是挥师穿越戈壁，接受了一些柔然部落的归附，但不等遭遇吐贺真带领的主力，就匆匆撤兵了。

东方刚刚太平，西方又出了乱子。波斯沙皇伊嗣侯回国后很快病逝，遗命小儿子继位，并封长子俾路斯（Peruz）为贵霜总督，主管东方军政，当地也因此得名为"俾路支斯坦"——俾路斯的土地，并沿用至今。被剥夺了继承权的长子俾路斯自然不服，于是利用职务之便，以割地、和亲为条件，向嚈哒王借来三万军队，打败了弟弟，自己登上沙皇宝座，史称俾路斯一世。

嚈哒人在波斯内战中下对了赌注，获利颇丰，被中亚各邦奉为盟主。从此以后，这个来自沙漠绿洲的小民族过上了很有品位的生活。男人穿着克什米尔羊毛内衣、西伯利亚貂皮外套，女人披着中国丝绸，熏着印度香料，头戴拜占庭首饰，脚踏波斯地毯，国家还制定了严格而公正的法律。

威震四方的嚈哒王还是拿来主义的大师，集"天子、沙皇、万王之王、恺撒"以及最时髦的"可汗"等多重头衔于一身。阿拉伯古籍称嚈哒王为"哈坎"（Hakan 或 Chagan），也就是"可汗"的异读。5 世纪末，嚈哒汗国俨然已成为新的文明中心。

当时，中亚地区的居民大多已经皈依佛教。历代嚈哒可汗虽不信仰佛教，但也不像拓跋焘那样灭佛，除了少数几次在战争中破坏佛寺之外，对佛教都持宽容的态度，任其发展。正是在嚈哒人统治期间，中亚人民建造了伟大的世界奇观——巴米扬石窟（Bamiyan，今阿富汗喀布尔西北）。

据玄奘在《大唐西域记》中记载，他在"梵衍那国"看到的巴米扬石窟极为壮观，有的佛陀立像高达 150 来尺（40 余米），卧佛石像更长达 1000 余尺（300 余米），当地居民上至君王，下至百姓，无不尽力虔诚祭祀。

近代的测量显示，他甚至还低估了石窟的规模：一座巴米扬佛陀立像高 38 米，另一座高 53 米，并配有大量中小型石窟和美轮美奂的佛教壁画。可悲的是，巴米扬石窟在 2001 年，被塔利班因为政治原因炸毁了。但历史的遗迹毕竟难以磨灭，我们在后文中还会看到，就连"阿富汗"这个国名，也来自宽容佛教的哒哒汗国。

巴米扬石窟虽然宏伟，却并非独一无二。巴米扬石窟在南亚和东亚各有一位同龄的姐妹，即笈多印度兴建的阿旃陀石窟（Ajanta，今印度奥兰加巴德西）和北魏兴建的云冈石窟（今山西大同西），她们如今都是重量级的世界文化遗产。

阿旃陀石窟和巴米扬石窟一样，在 2 世纪就开始建造了，但真正得到政府的财力和物力支持，得以扩大规模，提高艺术水准，是在 5 世纪。

同样是 5 世纪中叶，因北魏当局重新崇佛而再次剃发出家的高僧昙曜组织信众在平城西郊的河谷里凿山开洞，建造了五所巨型石窟，合称"昙曜五窟"。在昙曜五窟中，按照拓跋珪、拓跋嗣、拓跋焘、拓跋晃和拓跋濬五帝的面孔，分别雕刻了一座大佛像，它们构成了云冈石窟群的核心。

云冈第 18 窟西壁尽管破损严重，但依稀可辨一篇《茹茹可敦造像题记》，有"大茹茹……可敦……径斯……云……让……满……载之……何常……以兹……谷浑……方妙"等字样。由此可见，这座佛窟的修建，受到过自称"大茹茹国可敦"的柔然皇后资助，此事当发生在柔然与北魏关系好转的时期，这位皇后应是吐谷浑的公主。有趣的是，这篇《茹茹可敦造像题记》恰好正对着代表柔然宿敌拓跋焘的佛像，也可以算是"佛狸祠下，一片神鸦社鼓"了！

那是个兴建巨型佛像和石窟的时代。除了阿旃陀、巴米扬和云冈三大石窟之外，当时南亚、中亚和东亚各地的中小型石窟也如雨后春笋一般冒了出来。它们的艺术风格和内在思想虽然近似，但并非简单地相互仿造，而是各具特色，充分体现了孔子提倡的"和而不同"精神，堪称世界文化史上的罕见盛事。柔然与哒哒这两个看似凶悍的游牧民族对此功不可没。

柔然汗国尽管已经在很大程度上皈依佛教，并积极支持石窟的兴建，但这并不妨碍他们继续抢地盘。当时阿提拉已死，欧洲匈奴帝国随之崩溃，为柔然在欧亚大陆腹地扩张提供了上佳时机。大同云冈等石窟上有关北魏与柔然的各种题记，反映出吐贺真领导的柔然汗国此时已经与拓跋濬领导的北魏帝国言归于好。在解除了南方边境的问题后，吐贺真可汗便以摧枯拉朽之势，横扫西域各国。

460 年，吐贺真可汗攻杀盘踞西域高昌的沮渠安周，封阚爽之子阚伯周为高昌王，沮渠安周的旧部由此转而臣服于柔然。李渊家族与突厥的关系深厚复杂，根源就在于这段扑朔迷离的历史。

突厥人的祖先阿史那家族被吐贺真安置到矿藏丰富，盛产黄金和铁矿石的阿尔泰山南麓，负责给柔然人炼铁。同时，唐朝皇室李渊家族中的部分成员也因此辗转西行，在柔然和哒两国之间经商。长期在西域生活、身世备受争议的唐代大诗人李白出生在碎叶（今吉尔吉斯斯坦托克马克），又和李唐皇室沾亲，很可能就是这些人的后裔。

平定高昌之后，柔然可汗吐贺真又挥师西进，攻击宿敌悦般。悦般没有了欧洲匈奴人撑腰，独木难支，求救书雪片般地飞向北魏，但援军却迟迟不见踪影。从此，北匈奴的正牌后裔悦般就在古籍中消失了。"悦般"这个名字最后一次出现在记载中，是盛唐时期设立的"悦般都督府"，辖区在兴都库什山脉南麓。由此可以推断，悦般人在被柔然人击败后，向西南方撤退，企图效法过去的寄多罗人，到印度河流域去碰碰运气。但在兴都库什山脉南麓，他们又遭到柔然的盟友哒军队围剿，终于无奈地告别了历史舞台。

柔然－哒联盟的一连串胜利，给予邻国以越来越大的压力，迫使他们结成同盟。462 年，波斯使者又来到北魏，以后来得就更勤了。

战胜悦般人之后，吐贺真为了完成乃父吴提的遗志，挥鞭西指，继续其史诗般的远征，以至于深入欧洲境内。

欧洲本来就是亚洲大陆的一个半岛，亚欧之间的边界长期难以划分，从额尔齐斯河到乌拉尔河的距离并不遥远，而且全部是一马平川，十分便于草原骑士纵横驰骋。拜占庭史学家普里斯库斯

（Priscus）记载过一场多米诺骨牌般的民族迁徙：大约在 463 年，三个原先居住在东欧的游牧民族，即奥吾尔（Oghur）、撒拉吾尔（Saraghur）和奥诺吾尔（Onoghur）遭到中亚的"Savir"民族逼迫，逃到多瑙河下游，向东罗马帝国寻求庇护。至于萨比尔人西迁的原因，也是由于他们遭到更强大的东方游牧民族的攻击，这个民族就叫"Avar"。

古希腊文中的 β（beta）字母本来发 b 的音，但在现代希腊文中却发"w"的音，经常被改写作拉丁字母中的"v"。前文中提及的波斯沙皇"巴赫兰"往往被写作"瓦赫兰"，现代也不断发生把"瓦伦西亚"改名叫"巴伦西亚"之类的事情。所以，"Avar"一词在古代并不念作"阿瓦尔"，而应该念作"阿拔尔"，即中国古籍中的"阿拔"。但因为习惯的原因，本书仍然称"Avar"为"阿瓦尔"。

同样，"Savir"也不应念作"萨维尔"，而应该念作"萨比尔"。这个"萨比尔"民族，一望而知就是鲜卑人，也就是俄国人所谓的西伯利亚人（Sibir）。古代鲜卑人的分布范围很广，后来有些南下黄河流域，有些从柔然军队面前逃走，以"萨比尔人"的名义西迁至高加索山区，有些则臣服于柔然汗国，继续住在西伯利亚莽原里。

464 年二月，一代雄主吐贺真可汗在位 17 年后英年早逝，柔然远征军停止西进，这才让欧洲人多过了一个世纪的好日子。去世前，吐贺真已经将柔然帝国的疆土扩展到大兴安岭以西、第聂伯河以东、长城以北、北极圈以南的地区，面积超过 2000 万平方公里，成为当时地球上最大的国家，与成吉思汗去世时的蒙古帝国版图几乎一模一样，只可惜没有像样的历史书来记述他的功绩。

有人推测，如果吐贺真再多活两年，柔然军队必将饮马多瑙河；如果他能再多活 10 年，君士坦丁堡、罗马和巴黎也许都会并入柔然汗国的版图。实际上，12 年后西罗马帝国的灭亡，与吐贺真晚年的这次西征有着密不可分的联系。因为中欧的日耳曼人和匈奴人为了躲避柔然军队，纷纷南迁入西罗马帝国充当雇佣军，并最终将雇主颠覆。为了行文方便，我们将这段历史留到中部第六章里详细叙述。

仅凭武力支撑起来的政权注定难以长久。吐贺真死后，由于缺乏足够的文化凝聚力，在柔然汗国空前辽阔的版图下，分裂的暗流已经渐渐汹涌澎湃。

吐贺真的太子予成登基后，自称"受罗部真可汗"，相当于汉语中的"惠帝"。由于自幼养尊处优，他缺乏游牧民族的狂野，仰慕汉族文化，继位之后，居然按照中原政权的习惯建立年号，以 464 年为永康元年，并将它推广到臣服于柔然的西域各城邦内。

人如其名，惠帝予成并不擅长军事，虽然渴望入主中原，但即位当年就在长城脚下被北魏府兵杀得大败。次年，予成可汗利用拓跋濬去世、太子拓跋弘即位的机会，向北魏在西域唯一的盟友于阗发动了进攻。466 年三月，于阗派使者求救于北魏。北魏官员都认为："柔然军队擅长野战，但不会攻城，一旦遭到顽强抵抗，就会撤兵。于阗离京师有几万里之遥，我们即便派出援军，也来不及了。"拓跋弘于是给于阗王回信，声称不能立即出兵，但一两年内将亲征柔然，为于阗除害。

不过，拓跋弘并没有像他承诺的那样迅速发动北伐，反而在次年派兵袭击山东半岛，俘虏了崔光、崔穆等南朝的崔氏家族成员。这些崔浩的亲戚被委以重要的文化工作，崔光还主持了《魏书》的编纂。后来，经崔穆之子崔逞推荐，崔光的女婿魏收在崔浩的《国书》基础上，完成了"二十四史"之一的《魏书》。魏收在书中对崔浩等崔家成员推崇备至，而无所不用其极地贬低南朝和柔然等北魏的敌人，其实不难理解。但遗憾的是，这部书偏偏又是柔然民族史料的主要来源。

第四章
成也萧何，败也萧何：柔然汗国在亚洲的最后风光

帝国的领土过于辽阔，柔然的人口又实在太少，终于，忠实的高车人准备自立门户了。

为了止住下滑的脚步，予成可汗一面哭穷，一面盛赞北魏"大国富丽"，希望用微薄的聘礼迎娶高贵的拓跋公主。可顽固的谈判对手拒不让步。所幸，老天爷还没抛弃柔然。一场暴风雪消灭了北魏大军，也彻底埋葬了其北伐的雄心。

柔然人见好就收，鲜卑人也不再梦想回师草原，于是，一场轰轰烈烈的汉化改革开始了。激进的改革泯灭了北魏的气数，也给最后一位风光的柔然可汗阿那瓌创造了游刃于东西两个魏国的天赐良机。

天平日渐倾斜的柔然－嚈哒联盟

北魏在中亚的势力日渐缩小，柔然－嚈哒联盟在中亚的势力日益增大。进攻印度未果后，嚈哒军队掉转矛头，与波斯沙皇俾路斯

一世联手围剿寄多罗王国，并在467年将其完全征服。但在战后，哒可汗阿赫善瓦尔（Akhshanwar）却将几乎整个寄多罗王国的地盘都纳入自己的版图，俾路斯一世深感不公平，与阿赫善瓦尔争吵起来。为了报复，阿赫善瓦尔派兵袭取了波斯东北边境重镇巴里黑（Balkh，今阿富汗昆都士以西），并迁都于此。

巴里黑城极为古老神秘，号称"万城之母"，还是波斯国教祆教（拜火教）教主琐罗亚斯德（Zoroastres，又译作苏鲁支或查拉图斯特拉）的殉教地，在祆教徒心目中的地位一如基督教徒心目中的耶路撒冷。丢失了圣城的俾路斯一世极为愤怒，决定远交近攻，在468年派使者出使柔然－哒联盟的死敌北魏，寻求结盟。偏巧予成可汗在470年八月，主动南下攻打北魏，有四分之一柔然血统的拓跋弘这才下定北伐的决心。

北魏军在抵达女水（今内蒙古锡拉木伦河）时，与柔然主力军遭遇。看到敌人在数量上占优，北魏将领都很恐惧。拓跋弘勉励他们说："用兵在奇不在众！"于是选了精兵五千人在前挑战，并在后方设下多支部队，以图迷惑对方。予成可汗果然上了当，大败而逃。拓跋弘十分得意，为了纪念这次大捷，将女水改名为武川，还让笔杆子高允写了一篇碑文《北征颂》，它与太武帝《广德碑》、孝文帝《讲武碑》并称为"北魏三碑"。

471年，拓跋弘逊位于刚满5岁的太子拓跋宏，自称太上皇帝，但仍旧牢牢掌握着实权。次年，他再次击退了柔然军队的南侵。

看到翻越长城南下不容易，予成可汗于是改变思路，转向河西走廊扩张。不久，他两次派兵进攻敦煌，虽都被击退，但使北魏在凉州的统治岌岌可危。有些官员向拓跋弘建议说，敦煌离别的城镇太远，是敌人重点攻击的对象，城墙破损严重，恐怕支撑不了多久，最好干脆放弃，将当地的军民和物资迁往内地。对此满朝文武都赞成，只有大臣韩秀反对。他说："敦煌城建立已久，虽然强敌环伺，却一直坚持至今，说明当地军民忠勇善战，足以自保。当地位于河西要冲，进可以断北狄（柔然）南侵之路，退可以断西夷（哌哒）东窥之道。如果强制他们迁往姑臧，恐怕不符合民意，会引发动乱。更何况主动示弱于敌，北狄和西夷必将会加强与吐谷浑的联系，那样整个关中地区都将永无宁日！"

拓跋弘听韩秀说得有理，便驳回了放弃敦煌的提案，柔然后来也知难而退，放弃了征服该地的计划。

柔然之所以不再进攻敦煌，主要是因为内部出了乱子。这个世界第一大国的领土辽阔，民族众多，但惠帝予成的管理能力有限，各部落酋长开始同床异梦。就连近百年来一直忠实追随柔然的高车人也准备自立门户了。当时，高车人中有一个副伏罗部落，又称覆罗，既是部落名，也是其酋长的姓氏。副伏罗部领袖阿伏至罗勇猛善战，很受其他高车部落的尊敬。他趁着柔然可汗软弱可欺的机会，迅速把部属扩编到十余万帐，渐渐具备了与柔然汗廷抗衡的力量，予成可汗对此却浑然不觉。

在柔然汗国的躯体逐渐被肿瘤吞噬之际，它的属国哌哒却正在茁壮成长。

吞并寄多罗王国之后，哝哒汗国在西方的波斯前线采取守势，在东方的印度前线则大举进攻。也难怪，与富庶的印度河、恒河流域相比，荒芜的伊朗高原实在没什么嚼头。

477 年，寄多罗使者最后一次出使北魏。以当时的交通条件推断，他们在路上应该走了许多年，所以全然不知祖国的新闻。520年到犍陀罗（Gandara，今印度河上游东南部）取经的北魏僧人宋云报告说，这个寄多罗王国的最后据点落入哝哒人之手已经二世，说明哝哒占领印度河流域是在 480 年左右。当时，曾经击退过哝哒军队的笈多王塞建陀已经死去，国家被他的子孙瓜分，这就给外敌提供了极好的入侵机会。

室利·头罗曼（Shri Toramana）肯定是哝哒史上最著名的人物，但他的身份并不是可汗，而只是一个亲王，或者叫"特勤"（Tigin）。他最初的辖区不过是今阿富汗中南部和巴基斯坦北部一带，当地出土的钱币铭文告诉我们，他的具体头衔是"寄多罗特勤"（Tigin of Kidara）。

作为哝哒的特勤，他在领地里拥有广泛的自治权，包括经济、外交和军事等各个方面。寄多罗地区是印度的北大门，历代印度的外来征服者都从此处发起攻势，头罗曼也不甘人后。他的军队从喀布尔河谷出发，穿越克什米尔雪山和旁遮普丛林，攻陷了数百座城市，无所畏惧地推进到孟加拉湾。留给幸存的几位笈多王子的，就只剩下恒河三角洲了。为了保住这最后的家业和自己的性命，他们被迫全部臣服于头罗曼，直到后者于 502 年去世为止。

通过对印度的征服，头罗曼聚敛了无上的荣耀和大批的财富，以至于在这两方面都明显超过了自己的可汗阿赫善瓦尔。这位"白匈奴"领袖具备出众的文化修养，甚至他的敌人也认为他是公正而高贵的统治者。印度河东岸的美丽城郭塔克西拉（Taxila，《大唐西域记》译作"呾叉始罗"）曾经令亚历山大和阿育王等伟大君主流连忘返，虽然几度在战火中受损，但在头罗曼统治期间得到系统修缮，并被扩建为新印度帝国的首都，完全恢复往日的荣光。它也是《西游记》中唐僧师徒刻意寻访的"西天极乐世界"的原型。

玄奘西天取经时，看到这座城市虽因地震遭到严重破坏，但仍然佛寺林立，只是僧侣稀少。塔克西拉充分显示了头罗曼的宽阔胸怀和艺术品位，他虽然在战争中摧毁了许多佛寺，却并未像拓跋焘那样，为了经济目的而妄图铲除佛教的根基。

作为头罗曼政府经济实力的见证，它发行的货币质量上乘。但因为数量过于庞大，无法在现代文物市场上卖出高价。不过，头罗曼只允许铸造银币和铜币，因为他觉得黄金过于珍贵，又容易磨损，铸成货币放到市场上流通太可惜。

在西线，嚈哒可汗阿赫善瓦尔和波斯沙皇俾路斯一世经过多年争吵，总算在 474 年言归于好。嚈哒退还给波斯一些领土，俾路斯则把女儿嫁给阿赫善瓦尔。但自作聪明的俾路斯却施展了"狸猫换太子"之计，用一名普通宫女代替了公主。阿赫善瓦尔也不傻，在真相大白之后，便以外交事务为由，将三百名波斯贵族骗至嚈哒并全部屠杀。

渴望复仇的俾路斯打算以子之矛，攻子之盾，便托言双方发生了误会，请阿赫善瓦尔派来一支由四百名官员组成的使团。等这些人进入波斯境内后，俾路斯亲自率兵猛扑上来，想将他们一举杀光。不料哒哒使者早有准备，他们用骆驼组成一个圆阵，时而躲在里面向外射箭，时而骑着骆驼猛冲出来。波斯军队不仅被击退，不守信用的俾路斯还被使团嘲笑。嬉笑怒骂之后，哒哒使团安然回国去了。

波斯沙皇哪里受过这等侮辱，俾路斯一世立即下令全国总动员，向昔日的恩主哒哒宣战。他的这次军事行动受到拜占庭皇帝芝诺（Zeno）的金融支持，后者相信，东方各国之间的争斗越激烈，他自己的国家就越安全。自427年以来，巴赫兰五世沙皇所立的石柱一直标志着波斯与哒哒之间的边界，此时却被他的后裔公然推倒了。

战争之初，等待俾路斯的，只是一批批四散逃窜的哒哒守军。他们惊恐的表演竟然麻痹了在哒哒汗国内生活过多年的俾路斯。后者像拓跋焘一样，忘记了游牧民族惯用的诱敌深入伎俩有多么危险，竟以为对方已经完全溃散，便跟在后面紧紧追赶，直到冲进一片寸草不生的盐碱地。波斯士卒因为身着沉重的盔甲而精疲力竭，又因严重脱水而丧失了全部斗志，哒哒轻骑这才像怪笑着的鬣狗群那样包围上来，用遮天蔽日的箭雨狠狠教训了入侵者。

倒霉的俾路斯一世只好束手就擒，幸好阿赫善瓦尔并非得意忘形的小人。他承诺，不要波斯一寸土地，就放俾路斯及其军队安然回国，但战败方必须重建巴赫兰五世石柱，并支付巨额赔款。可是俾路斯囊中羞涩，只好再次派使者去君士坦丁堡，向芝诺申请贷款。阿赫善瓦尔听说芝诺已经同意批贷，不等拿到现款，就宽宏大量地释放了俾路斯。岂料俾路斯回国之后，并不将贷款转交给阿赫善瓦尔，反而用它招募了一支军队，再次进攻嚈哒汗国。

此次战争虽过程和上次有所不同，但结果依旧：忠诚的印度征服者头罗曼及时地给他的可汗主子送来了两千头战象。这些巨兽发出恐怖的怪叫，漫山遍野地扑向敌军，把波斯战马吓得纷纷掉头奔逃。俾路斯再次被俘，只好同意支付战争赔款，还答应向胜利者下跪称臣。

鉴于以往不太愉快的合作经历，这回当事的双方都长了个心眼。信仰拜火教的俾路斯在下跪时，有意挑选阿赫善瓦尔背对太阳的上午，这样他似乎就不是向嚈哒可汗臣服，而是在向太阳礼拜了。

阿赫善瓦尔倒不在乎这些礼仪上的细枝末节，他关心的是俾路斯何时能凑够钱。终于，20 头毛驴满载着波斯银币抵达，但这只是和约规定数目的三分之二。俾路斯只好留下太子卡巴德（Kavadh）做人质，换得自己的自由。回国之后，他立即加征人头税，以图能尽快赎回太子。

那边波斯沙皇忙着赎儿子，这边柔然可汗则忙着娶媳妇。

475 年，予成可汗派使者到平城，请求迎娶北魏公主。太上皇拓跋弘虽原则上同意，但柔然方面却不愿支付他开出的巨额聘礼，所以和亲的条件一直无法谈妥。次年，拓跋弘被冯太后毒死，北魏再次发生内乱，而柔然为了显示和解的诚意，并没有乘机南侵。

予成可汗接连派高官出使北魏，一面哭穷，一面盛赞北魏"大国富丽，一生所未见"，反正也不缺钱，所以应当降低聘礼的报价。但冯太后不愿让步，双方来回扯皮，始终没有结果。

拓跋弘死亡的 476 年也是世界史上的重要时刻，因为就在这一年，西罗马帝国被匈奴血统的日耳曼雇佣军头目奥多阿克（Odoacer）灭亡了。以君士坦丁堡为首都的东罗马帝国虽然还扛着罗马的大旗，却连罗马城都统治不了，这个有名无实的政权因而被后人称为"拜占庭帝国"。欧洲从此分裂为大量中小国家，它们之间的战争几乎无休无止地延续到了 20 世纪。相关的情况，我们将在下文中再作叙述。

478 年，南朝宋的齐王萧道成控制了刘宋政权，随即派亲信王洪轨出使柔然，希望予成可汗能够与自己联手，从南北两面夹攻北魏。刘宋与柔然远隔万里，王洪轨只好逆长江而上，然后爬雪山，过草地，绕道吐谷浑和西域各国，经过一年的艰苦跋涉，才到达柔然可汗庭。他看到，柔然人全都"编发"（系着辫子），已经可以说是真正的"辫子军"了。

此前，柔然国相希利垔曾经多次预言，齐将代宋。予成向王洪轨询问了刘宋的国情之后，心中大致有了底，就让新任国相刑基祇罗回表，鼓动萧道成称帝说：

宋灭齐昌……木德应运……《京房谶》云："卯金（刘）卒，草肃（萧）应王。"历观图纬，休征非一，皆云庆钟萧氏，代宋者齐……帝无常族，有德必昌，时来之数，唯灵是与。足下（萧道成称帝后，将这个词改成"陛下"）承乾启之机，因乘龙之运。计应符革祚，久已践极，荒裔倾戴，莫不引领；设未龙飞，不宜冲挹，上违天人之心，下乖黎庶之望。

在信中，刑基祇罗还慷慨激昂地表达了与南齐联合讨伐北魏的决心：

皇芮（柔然）承绪，肇自二仪，拓土载民，地越沧海，百代一族，大业天固。虽吴汉殊域，义同唇齿，方欲克期中原，恭行天罚。治兵缮甲，俟时大举，振霜戈于并、代，鸣和铃于秦、赵，扫殄凶丑，枭剪元恶，然后皇舆迁幸，光复中华，永敦邻好，侔踪齐、鲁。使四海有奉，苍生咸赖，荒余归仰，岂不盛哉！

在这封外交信函中，予成和刑基祇罗显示了自己深厚的汉文化功底，对《周易》、图谶和骈文没有进行过深入研究的人是写不出来的。

王洪轨得表，立即与柔然使者一道踏上了回国之旅。由于道路已经熟悉了，加之地形由高向低走，又坐船顺长江直下，所以速度非常快。萧道成拿到柔然的劝进表后，认为自己真的是四海归心，便在当年四月废宋顺帝刘准而登基称帝，改国号齐，史称南齐。

萧道成称帝，并派使者与予成可汗来往的消息传到平城，北魏冯太后觉得大事不妙，决定先下手为强，就在当年十一月集中兵力攻打南齐，占领了多座要塞。次月，予成可汗率领 10 余万骑兵（号称 30 万），从燕然山南下，长驱 3000 余里，扫荡了北魏的塞外各镇，直至长城脚下。

此前柔然与北魏已经和好多年，北魏府兵对柔然这么大规模的入侵行动缺乏准备，全部高挂免战牌。予成可汗在塞外打了几十天猎，等待南齐军队按照盟约，与自己合击北魏。但对方不仅没有北伐的意思，反而疲于招架北魏的攻势。予成觉得南征孤掌难鸣，但又不想白来一趟，就想向东进击，打开通向海洋的大门。

当年年底，予成便开始进攻东方的地豆于、库莫奚和契丹。这三个民族原先居住在今内蒙古西拉木伦河流域，391 年被北魏道武帝拓跋珪击败，逃到今吉林一带。听说强大的柔然要来打击自己，契丹酋长勿于十分害怕，向南跑到白狼水（今辽宁大凌河）东岸，请求到西岸的北魏营州境内避难。营州当局虽然没有答应，但契丹人仍然在辽河上游定居下来，从此与"辽"字结下了不解之缘。几年后，地豆于和库莫奚也渐渐南下，开始给北魏的东北边疆制造麻烦。

柔然的这次军事行动最终未能成行，因为柔然汗国内部又出了乱子。

478—479 年，附属于柔然的高昌王阚义成被兄长阚首归谋杀，柔然的另一个附庸——盘踞天山南麓的高车王阿伏至罗随即在 481 年攻占高昌，杀死阚首归，改立张孟明为王。阚家一直忠于柔然，出土的高昌文献沿用予成可汗的永康年号，可资证明。阿伏至罗攻打高昌之举，很可能是出自予成可汗的命令，意在惩办篡位者，维护属国的政治稳定。但此举客观上也提升了阿伏至罗的威望和野心，为柔然汗国日后的分裂埋下了伏笔。①

此后，柔然多次派使者出使南齐，希望得到一些南朝的织锦工、指南车、漏刻（显示时间的沙漏）和医生。要织锦工，而不要蚕桑，说明柔然当时已经能够养殖蚕桑，只是缺乏纺织技术，在丝绸产业链上处于利润最微薄的低端位置。当时萧道成已死，他的继承人萧赜害怕本国科技外泄，婉言回绝说："南方与北方水土差异太大，医术和药材都不相同，我们的医生对你们未必有用。织锦工都是女人，身体柔弱，无法跋涉数万里路去贵国。指南车、漏刻这些机械倒还在，但现在已经无人知道操作的方法。"就这样，予成可汗升级本国纺织产业链的计划以失败告终。

柔然汗国江河日下，而哒哒汗国却如日中天。484 年，屡败屡战的波斯沙皇俾路斯一世经过十年卧薪尝胆，终于赎回太子，然后

---

① 《魏书》记高车王可至罗（无疑就是阿伏至罗，"可"为"阿"之误书，"伏"经常弱化不发音）杀阚首归为和平五年（481）事，《资治通鉴》也作此记载。有些学者认为当时高车还附属于柔然，不敢攻打同为柔然属国的高昌，于是将"五年"改为"十五年"（491），以符合高车在 487 年独立的历史背景。这种改动似乎缺乏坚实证据，因为阚首归作为一个篡位者，本身的王位合法性可能就不受柔然的承认。

马上重整旗鼓，再次大举进攻哒汗国，以求一雪前耻。但在以往的盟约中，他曾立誓永不越过巴赫兰五世石柱，否则便要遭到天谴。为了躲过惩罚，迷信的俾路斯将这根石柱从地里掘了出来，用50头大象拖着，走在军队前面，这样他就不会违反誓言了。但此举严重影响了波斯军队的推进速度，哒可汗阿赫善瓦尔像个精明的猎人一样，在波斯军的必经之路上挖了个巨型陷阱，里面灌上水，表面用枯草和树枝掩盖起来。波斯军被诱敌的哒骑兵带到陷阱前，等到发现麻烦时后悔已晚。拖着巴赫兰五世石柱的大象首先栽进水塘，许多波斯骑兵也都收不住脚，淹死在里面，其余的部队阵脚大乱。埋伏在周围的哒军队乘机冲杀出来，将波斯人全部歼灭。

在这次战役中，"永不抛弃，永不放弃"的波斯沙皇俾路斯神秘失踪，战俘和阵亡者名单中都找不到他。波斯贵族心怀侥幸，幻想沙皇也许有朝一日能够从前线归来，就临时立了他的弟弟巴拉什（Balash）为摄政王。但苦苦等了四年之后，他们终于放弃了幻想，请巴拉什下台，改立曾经在哒汗国长期当人质的太子卡巴德为沙皇，史称卡巴德一世。

卡巴德因为青少年时代经历了许多灾难，同情劳苦大众，所以在登上皇位后，支持当时流行的马兹达克（Mazdak）运动。马兹达克运动是基于波斯多次被哒击败、国穷民尽的社会背景产生的，它要求男女完全平等，私人财产公有，废除一切社会特权，取缔税收，消灭婚姻制度，把自由恋爱进行到底，所以被守旧的波斯贵族视作眼中钉。结果，马兹达克运动被血腥镇压，卡巴德只好像乃父一样流亡到哌哒汗国，娶了哌哒公主，最后借哌哒兵杀回祖国复辟。经过这通折腾，卡巴德放弃了激进思想，转而抓经济，促生产，萨珊波斯才渐渐恢复了元气。

趁火打劫的西部高车

西方刚刚太平下来，东方却又燃起了战火。485 年，热爱汉文化的予成可汗去世，太子豆仑（Turum）继位，号称"伏古敦可汗"，相当于汉语中的"恒帝"，并改年号为"太平"。

太平年间并不太平。豆仑上台后，多次南下攻打北魏，大臣石洛侯表示反对，豆仑大怒，以谋反罪名处死石洛侯全家，部下因此人心离散。487 年，早有独立预谋的高车王阿伏至罗乘机率部开溜，迁入西域境内，自立为"侯娄匐勒"（意思是"大天子"），封弟弟穷奇为"侯倍"，也就是王储。两兄弟以天山山脉为界，阿伏至罗统治山北的准噶尔盆地、蒙古高原西北部和唐努乌梁海一带；穷奇统治山南的塔里木盆地北部。北魏称这一新兴国家为高车或西部高车，又因为开国元首名叫阿伏至罗，又称之为阿至罗国；南齐当局则沿用高车民族的古名，称它为丁零。

西部高车王储的名字"穷奇"拥有悠久的历史，勾起一段扑朔迷离的上古秘闻。据《山海经·海内北经》说，从今陕西北部和宁夏一带的犬戎国向北走，会遇到"状如虎，有翼，食人从首始"的怪兽"穷奇"。《神异经》也说："西北有兽，其状似虎，有翼能飞，便劓食人，知人言语，闻人斗辄食直者，闻人忠信辄食其鼻，闻人恶逆不善辄杀兽往馈之，名曰穷奇。"北亚的考古发现显示，这种"如虎添翼"的怪兽"穷奇"广泛存在于匈奴等游牧民族的艺术作品之中，而且还长着一只巨大的鹰喙，它无疑就是巴比伦神话和古希腊史籍中记载的"格里芬"（Griffin，又称狮鹫或鹰怪），详见本书中部第一章。

穷奇是共工的别名，而共工可能就是夏禹的父亲鲧，因为两者发音近似，事迹也很接近。[①]《史记·匈奴列传》说，匈奴是夏桀之子淳维的后裔，商汤灭夏时率部北奔。如果穷奇是夏鲧的象征，那么它成为匈奴的图腾也就不足为奇了。古希腊语的"格里芬"发音与"穷奇"相去甚远，但可能就是"共工"或"鲧"。高车王储取"穷奇"为名，显然高车人遵循了匈奴民族的传统，崇拜穷奇，柔然及其后裔阿瓦尔人也是如此。这些夏鲧的后裔跃马扬鞭，驰骋于从日本海到波罗的海的广阔地域上，将已有三千年历史的穷奇文化不断发扬光大。德国东北部有座海港城市叫"格赖夫斯瓦尔德"（Greifswald），直译就是"格里芬的森林"，也不妨译为"穷奇林"、"共工林"或"夏鲧林"。

西部高车王国的独立，是对柔然汗国的致命打击。这个世界第

---

① 王青. 鲧禹治水神话新探［J］. 南京师范大学文学院学报，2003（3）.

一大国突然被人拦腰切成两半，东部的蒙古高原与西部的哈萨克草原从此失去了联系，留驻在原悦般和萨比尔人领土上的数万柔然军民同母邦从此天各一方，阿尔泰金矿的丧失更带来了巨大的经济损失。本来雄心勃勃要问鼎中原的豆仑只得放弃南下战略，转而对付叛变者。可阿伏至罗也是志吞天下的枭雄，野心丝毫不比豆仑小，独立后立即从西北方发起攻击，几乎将柔然人赶出蒙古高原。489年，南齐使者丘冠先从柔然可汗庭返回建康后，向齐武帝萧赜报告说："丁零胡最近南下攻打柔然，占有了他们以前的领土，柔然现在已经向南迁徙了。"柔然的统治重心转向漠南，与北魏的关系必然变得更加紧张。

490年，阿伏至罗多次战胜豆仑后，派使者到北魏，要求结盟，联手消灭柔然。拓跋宏不信西部高车人能够发展得这么迅速，派使者于提前去调查，得知高车确实已经打垮了柔然，便让于提和另一个使者可足浑长生（汉名叫朱长生）再次出访高车，希望让阿伏至罗在名义上臣服于自己。

这支北魏使团到了高车王庭后，阿伏至罗命他们下拜，二人说自己是天子使臣，不能参拜下土诸侯，反而命阿伏至罗向自己下拜。阿伏至罗大怒，将他们囚禁起来，他们苦熬三年后才得以逃还。拓跋宏听了万分感动，把二人比作当世苏武，并封以高位。

在于提和可足浑长生被囚禁期间，南齐使者江景玄也来到了高车王庭。江景玄一行途径鄯善、于阗两国，看到了当地已经完全被高车人征服的景况。阿伏至罗也在南齐使团面前自称天子，江景玄的脑子要比于提和可足浑长生机灵，让下拜就下拜，于是顺利完成了外交任务，安然回国去了。但同为南齐使者，江景玄的同事丘冠先却比于提和可足浑长生还顽固，下场也就悲惨得多。就在江景玄出使高车的同年（492），丘冠先出使吐谷浑，因为不肯下拜，被扔下悬崖，活活摔死。[①]

以上众多外交事件的集中发生（488—493），是因为在西部高车王国独立后，各国之间的力量对比有了很大变化，原有的政治平衡被打破，各国急需互派外交使节，寻找自己的新位置和新立场。但外交毕竟只是国家实力的反映，正所谓"弱国无外交"。就像战国时期东方各国频繁派使者活动，最终还是免不了被很少搞外交的秦国吞并一样，实力严重削弱的柔然势必沦为这些强邻在外交谈判中的筹码，主权随时可能受到侵害甚至出卖。

所幸，老天爷还没抛弃柔然。

492 年八月，拓跋宏见柔然兵败如山倒，正在向漠南逃跑，便趁火打劫，派七万骑兵（《南齐书》说有数十万）北伐柔然，结果在这个初秋的季节却意外遭遇暴风雪，损失惨重，被柔然军轻松击退。豆仑赶走北魏军后心气提升，便与叔父那盖（Anagai）分兵两路西征高车阿伏至罗。那盖从北路出发，越过阿尔泰山向南，屡战屡胜；豆仑自己带南路军从东面绕过阿尔泰山，直扑塔里木盆地，原想捏穷奇这个软柿子，不想却碰上了阿伏至罗率领的高车军主

---

① 见《南齐书·河南列传》。《南史》说这事是柔然可汗豆仑干的，以当时的情况来说不足信，《资治通鉴》也采信了《南齐书》的记载。

力，结果连战连败。战争结束后，柔然军民都对豆仑失望至极，便将他刺杀，拥立那盖为柔然可汗，号称"侯其伏代库者可汗"，相当于汉语中的"康帝"，并改年号为"太安"。

柔然西征后元气大伤，但好歹夺回了蒙古高原的部分领土，从此不再南下。北方强敌的威胁解除，使得北魏的外部压力骤减，政策也相应发生了很大变化。494年，拓跋宏将北魏首都从平城南迁到洛阳，加快了汉化进程。496年，他命令拓跋鲜卑及各个附属游牧民族改姓汉姓，拓跋皇室改姓"元"，为后来蒙古政权定国号为"元"奠定了基础。

497年，高昌王马儒迫于西部高车的压力，向北魏政府请求内徙。元宏在伊吾给高昌人划拨了500里地，又派兵迎接，但高昌军民不愿背井离乡，群起杀掉马儒，改立长史麹嘉为王，并向柔然可汗那盖称臣。那盖在塔里木盆地里取得了高昌这个重要基地，就与西方的老盟友嚈哒联手，准备夹击西部高车。

500年前不久，嚈哒军越过帕米尔高原，直扑塔里木盆地，一路势如破竹，从龟兹打到焉耆，击溃天山南麓的高车人，杀死高车王储穷奇，并俘虏了穷奇的三个儿子——弥俄突、伊匐、越居。阿伏至罗屡战屡败，迁怒于长子，诬陷他与自己的嫔妃有染，还企图谋害自己，将其处死。高车军民看到阿伏至罗过于残暴，又不再百战百胜，认为这位天子已经失去了上天的庇护，于是将他刺杀，改立贵族跋利延为王。但嚈哒大军不管这些，继续北上，逼迫高车人杀掉跋利延，改立弥俄突为王，西部高车从此成为嚈哒的属国。那盖也分得一杯羹，夺回了从阿尔泰山到唐努乌梁海之间的土地。

　　嚈哒东征的胜利，根本上改变了自己与柔然的关系。正如阿提拉帝国与悦般的关系，或头罗曼帝国与嚈哒的关系一样，柔然汗国的实力已经被自己昔日的属国——嚈哒汗国全面超越，不得不处处有求于后者，甚至反而向对方称臣。当时，阿赫善瓦尔已死，继任的嚈哒可汗（也就是波斯沙皇卡巴德的岳父）名叫"阿拔尔沙"（Abarshah），可能相当于契丹语中的"阿保机"或蒙古语中的"渥巴锡"。阿拉伯人称柔然为"沙里"，即"沙皇国"之意，"阿拔尔沙"的含义是"阿拔尔人的沙皇"，也就等于"柔然可汗"。嚈哒可汗自称"柔然可汗"，证明两国关系较以往更加紧密，而且以往的主仆关系很可能已经颠倒了过来。

　　嚈哒汗国既然已经取代了柔然汗国昔日的霸主地位，自然会执行更加宏大的征服政策。在东北方，它通过属国高车和高昌，与柔然的死敌北魏建立起友好关系；在西北方，它于509年攻灭了可能是悦般人的最后据点——粟特首都索格特（Sughd），将势力扩张到咸海；在西南方，它与萨珊波斯的合作日益紧密；在东南方，它通过头罗曼巩固了对印度的统治。

　　502年，印度的征服者头罗曼死于远征华氏城（Pataliputra）的途中，其子摩醯逻矩罗（Mihirakula）继位。中国使者宋云、玄奘和拜占庭使者科斯马斯（Cosmas）都记载，摩醯逻矩罗勇猛善战，但极为凶残，是一个魔鬼般的统治者。他们声称，摩醯逻矩罗好杀成性，屠害过大批百姓（唐僧玄奘夸张地声称，他一次就杀了六亿人），毁掉了许多城市，用苛捐杂税剥削国民，还因僧人对他不敬，像拓跋焘一样下令灭佛，导致了佛教在印度本土的衰微。

其实，历史上的摩醯逻矩罗并不像乃父头罗曼那样好战，反而更注重内政。他把首都从塔克西拉南迁到奢羯罗（Sakala，今巴基斯坦锡亚尔科特），结果激化了嚈哒人与印度本土居民之间的矛盾。"摩醯逻矩罗"本身就是一个梵文名字，意思是"强大的民族"，所以玄奘在《大唐西域记》中将它译作"大族王"。人如其名，摩醯逻矩罗本人不像以往的嚈哒贵族那样信奉萨满教，而是入乡随俗，皈依了印度的主流宗教——婆罗门教。他频繁地祭祀婆罗门教主神湿婆（Siva），以求赢得多数国民的支持。但婆罗门教与佛教无法兼容，因此摩醯逻矩罗采取了抑制佛教的做法。当时佛教在印度早已由盛转衰，许多僧侣不是远赴异国传教，就是皈依了更具印度本土色彩的婆罗门教，余下的也越来越多地接受了婆罗门教的影响，这一趋势是佛教和婆罗门教自身性质决定的，与"白匈奴"的征服无关。

同样是在502年，国力有所恢复的萨珊波斯重新展开军事扩张，向拜占庭帝国发起了进攻，嚈哒盟军也积极参与了这次行动。当年11月，波斯-嚈哒联军攻陷底格里斯河西岸的提奥多修堡（Theodosiupolis）和阿米达（Amida）等拜占庭重镇，随即又在贝施迈丘陵（Bell Beshmae）战役中战胜了拜占庭步兵。不过，拜占庭军队随即也取得一次小胜，消灭了800名嚈哒士兵，还俘虏了一名嚈哒将领，波斯人只好用重金将他赎回。

　　503 年年底，波斯－哒联军包围了幼发拉底河东岸的最后一座拜占庭要塞埃德萨（Edesa，今土耳其乌尔法）。站在城墙上的拜占庭军人看到，哒骑兵挥舞着一根约半米长，外形像是擀面杖的棍子，感到极为稀奇，怀疑它是否真的有战斗力。这种武器叫"袖棒"，当时刚刚在亚洲重骑兵中流行开来。后来，北魏将领尔朱荣曾经以 7000 名手持袖棒的骑兵，打败过号称百万的敌军，足见这种武器很有威力，但拜占庭人因为不敢出城野战，所以无缘领教它的厉害。埃德萨围城战持续了半年多，后来卡巴德一世得知匈奴人正在骚扰波斯的北方边境，只得收兵回国。这些所谓的"匈奴人"自然不可能是波斯的哒盟友，也许是柔然，但更可能的是萨比尔人和被他们赶到欧洲的那些游牧部落。

　　6 世纪初的哒汗国正处于事业的顶峰，它控制着丝绸之路，统治着南亚和中亚最富庶的土地，直接或间接臣服于它的国家多达 40 余个，令它的老宗主国柔然自惭形秽。这也是柔然－哒联盟最光辉的岁月，虽然此联盟本身已经有点名存实亡。

　　哒的属国西部高车刚刚恢复元气，就积极联络北魏，企图再次夹击柔然。面对这种险恶的局势，柔然可汗那盖准备先下手为强，在 504 年九月率 12 万骑兵南下攻打北魏，结果无功而返，随后不久就去世了。那盖的太子伏图继承柔然汗位，号称"他汗可汗"（Tarkhan Qaghan），相当于汉语中的"孝帝"，并改年号为"始平"。

　　伏图上台后，决定与强敌北魏和解，以便专心攻灭较弱的对手西部高车。他主动向洛阳派出使团。但北魏宣武帝元恪坚持要求柔然完全臣服于自己，因此谈判久拖不决。西部高车王弥俄突听说之后，决定先下手为强，在508年四月发兵东进，与伏图在蒲类海（今新疆巴里坤湖）北岸遭遇，但却打了败仗，如意算盘落空。弥俄突逃至伊吾城北，但随即发起反击，在蒲类海北岸杀死了伏图。①高昌等西域城邦闻讯，立即抛弃柔然，转而臣服于高车。

伏图是第一个死在战场上的柔然可汗，他的阵亡是对柔然中兴大业的沉重打击。伏图的儿子丑奴（Chino，即蒙古语中的"狼"）继位后，自称"豆罗伏跋豆伐可汗"，相当于汉语中的"烈帝"，改年号为"建昌"，厉兵秣马，准备为父亲报仇。516年，丑奴大破西部高车，俘虏了弥俄突，将后者的双脚拴在马镫上，在沙漠中活活拖死，又遵循古老的草原民族复仇风俗，将弥俄突的头骨刷上漆，做成酒杯，随后用战利品兴建了位置不详的首都"木末城"，开始了定居生活。

---

① 弥俄突杀伏图之战的时间不清楚，经过也有疑问。《魏书·蠕蠕列传》记载，伏图在永平元年（508）派人出使北魏，尔后被杀，永平四年（511），他的继承者丑奴再次派人出使北魏。所以，伏图应死于508—511年。关于此战的过程，《魏书·高车列传》说："弥俄突寻与蠕蠕主伏图战于蒲类海北，为伏图所败，西走三百余里。伏图次于伊吾北山。先是，高昌王麹嘉求内徙，世宗遣孟威迎之，至伊吾，蠕蠕见威军，怖而遁走。弥俄突闻其离骇，追击大破之，杀伏图于蒲类海北，割其发，送于孟威。"但《魏书·高昌列传》却说："熙平元年（516），（麹）嘉遣兄子私署左卫将军、田地太守孝亮朝京师，仍求内徙，乞军迎援。于是遣龙骧将军孟威发凉州兵三千人迎之，至伊吾，失期而反。"据此，孟威去伊吾迎接高昌王麹嘉是在516年，当时伏图至少死了5年了，《魏书》中的这三种记载至少有一种是错误的。

丑奴虽然残忍地对待弥俄突，但他其实是个佛教徒，刚刚即位，就派僧侣洪宣到洛阳，向北魏送去佛珠和佛像以示友好。可能正是由于信佛，他报仇的对象仅限于弥俄突一人，西部高车军民都得到了宽恕，有些归附柔然，有些则投奔了哒哒。哒哒可汗厌带夷栗陀不愿看到柔然重新强大，所以很快支持弥俄突的弟弟伊匐带领哒哒境内的高车人重返天山，重建了阿至罗国。

正在这一关键时刻，柔然王室内部却突然传出了震惊朝野的八卦新闻。

原来，在豆仑被杀之后，那盖按照草原民族的纳嫂婚习俗，让儿子伏图迎娶了豆仑的妻子侯吕陵氏，生下了丑奴、俟匿伐、阿那瓌（Anagai，也是其祖父那盖名字的另一种译法）、乙居伐、塔寒［Tarkhan，又译作"他汗"，意为孝顺，即突厥语"达干"（Tarqan）］等六个儿子。丑奴登基后，爱子祖惠突然失踪，急得他四处悬赏，还请来佛僧祈祷，却总也找不到，弄得他心烦意乱。后来一名叫"地万"的"是豆浑"（相当于蒙古语 Shitughen，即女萨满）对丑奴说："这孩子目前在天上，我能叫他下来。"丑奴母子大喜，斋戒七日，请地万在大帐中作法。一天之后，祖惠就出现在帐中。

丑奴母子抱着孩子，悲喜交加，从此尊称地万为圣女。地万当年才20多岁，不仅擅长巫术，人长得也很美丽。丑奴越看越喜欢，就把地万的丈夫副升牟召来说："我爱上了你妻子，准备立她为可贺敦（皇后），你开个价吧。"副升牟不敢得罪可汗，就以3000头牲畜和一个爵位的价格，把妻子转让给了丑奴。地万于是成为可贺敦，位在祖惠的母亲之上。丑奴对她极为宠爱，言听计从。这样一来，柔然的国粹萨满教似乎在与佛教的竞争中大获全胜了。

但没过几年，祖惠的母亲突然向丑奴报告："宝宝说，他当年就是被地万诱拐的，一直住在地万家里，从来没上过天，那些都是地万教他说的。"丑奴不信，地万听说后却非常害怕，想要灭口，就向丑奴说祖惠的坏话，丑奴于是就把祖惠杀了。祖惠的母亲得知儿子被害，就跑去向婆婆侯吕陵氏告状。520年，这对婆媳派大臣李具列秘密地将地万绞死。

丑奴发现后大怒，立即开始调查，准备将涉案人员全部处决。偏偏在此时，伊匐在嚈哒的支持下，巩固了自己在西域的统治后，向柔然发动了进攻。丑奴被迫停止了审讯，带兵迎战，结果因准备仓促而战败。逃回国后，丑奴很快就被侯吕陵氏与阿那瓌、李具列等官员谋杀，阿那瓌就成了新任可汗。

失而复得的大汗宝座

然而，阿那瓌得国不正，人心不服。他即位才十天，还没来得及制定尊号和年号，堂兄示发就起兵造反。阿那瓌抵抗失利，在绝境中做出了一个惊人的决定：投奔柔然的头号死敌北魏。

其实，北魏当年也正饱受内乱之苦。就在阿那瓌抵达洛阳前三个月，中领军元义突然发动政变，囚禁了北魏实际的掌权者胡太后，处死太傅元怿，以年仅 10 岁的孝明帝元诩的名义控制了国家。为了决定阿那瓌在朝廷中所处的位置，北魏满朝文武吵得沸反盈天。最后，以西晋接待匈奴南单于的待遇，把阿那瓌的位置定在藩王之下。阿那瓌抵达洛阳时，场面极为排场，全城轰动，居民万人空巷地出来观看。当时就出现了一首流行诗歌《阿那瓌》，描写这番盛况：

> 闻有匈奴主，
> 杂骑起尘埃。
> 列观长平坂，
> 驱马渭桥来。[①]

　　欢宴过后，阿那瓌主动套近乎说："臣的祖先原本出于大魏。"元诩回答："朕早就知道这事了。""阿那瓌又说：臣的祖先因为寻找牧草，定居于漠北，虽然与大魏之间远隔山河，但一直仰慕圣化。只是因为高车作乱，臣的国家事务苦多，无暇派使者来觐见天颜。这些年来，总算渐渐平定了高车。等到臣的兄长（丑奴）为国主时，就派使者来到大魏，准备虔诚地履行藩国的义务。后来，陛下派曹道芝北使，臣与兄长立即派五名大臣跪拜受诏。臣兄弟的本意尚未传到大魏，高车就来侵略，奸臣趁乱为逆，杀害了臣的兄

---

① 《全汉三国晋南北朝诗·全北魏诗》。"匈奴主"是洛阳居民对阿那瓌的称呼。

长，立臣为国主。因为陛下恩慈如天，所以臣就任不过十日，就匆忙地前来投奔，把性命托付给陛下。臣因为家中有难，只身来朝，老母还在那边，与家人远隔万里，部下都已经离散了。希望陛下能够赐恩，借给臣一支兵马，以便回国诛灭叛逆，收集亡散。老母若在，臣可以全家团圆；如果发生了不幸，臣也能报仇雪耻。再往后，臣当带领全国百姓奉事陛下，四时进贡，不敢有丝毫懈怠。"

元诩这才明白，阿那瓌是来向自己要救兵，以便回去打内战的。他对柔然的内部情况还不十分了解，出于谨慎，没有立即答应阿那瓌的请求，而是封他为朔方郡公、蠕蠕王，享受一切北魏皇室的待遇。虽然生活条件挺优裕，但阿那瓌在炎热的洛阳却怎么也安顿不下来，接连上表，要求借兵一万，回国复辟。多数北魏大臣都表示反对，阿那瓌出于无奈，给元诩送去一百斤黄金的贿赂，这才得到满意的答复。

在洛阳滞留了三个月之后，阿那瓌一行终于踏上了回国之路。不料好事多磨，走到河套平原后，阿那瓌才知道，母亲和两个弟弟都已经被害，而自己想讨伐的示发也不在人世了。

原来，阿那瓌投奔北魏之后，他的另一位堂兄婆罗门起来与示发争夺汗位，结果示发战败，向东流亡到地豆于。地豆于想起当年被予成可汗逼迫的痛史，当即与婆罗门结好，合力将示发杀死。婆罗门自立为"弥偶可社句可汗"，相当于汉语中的"静帝"。

柔然可汗有"婆罗门"这个标准的印度名字，自然是拜佛教传播所赐。除婆罗门之外，前文中的刑基祇罗、阿伏至罗、祖惠等也都是梵文名字，证明佛教已经在亚欧草原上深深地扎下了根，成为柔然和高车等游牧民族普遍信奉的宗教。

婆罗门上台后，听说阿那瓌正在河套平原，怕他闹出乱子，就与北魏交涉。元诩派使者牒云具仁与婆罗门谈判，婆罗门随即派两千骑兵南下迎接阿那瓌。但牒云具仁对阿那瓌说了些婆罗门的坏话，吓得阿那瓌不敢归国，要求回洛阳。不久，西部高车王伊匐听说死敌柔然发生内乱，便乘机东侵，大获全胜。婆罗门的可汗皇位还没坐热，就被赶得东奔西逃，最后来到凉州境内，寻求北魏的保护。同时，阿那瓌的兄长俟匿伐也来到河套平原，投奔阿那瓌。

阿那瓌和婆罗门两位柔然可汗在短期内相继来投奔北魏，令元诩颇为头痛，不知如何处理为好，便向凉州刺史袁翻咨询。袁翻祖籍项城，与汉末诸侯袁绍、袁术兄弟可能有亲缘关系，算是标准的汉族名门。他以特有的中国式智慧，建议元诩说："匈奴问题难以解决，自古就无良策。西周疲于防御，最后还是被他们消灭。汉朝多次北伐，却无法真正征服。呼韩邪单于来朝时，都以为是千载美谈，但后来还是反目成仇，最终神州陆沉。我朝威驭四海，所向无敌，唯独北方边疆一直备受压力。自从迁都洛阳以来，柔然和高车争雄漠北，时强时弱……北方几十年来没有大患，正是因为这两股势力相互拉锯。由此看来，对我们最有利的莫过于卞庄刺虎之计，也就是继续维持以往的局面。现在柔然被高车讨灭，两位君主同时来投奔朝廷，百姓也不远万里，主动归诚，确实值得同情。但是，夷不乱华，前鉴就在刘渊、石勒，我们不能重蹈覆辙（他这是把北魏完全当成汉族政权了）。柔然现在虽然国破家亡，但毕竟地大人多，高车一时还不能全部兼并。高车王伊匐虽然兵多将广，但缺乏才智，整日放纵部下抢掠，和盗匪没有什么区别。黄河以西能够御敌的区域，不过凉州、敦煌两地而已。凉州地广人稀，敦煌、酒泉二镇尤其空虚。如果柔然国真的就这么灭亡了，高车独吞漠北，那么西部就危险了。臣认为，柔然这两位君主，应当并存为宜，让阿那瓌住在东方，婆罗门可以屯驻西海郡（今甘肃酒泉），扼守河西走廊门户，与高车抗衡。"

随后，十多位大臣联名上奏说："汉立南、北单于，晋立东、西鲜卑，都是为了国家的安全。怀朔镇北的吐若奚泉（内蒙古西拉木伦河）和敦煌镇北的西海郡地形宽阔，土地肥沃，可以用以安置柔然人。阿那瓌可以屯驻在吐若奚泉，婆罗门可以屯驻在西海郡，各自统率旧部，收纳难民。吐若奚泉流域本来就属于柔然，不是我国领土，所以阿那瓌的地位应当更高一些，在婆罗门南下之前来降的柔然人一律拨给阿那瓌统领；婆罗门屯驻的西海郡本属我国境内，是朝廷借给他暂住的，地位和待遇当然不能与阿那瓌相当。"

大臣们既然一致这么主张，元诩也就点头同意了。没想到，这样一个"看上去很美"的计划，一旦付诸实施，所有的美好愿望立即付诸东流。

原来，婆罗门听说自己的地位和待遇都不如阿那瓌，勃然大怒，准备率部西逃，投奔自己的姐夫、嚈哒可汗厌带夷栗陀（柔然与嚈哒累世通婚，厌带夷栗陀的三位妻子都是婆罗门的姐妹）。但消息泄露，婆罗门被北魏军逮捕，抓到洛阳软禁起来，并在三年后神秘地死在旅馆里。于是，阿那瓌顺理成章地统一了柔然各部，但仍不敢回到被高车人占据的蒙古高原，暂时只能在西拉木伦河流域转悠。

听说北魏政府大力扶植阿那瓌，高车王伊匐十分紧张，赶紧派人出使洛阳，向元诩讨来了镇西将军、西海郡开国公、高车王的头衔。西海郡本是元诩赏给婆罗门的，现在倒成了高车的合法领地，与袁翻的本意完全背道而驰。也可能高车人此时已经攻占了西海郡，北魏政府只是承认既成事实而已。同年，袁翻也被免除了凉州刺史的职务，降职为吏部郎中，大概与他抵抗高车入侵不力有关。

北魏与高车都不愿意相互得罪，夹在两者之间的柔然人就只好自力更生，艰苦创业了。

522 年十二月，阿那瓌的部下数量膨胀至三十万，但却遭遇严重的饥荒。阿那瓌上表求援，元诩拨给他一万石粟，说是作为来年播种的种子。这对解决柔然人的粮食危机只是杯水车薪。于是这些饿得两眼发青的牧民只好在三个月后冲进长城，四处抢劫。元诩闻讯后，派尚书左丞元孚去交涉，反而被阿那瓌拘禁。

四月，阿那瓌带着元孚和两千名北魏平民，以及数十万匹牲畜北返，消失在戈壁滩中。

元诩又命骠骑大将军李崇和秀容酋长尔朱荣等将领率领十万骑兵、五万步兵去追击。北魏军进入戈壁滩后，不敢继续推进，很快撤了回来。"十五万众度沙漠，不日而还"，成为北疆军民的笑柄。

当地的敕勒等游牧民族本来就对北魏统治很不满，现在看到北魏军队战斗力如此低下，纷纷产生了反抗的念头。524 年三月，匈奴人破六韩拔陵在沃野镇（今内蒙古乌拉特前旗）起兵，塞北六镇随即纷纷响应，敕勒人胡琛、杜洛周、鲜于修礼，羌人莫折太提，氐人王庆云等陆续投入反北魏的浪潮。

六镇大暴动的根源，就在于柔然与北魏的再次决裂。北魏的塞北六镇本来是为防御柔然所建，地位特殊，居民多是牧民出身的兵户，世代当兵。"狡兔死，走狗烹；飞鸟尽，良弓藏。" 487 年西部高车从柔然分裂出去之后，北方压力减轻，战争稀少，这些府兵无所事事，政治和经济地位自然日益降低。北魏迁都洛阳后，进一步削弱了他们的权利。

当时，府兵们因为闲着也是闲着，还能勉强容忍；但当柔然重整旗鼓，北疆战事再起，府兵的工作压力骤增，待遇却毫无提升，必然会心存不满。早在阿那瓌北返时，尚书令李崇就曾提议，将塞北六镇改设为六州，取消兵户，使他们的政治经济待遇和民户相等，以此平息日渐喧嚣的局势，但朝廷拒绝放弃旧有利益。不久，就传来了破六韩拔陵起兵的消息，北魏的西北边疆城头变换大王旗，好不热闹。北魏政府先后调兵数十万去讨伐，却都被杀得惨败而归，元诩的威信也因此坠入低谷。胡太后乘机发动政变，重新垂帘听政。

与六镇暴动同时，阿那瓌大破高车，高车王伊匐败退回准噶尔盆地后，被弟弟越居杀死。就这样，柔然人又夺回了整个蒙古高原。

元诩倒台后，胡太后以重金邀请柔然军队协助平叛，阿那瓌欣然同意。不久，他就率领十万骑兵直扑沃野镇，大破此前百战百胜的破六韩拔陵。六月，柔然军斩杀破六韩拔陵的部将孔雀，据司马光《稽古录》载还杀死了破六韩拔陵本人。破六韩拔陵的余部在阿那瓌的追击下，渡过黄河南逃，从此再也不能成气候，六镇暴动由此迎来了拐点。

阿那瓌讨伐破六韩拔陵期间，胡太后多次派官员携带重金去慰劳。汝阳王元暹也派幕僚淳于覃去巴结阿那瓌，阿那瓌见淳于覃足智多谋，就把他留下来当秘书。战胜破六韩拔陵之后，阿那瓌威名大振，于是自称"敕连头兵豆伐可汗"，相当于汉语中的"圣景皇帝"。因为阿那瓌去过洛阳，所以他按照北魏的制度设立了宦官，又拜淳于覃为秘书监、黄门郎，负责起草文件。至此，柔然不仅完成了复兴大业，而且还进一步加深了汉化。

破六韩拔陵败亡以后，鲜于修礼扛过了六镇暴动领袖的大旗，攻杀北魏的宁远将军杨祯（隋高祖杨坚的祖父）。但到了526年，杨祯的同乡亲戚、右卫将军杨津设计招安了鲜于修礼的部将元洪业。元洪业刺杀鲜于修礼，准备投降北魏，但被同僚葛荣杀死。葛荣与杜洛周随后将杨津包围在营州，杨津向洛阳求救，胡太后却认为敌军实力有限，不必劳师动众。杨津在绝望之中，派长子杨遁突围北上柔然可汗庭，在阿那瓌面前日夜哭泣，求他出兵援救营州。527年四月，阿那瓌派一万骑兵去解营州之围，但这支部队看到杜洛周军已经控制了长城，而且兵力雄厚，便犹豫观望，不再前进。阿那瓌闻讯后准备亲征，但不清楚北魏朝廷是否愿意合作，便派人去洛阳请示。胡太后担心柔然军入塞后，看到北魏的乱象，会产生野心，就婉言谢绝说："北方各镇的狄人不停地叛逆，柔然君主忠于朝廷，诚心协助诛讨，心意可嘉。听说你现在驻扎在河套一带，与车骑将军尔朱荣所部邻接，请严明军纪，不要相互争斗，掳掠百姓。你又来信要求为国东讨葛荣和杜洛周，但你长期居住在漠北，夏天眼看就要到了，营州那里会很炎热，恐怕贵部很难适应气候。可以先休整一阵，听候诏书调遣。"

因为胡太后不合作，柔然军只好撤退，营州很快陷落，杨津被俘。葛荣和杜洛周随即大举南下，攻陷中山、冀州和定州。不久，葛荣击杀杜洛周，吞并其部下，又攻陷沧州，渐渐逼近黄河下游，北魏的统治即将土崩瓦解。

还没过一年，胡太后因为私生活丑闻暴露，毒死了亲生儿子、孝明帝元诩，改立年幼的皇室成员元钊为帝。尔朱荣闻讯，便以替元诩报仇为名南征，拥立长乐王元子攸为帝，史称北魏孝庄帝。随后，尔朱荣攻陷洛阳，把胡太后与小皇帝扔入黄河淹死，又发动河阴之变，将北魏皇室及朝臣屠杀殆尽。即位九天之后，元子攸便下诏，大意为：勋高者应当得到重赏，德厚者应当得到美名。柔然君主阿那瓌镇守北方，使得阴山息警，弱水无尘，刊迹狼山，铭功瀚海，至诚至忠，普通的赏赐已经不足以褒奖他的丰功伟绩，理应赐予特殊的地位。从今以后，阿那瓌赞拜时不必自报名字，上书时也不必称臣了。

元子攸与尔朱荣急于褒奖阿那瓌，是因为阿那瓌与尔朱荣之间存在显而易见的联盟：

尔朱荣原先应当讨伐叛变北魏的阿那瓌，却不战而退；破六韩拔陵起兵以后，二人都在河套一带镇压暴动，很可能多次并肩战斗过；葛荣南下后，尔朱荣兵力不足，曾经上奏朝廷，要求向阿那瓌借兵，包抄葛荣的后路；尔朱荣入京后，立即投桃报李，赏赐阿那瓌以"赞拜不名，上书不称臣"的特殊待遇。

到了八月份，葛荣率领号称百万的大军包围邺城，尔朱荣率七千骑兵北上救援。当时，北魏有两支援军正在赶来，尔朱荣明知实力不足，却还是向葛荣发动进攻，并且奇迹般地将其打垮了。这背后恐怕又是因为阿那瓌及时派来了柔然援军。至此，亲柔然的军事集团完全控制了北魏朝廷，双方关系也真正步入了蜜月期。

就在柔然汗国复兴的528年，哝哒汗国却接连遭受了沉重打击。

自古以来，炎热的南亚一直令习惯寒冷的北方骑士望而生畏，哝哒人也不例外。头罗曼满足于表面上的征服，放任印度各地诸侯自治——只要他们向自己进贡。摩醯逻矩罗却并不满足于此，他一心要统治整个南亚次大陆，成为名副其实的"转轮王"。即位之初，他功绩显赫，铲除了一些土邦，还将势力范围扩大到印度南部和青藏高原西部。517年，他又发兵攻打帕米尔高原上的罽宾国。但罽宾据有雪山地险，哝哒的骑兵和战象无从施展，苦战三年，仍不能取胜。520 年，到印度取经的北魏僧人宋云路过帕米尔高原，摩醯逻矩罗派人前去慰劳宋云说："高僧远涉万里，历经百国，很辛苦吧？"宋云回答："我奉圣旨访求真经，走多远也不敢说累。大王亲总三军，远临边境，寒暑不移，想来才真累吧？"摩醯逻矩罗大笑道："不能降服小国，您问得我实在惭愧。"①

频繁地削藩必定招致类似"三藩之乱"的反抗。到了 528 年，摩醯逻矩罗属下各地诸侯就像事先商量好的一样纷纷起兵，为首的是玛尔瓦（Malwa，今印度中央邦）国王耶素达曼，此人早在 510 年就在哒哒汗国与笈多王国之间摇摆不定。当时，笈多王那罗僧诃笈多二世停止了对哒哒人的进贡，因而遭到摩醯逻矩罗的讨伐。耶素达曼本来应随从摩醯逻矩罗出征，但后来却与另一位诸侯伊桑纳跋摩共同倒向了那罗僧诃笈多，致使摩醯逻矩罗的这次东征以失利告终。为了惩办叛徒，摩醯逻矩罗在 528 年向玛尔瓦进攻，结果又遭惨败，甚至还被迫缴纳战争赔款。耶素达曼十分得意，在曼达索尔（Mandasor）铭文中说："摩醯逻矩罗国王以往用兵如神，在他手中，连喜马拉雅山脉也不再以'无法攻克的堡垒'之名而骄傲……如今，他却反而要向我进贡……"

这次打击并未使摩醯逻矩罗消沉，就在同一年，他又向另一个拒不向自己纳贡的笈多属国摩揭陀（Magdha，在今恒河下游）开战。摩揭陀国王婆罗阿迭多（Baladitya，玄奘将它意译为"幼日

---

① 杨炫之：《洛阳伽蓝记》（卷五）。

王"）是虔诚的佛教徒，生性不爱杀生。听说摩醯逻矩罗的大军开来，他对臣民说："我不忍心让你们与敌人战斗致死，请允许我放弃王位，到深山老林中隐居吧。"随即就穿上便装，和母后划着小船驶出恒河三角洲，到孟加拉湾的一座岛屿上隐居起来。摩揭陀臣民感激婆罗阿迭多的恩德，又厌恶反佛教的摩醯逻矩罗，于是成群结队地跟着婆罗阿迭多母子去海岛上避难。

摩醯逻矩罗不费一兵一卒，就拿下了富庶的摩揭陀国。但听说婆罗阿迭多躲藏在海岛上，又有数万臣民跟从，他感到此人号召力太大，仍然是一个潜在的威胁，决心先除之而后快，于是把主力部队留在大陆上，交给弟弟指挥，亲自带数千精兵坐船去海岛捉拿婆罗阿迭多。群臣都说："我们北方人不习水战，大王不可轻举妄动。"摩醯逻矩罗固执己见，带船队来到婆罗阿迭多藏身的海岛。婆罗阿迭多派一些老兵把守岛上的山峦险要，又派人在森林中设下埋伏。摩醯逻矩罗仰攻山口不成，撤退时又遭到伏兵袭击，北方的马弓手在密林里无用武之地，全部溃散。摩醯逻矩罗左冲右突，好不容易杀回岸边，却发现船队已经被敌人焚毁。他正在慌不择路地寻找船只，坐骑却被无处不在的红树气生根绊倒，连人带马陷入烂泥中动弹不得，无奈成为婆罗阿迭多的俘虏。

摩醯逻矩罗被俘后羞愧难言，像吴王夫差一样用衣服蒙住脸，不敢让外人看。婆罗阿迭多让他揭开衣服，以便面谈。摩醯逻矩罗回答说："以前我是君，你是臣，现在你是座上主，我是阶下囚，关系已经是仇敌，面谈又有何益呢？我英雄一世，却落到你手里，活着真没劲！赶快给我一个痛快吧！"婆罗阿迭多大怒，于是列举了摩醯逻矩罗的众多罪行，然后喝令将他推出斩首。

婆罗阿迭多的母亲听说儿子要处死摩醯逻矩罗，连忙出来阻止说："刀下留人！我听说摩醯逻矩罗是位有大智慧的勇士，我想看看他活着时的样子。"婆罗阿迭多是个孝子，就让人把摩醯逻矩罗带至母亲的房中，让老太太开开眼。太后见摩醯逻矩罗还是蒙着头，就开导他说："孩子，别不好意思啦！你以往曾与婆罗阿迭多结拜为兄弟，所以我也就是你的母亲。胜败乃兵家常事，你现在落到这个地步，我这个当母亲的心里也很难过。然而，兴废随时，存亡有运，沉迷于物欲就不免毁誉参半，用心思考就会忘记这些世俗的得失。灵魂不会毁灭，生命将永远轮回，你若是还重视今世的业报，就让我看看你的脸吧。"摩醯逻矩罗听了心悦诚服，道歉说："我才德亏欠，却有幸继承先人的王业，因为肆意妄为，招来亡国的大祸。如今虽然已在牢笼之内，却还是贪生怕死，怎么敢不接受您的教诲？"于是揭开衣服，露出了依然英武的面庞。

太后拉着摩醯逻矩罗的手，家长里短地问个不停，越看越喜欢，要把孙女许配给他，并对婆罗阿迭多说："古人说，有福之命不可害。摩醯逻矩罗虽然作恶多端，但他的余福未尽，尚有中兴之气。你若杀了此人，国中将大旱十二年。"婆罗阿迭多遵从母亲的教导，释放了摩醯逻矩罗，并把哒哒残部交还给他，再加上一支卫队，协助他回国。

刚走到半路上，摩醯逻矩罗就听说弟弟已经自立为王。他不愿意和弟弟打内战，就跑到了北方的克什米尔。统治当地的迦湿弥罗王畏惧摩醯逻矩罗的威名，划给他一块地盘，而且有求必应。但没过两年，摩醯逻矩罗故态复萌，刺杀了迦湿弥罗王而自立，随即又向西袭击犍陀罗国，灭掉了这个昔日的属国，在当地建立起恐怖统治，直到 542 年左右才去世。

摩醯逻矩罗后半生的所作所为，严重削弱了嚈哒汗国。嚈哒人丧失了在次大陆的半壁江山，人力和物力的损失也很惊人。与此同时，中亚的嚈哒人多次与波斯人联合进攻拜占庭，一度推进到安条克（Antiochia，今土耳其安塔基亚），收获不大，损失却不小。

520 年左右，厌带夷栗陀可汗去世，汗位由他的遗孀瓦拉克斯（Waraks）继承。不久，波斯沙皇卡巴德再次进攻拜占庭，瓦拉克斯派出一支两万人的军队支援。但卡巴德中了拜占庭皇帝查士丁尼一世（Justinus Ⅰ）的反间计，误以为嚈哒友军要投靠拜占庭，将他们全部杀死了。这一事件使瓦拉克斯立即倒向拜占庭一方，还引发了嚈哒汗国的内战。最后瓦拉克斯获胜，并将一些亲波斯的嚈哒贵族引渡到君士坦丁堡，查士丁尼一世把他们全部钉死在十字架上。

经过这场内乱，加上厌带夷栗陀的小舅子婆罗门在柔然汗位争夺中败给阿那瓌，摩醯逻矩罗丢失了大半个印度，嚈哒的属国高车又被阿那瓌逐出蒙古高原，520—540 年，嚈哒汗国在各条战线上都举步维艰，元气大伤。可是，他们真正的苦日子还在后面呢。

530 年，北魏孝庄帝元子攸刺杀阿那瓌的亲密战友尔朱荣，随后自己又被尔朱荣的侄子尔朱兆擒杀。次年，冀州刺史高欢起兵讨伐尔朱兆，北魏由此大乱。532 年四月，高欢攻陷洛阳，先后拥立三人为帝，最后选中了元修，史称北魏孝武帝或北魏出帝。

高欢的军事行动显然得到了柔然人的支持，因为就在元修登基两个月后，阿那瓌派使者造访血迹斑斑的洛阳，说自己的长子庵罗辰已经成年，到了结婚的年纪，要求与新任皇帝和亲。元修当时才 23 岁，没有女儿，但又不敢得罪柔然，经过半年讨论，选择了河阴之变中遇害的范阳王元诲的长女琅邪公主。但婚礼尚未举行，元修就因不堪忍受高欢的管制，在 534 年逃往长安，投奔了关中大行台宇文泰，高欢怒而在洛阳拥立元善见，是为东魏静帝。仅仅 13 年前，北魏官员还在为如何将柔然一分为二绞尽脑汁，现在北魏自己却分裂为东西二魏，柔然倒成了铁板一块，历史真是沧海桑田，瞬息万变。

与北魏分裂同时，阿那瓌大举西征，将高车人逐出准噶尔盆地，高车王越居众叛亲离，被伊匐之子比适刺杀。比适自立为高车王，越居之子去宾率十余万户高车人投奔了东魏。高欢拜去宾为安北将军、肆州刺史，封为高车王。但高车与东魏之间夹着柔然和西魏，去宾无法直接从中亚跑到华北来，《魏书·高车传》说他"自蠕蠕来奔"，可能是先投降了柔然，尔后趁阿那瓌不备，向南逃奔到东魏。比适所部在 540 年被阿那瓌征服，去宾很快也病死在洛阳，天山南北从此尽入柔然版图，曾经显赫一时的西部高车王国终于灭亡。

阿那瓌南克破六韩拔陵与葛荣，西并高车，纵横万里，所向无敌，威震天下。在淳于覃的唆使下，他凡事都按照中国皇帝的级别办理，不仅不再向魏人称臣，而且表现得越来越傲慢。东魏、西魏慑于柔然汗国的强盛，争先恐后地巴结阿那瓌。在这种形势下，东魏、西魏建造的石窟中纷纷出现了有"大茹茹国"字样的题记，例如响堂山石窟、敦煌莫高窟、洛阳龙门石窟和天龙山石窟，等等，都证明当时的柔然与东魏、西魏关系都比较好，文化和经济交流很频繁。

为了将阿那瓌拉拢到自己这边来，高欢和宇文泰都频繁地向柔然派遣使者。高欢的使者是他的舍人杨畅，宇文泰的使者是散骑常侍贺若谊，也就是隋朝名将贺若弼的叔叔。贺若谊是个不错的外交人才，而且家产很殷实，曾经用重金在河套招降柔然部落万余口，这次他又用钱袋收获了成功：阿那瓌宣布与西魏联盟，并将东魏使者杨畅逮捕，交给贺若谊带回长安。宇文泰闻讯大喜，拜贺若谊为车骑大将军、仪同三司，贺若家族从此平步青云。

按照贺若谊与阿那瓌达成的协议，宇文泰逼迫西魏文帝元宝炬与皇后乙弗氏离婚，另娶阿那瓌的女儿郁久闾氏为皇后，又要嫁公主给阿那瓌的弟弟塔寒。这两件事让元宝炬很为难，因为他没有女儿，与乙弗氏的感情又很好。但他不敢得罪宇文泰和阿那瓌，就收养了宗室元翌的女儿为化政公主，把她嫁给塔寒，又让乙弗氏出家当了尼姑，然后才派扶风王元孚去柔然迎接阿那瓌的女儿。

阿那瓌给女儿置办了大量嫁妆，仅衣饰就装满了七百乘车，还有一万匹马和两千头骆驼。元孚来到可汗庭之后，看到柔然人崇拜太阳升起的方向——东方，营帐的大门都朝东，就要求公主按照魏人的习俗，改向朝南。郁久闾氏回答："我没见过魏主，所以还算是柔然公主。你们魏人以朝南为尊，我却有朝东的自由。"他们抵达长安后，元宝炬当即举办婚礼，立郁久闾氏为皇后。阿那瓌听说女儿的婚姻很顺利，就又杀掉了东魏使者元整，准备与西魏合击东魏。高欢听说元整被杀，也将柔然使者温豆拔等人囚禁起来。

阿那瓌没有想到，女儿的蜜月过得并不愉快。乙弗氏虽然出家当了尼姑，但郁久闾氏知道元宝炬对她仍然念念不忘，于是就封她的儿子为秦州刺史，让她跟儿子去辖区居住。元宝炬虽然不敢得罪郁久闾氏，但的确舍不得乙弗氏，密令她将剃掉的头发重新蓄起来。郁久闾氏闻讯大怒，正要调查，却突然去世，官方说法是水土不服，染病而亡的。元宝炬将她谥为悼后。

听说郁久闾氏离奇死亡，渴望改善与柔然关系的高欢立即抓住这个机会，派使者龙无驹出使柔然可汗庭。龙无驹见了阿那瓌，首先报告说，温豆拔等人生活得很好。阿那瓌杀元整时，以为高欢也会杀掉温豆拔等人，闻讯颇感惭愧。高欢又派使者张徽纂去向阿那瓌告状说，他的女儿不是正常病死，而是被元宝炬和乙弗氏谋杀的，化政公主也没有真正的皇室血统。此前，阿那瓌经西魏所属的河西走廊讨伐高车王比适，路上荒芜一片，补给出了很大问题。张徽纂得知此事，就随口编谣言说，宇文泰不愿看到柔然战胜高车，所以下令烧掉河西走廊的草场，令柔然战马没有东西吃，无法前进。阿那瓌闻言，登时怒气冲天。

龙无驹和张徽纂又火上浇油，提醒阿那瓌注意，他当年在内战中失利，全靠北魏的帮助才得以复国，理应有报恩之心，而东魏才是北魏的正统所在。如果柔然能与西魏决裂，改同东魏结盟，高欢一定安排真正的公主与庵罗辰结婚，然后共同讨伐元宝炬和宇文泰，为郁久闾氏报仇。阿那瓌完全听信了东魏使者的言论，便宣布和东魏复交，并在攻灭西部高车之后，转而进攻西魏。

540 年五月，阿那瓌率号称百万的军队大举南下，扫荡黄河以东各个忠于西魏的地区，从范阳（今北京）一直杀到三堆戍（今山西静乐），把这些地区全部交给东魏占领，尔后西渡黄河，直扑关中。西魏军一溃千里，宇文泰眼看柔然军队已经攻到了夏州（今陕西、内蒙古交界处，即夏王赫连勃勃的故都统万城一带），只得逼元宝炬杀掉乙弗后，以让阿那瓌满意。元宝炬长叹道："岂有为一个女子兴兵百万的呢？但是让外人这么议论，朕又如何去面对将帅？"于是派人赐乙弗氏自尽。阿那瓌听说乙弗后已死，怒气消散，果然收兵北归。

惩办了西魏之后，阿那瓌开始忙着与东魏皇室联姻。541 年四月，阿那瓌派人送来一千匹马作为聘礼，为其太子庵罗辰迎娶了常山王元骘的妹妹乐安公主。高欢担心出差错，亲自操办整个婚礼，隆重接待柔然使团，又把乐安公主一直送到长城脚下，这才放心地返回。这令阿那瓌十分满意。没多久，阿那瓌又把孙女邻和公主嫁给高欢的第九子高湛，也就是后来的北齐武成帝。这对新婚夫妇当年都只有 8 岁，而邻和公主在 5 年后就夭折了，葬于河北磁县大冢营村。这座豪华坟墓在 1976 年被发掘，出土了大量壁画和陶俑。

至此，柔然皇室与高欢家族的联姻还没有结束，双方都想再亲上加亲。高欢听说阿那瓌的小女儿尚未出嫁，就为长子高澄求婚。没想到，阿那瓌回答说："高王自己娶她就挺好。"高欢犹豫不决，他的正妻娄夫人与高澄却都支持说："这可是国家大计，您不要再迟疑了。"高欢于是下定决心，在 545 年迎娶了阿那瓌的小女儿，称为茹茹公主。阿那瓌派弟弟秃突佳等高官送女儿去东魏，临行前又对秃突佳说："等外孙出生了，你再给我回来报喜！"

茹茹公主抵达时，高欢亲自出城迎接，表现得十分殷勤。娄夫人很自觉，主动把主卧腾出来给茹茹公主，自己住到次卧去，临走还叮嘱高欢说："你以后就别再到我这里来了，她会发现的。"婚后，因为高欢平常主要说鲜卑语，极少说汉语，[①] 所以茹茹公主一直没学汉语，其事迹因而不为外人所知。从此，东魏的北方边疆太平无事，阿那瓌与女婿高欢一面忙着建造佛寺和石窟，一面策划联合攻打宇文泰。作为柔然的盟友和西魏的敌人，吐谷浑也频繁派遣使者，绕道柔然来拜访高欢。于是，柔然、东魏和吐谷浑就结成了反西魏的三角联盟。

宇文泰可不是坐以待毙之人，他敏锐地察觉到了危险，于是积极寻找对策，并且收获颇丰。就在高欢和茹茹公主结婚的同一年，宇文泰的使者、被称为"酒泉胡"的安诺槃陀在柔然汗国内部

---

① 《北齐书·高昂传》："高祖每申令三军，常鲜卑语；昂若在列，则为华言。"

打开了一个致命的缺口：他深入阿尔泰山区，找到了号称"土门"（Tuman）的突厥首领阿史那布民（Ashna Bumin）①，双方一拍即合，达成了多项秘密协议。

正处在事业巅峰的阿那瓌不会想到，他的好日子就要到头了。

---

① 据近代破译的古突厥文《阙特勤碑》铭文记载，土门的原名是布民。"土门"和《史记》中的首位匈奴单于"头曼"应当是同一个名字，但并不是布民可汗的原名，而是一个官号，意思是"万"，相当于师长，这个官衔估计是阿那瓌可汗封给他的。

第五章
西风压倒东风：压垮柔然－哌哒联盟的最后一根稻草

200多年前，悦般人一句粗话，招来柔然人的大棒；200年后，柔然人一声"锻奴"，锻造出自己的掘墓人。唯一一个从阿尔泰山崛起后向东席卷整个蒙古高原的民族——突厥，诞生了。

突厥人只花了十年，便摧毁了柔然和哌哒两大汗国。一个原以锻铁为生的弱小民族，突然之间成了从大兴安岭到里海之间辽阔地域的主人。快速的征服往往伴随着严重的后遗症，柔然汗国崩溃的余响，注定要震动遥远的欧洲。

关于突厥民族的起源，前文已经介绍过，此处再作一简述。[①]突厥因为地处西北，所以又被视为铁勒的一支，与回纥、契骨等民

① 突厥民族的起源有许多传说，其中最流行的是"狼种"说，即某个北方部族遭遇毁灭性惨祸，只有一个少年逃出，后来与母狼交合，或被母狼收养，其后裔便是突厥。但人与狼的基因差别极大，不可能杂交生子。母狼抚养儿童倒是较为常见的事情，而且许多古代民族，如印度、罗马、波斯都有类似传说，可是已知的所有狼孩普遍智力低下，不会说人类的语言，只能用四肢爬行，寿命较短，不适应人类社会。像这样低能的狼孩绝对没有领导大型人类社会团体的能力，因此"狼种"传说并非是历史事实，而只是信奉狼图腾的古代民族对祖先的一种神化。

族是同宗。古突厥阙特勤碑碑文称阿史那布民统治的部落为"蓝突厥"（Kok Turk），他们后来征服的部落则被称为"黑突厥"（Qara Turk）。突厥难民被柔然人安置在阿尔泰山区以后，主要负责锻造铁器，也兼营畜牧业。此时的突厥人活动范围相对固定，向北不超过阿尔泰山北麓，向南不超过博格多山脉。

487年，西部高车王阿伏至罗从柔然汗国中独立出来，随即控制了天山南北至蒙古高原西北部的广阔土地，突厥人随之摆脱了柔然的统治，而成为西部高车的臣民。508年，西部高车王弥俄突在蒲类海北岸击杀柔然可汗伏图，战场离突厥人的生活区域很近，所以弥俄突军中一定有突厥武士。540—541年，西部高车王国几经沉浮，最终，还是被柔然攻灭，突厥人这才重新臣服于柔然汗国。可想而知，此时他们的境遇一定很尴尬，与阿那瓌可汗的关系也一定很微妙。难怪545年安诺槃陁来访时，突厥人都十分兴奋，相互庆祝。次年，土门就派使者回访长安，给宇文泰带去了许多礼物。

似乎是为了阻止西魏－突厥联盟的建立，就在突厥使团访问长安的那一年秋天，东魏大举进攻西魏，但结果却是灾难性的。十一月，新郎官高欢在围攻西魏重镇玉壁（今山西新绛西南）时被弩箭射伤，回国后卧床不起。等到了元旦，高欢已经半年多没与茹茹公主相聚，秃突佳抱怨说："我哥哥还等着抱外孙呢，不然我回不了国，你能不能积极一点儿？"高欢害怕了，让人用担架抬着自己去见茹茹公主。经过这么一折腾，高欢伤势转重，于547年元月便呜呼哀哉。同月，为了阻止敌人趁火打劫，柔然军南下攻打西魏，一直打到高平（今宁夏固原）。

高欢死后，茹茹公主不愿守寡，按照柔然的纳嫂婚习俗，又嫁给高欢的长子、新任东魏丞相高澄，并生下一个女儿。没想到孩子刚一出生，高澄就在549年被家奴刺杀，茹茹公主母女和秃突佳也不知所终。高澄之弟高洋曾经强奸高澄的妻妾，所以茹茹公主与秃突佳的失踪可能也与高洋有关。

550年五月，高洋从晋阳前往邺城，着手准备代魏称帝的仪式。他正兴冲冲地走在半路上，道旁突然闪出一名叫阿秃师的疯和尚，当众大呼："高洋，阿那瓌终将灭掉你的国家！"高洋闻言，既惊且怒，进一步增加了对柔然的反感，但仍然立即称帝，史称北齐。

后来，北周武帝宇文邕攻打北齐，高洋的侄子、北齐后主高纬派丞相高阿那肱出战，高阿那肱却投降了周将尉迟迥，与他设计生擒了高纬，致使北齐灭亡。人们这才知道，阿秃师当年所说将消灭北齐的人并不是阿那瓌，而是高阿那肱。其实，"阿那肱"与"阿那瓌"两个词的发音并没有区别，是同一个名字。

东魏被北齐取代，使柔然汗国丧失了最重要的盟友，柔然太子庵罗辰与东魏乐安公主的联姻也因此变得毫无意义。在短短几年内，阿那瓌相继失去了女儿和女婿，属国突厥又和死敌西魏眉来眼去，外交上倍感孤立，真可谓四面楚歌。似乎看到了阿那瓌的这种困境，就在550年左右，五万余帐"铁勒"人从中亚向东挺进，企图攻打柔然汗国。没人知道，他们究竟是阿兰、恩屈等原先就住在中亚的游牧部落，还是西部高车的余部。当他们经过阿尔泰山区时，遭到突厥人的袭击，遂全部投降。这样一来，突厥民族人口大增，俨然成为西部高车王国的继承者。

阿史那布民自恃强盛，于是向柔然皇室提出联姻。阿那瓌正沉浸在丧失亲人的悲痛之中，闻言大怒，派人去辱骂阿史那布民说："你只不过是我的锻奴，怎么敢提这种要求？"阿史那布民大怒，处死柔然使者，转而向西魏求婚，宇文泰马上满口答应。551 年六月，阿史那布民与西魏长乐公主结婚，不久又派人去参加了元宝炬的葬礼。至此，西魏与突厥正式结成反柔然联盟，阿史那布民也自称伊利可汗（Illig Qaghan，意思是"有国家的皇帝"），翌年建立起突厥汗国。

突厥汗国的政治、军事制度基本上都是从柔然汗国照搬过来的。作为可汗的妻子，长乐公主被称为"可贺敦"，"叶护""颉利发""吐屯发""俟斤""莫何弗"等官名也被突厥悉数笑纳。由此看来，古突厥语和柔然语的区别很小，甚至可以被视为同一种语言的两种方言。

突厥与柔然反目成仇，根本原因在于双方的实力对比发生了变化。阿那瓌如果同意布民求婚的请求，必然导致已经与西魏交好的突厥的实力进一步增强，这对柔然肯定不利。所以，阿那瓌认为不如及早与突厥摊牌，以免他们与西魏联合围攻自己。但他年事已高，备战工作过于缓慢，反而让对手抢了先。

552 年正月，新婚宴尔的伊利可汗发动东征，大破柔然军队，阿那瓌自杀。这次战争的重要性不言而喻，但过程却很不清楚，就连战斗发生的地点也有疑问。《周书》说，决战是在"怀荒北"打的，怀荒镇在河北张家口，"怀荒北"相当于内蒙古呼伦贝尔草原一带，当时算是柔然汗国的最东界了。由西方阿尔泰山区而来的突厥军队如果真是在呼伦贝尔草原上战胜的阿那瓌，那么柔然汗国就应彻底灭亡，但它后来又在蒙古高原上存在了好几年，于理不合。

关于这场影响世界历史走向的大战，西方史料也作了模糊的记载。拜占庭人称伊利可汗为"博特泽纳"（Bertezena），他战胜"瓦尔匈奴"的地点是在提尔河（Til，意思是"黑水"）上，30万具尸体散布在广大战场上，一个步行者需要四天才能走得出去。"提尔"的意思是"大水"，这个名字当时指伏尔加河，传说威震欧洲的匈奴王阿提拉就是因它而得名。不过，突厥人由西方向东攻来，阿那瓌不会向西方的伏尔加河逃跑，所以，这个"提尔河"应指突厥语中的"独洛水"（Tughla）或柔然语中的"弱洛水"，即柔然可汗庭所在的土拉河；而那条指伏尔加河的"提尔河"在《隋书》中叫"阿得水"，突厥语称为"Idil"或"Adiz"，又译作"阿跌"。

阿那瓌覆亡的过程，至此已经比较清楚：一月份正处深冬，他在柔然可汗庭休整时毫无防备，没有料到敌人敢于冒着严寒来进攻自己。据古突厥碑铭记载，突厥军队的正面战斗力并非鹤立鸡群，但特别擅长利用雨、雪、黑夜的掩护发起偷袭。突厥人的这种战术大获成功，阿那瓌被突厥军围困在弱洛水河畔，不愿成为战俘，故而自杀。突厥人在杀死著名敌人之后，常常建造"杀人石"（Balbal），也就是将敌人的相貌雕刻在石碑上。代表阿那瓌的杀人石，应该是伊利可汗最荣耀的纪念碑。它也许至今还耸立在漠北草原上，不过后人已经难以鉴定了。

阿那瓌死后，残存的柔然人一分为二：太子庵罗辰与堂叔登注、登注的长子库提等贵族南奔北齐；留在蒙古高原东部的柔然人则拥立登注的次子铁伐为可汗，前文说过，"铁伐"指的是匈奴男子和鲜卑女子所生的混血儿。

不久，契丹人落井下石，偷袭柔然，杀死了铁伐可汗，但还无力征服整个柔然民族。齐显祖高洋听说铁伐的死讯以后，就派人送登注和库提北返。本来，阿那瓌的太子庵罗辰才应当是合法的柔然汗位继承人，但庵罗辰是东魏女婿，高洋十分猜忌他，所以转而支持登注父子。也许是因为过于亲北齐，登注刚刚登基几个月，就被族人杀死，汗位由库提接任。库提上台还没几天，突厥军再次入侵，库提挡不住突厥人的猛攻，率部突围逃回北齐。

同时，战胜柔然的契丹人也越过长城南侵，但被高洋赶走。高洋随即兵锋西指，一面迎接库提等人，一面向野心勃勃的突厥示威。突厥军此时已经跋涉了上万公里，早已是强弩之末，故不敢与屡战屡胜的北齐军交锋，遂放弃了征服柔然的计划，与高洋达成了和平协议。高洋见库提过于懦弱，只得将他废黜，改立庵罗辰为柔然可汗，并将柔然人安置在马邑川（今桑干河上游），也就是大同盆地里。此地本来是北魏的根据地，现在却变成了柔然流亡分子的避难所，历史的演变实在匪夷所思。

不过，庵罗辰因为妹妹之死和登注、库提父子的影响，对高洋早已怀恨在心。一旦大权在握，就开始密谋报复。554年三月，庵罗辰翻越恒山山脉，攻打北齐的肆州（今山西忻州），高洋只得亲自迎战。双方在今山西北部反复鏖战了半年多，高洋一度被围，备受饥渴之苦，所幸突降大雨，这才反败为胜，俘虏了乐安公主及六万余名柔然军民。555年六月，庵罗辰终于被高洋赶出长城，返回了蒙古高原。由于惧怕突厥人再次东侵，他决定放弃此地，转向东北亚发展。一部分柔然人不愿意背井离乡，便拥立阿那瓌的叔父邓叔子为可汗，继续留在漠北。庵罗辰则率部进入辽河流域，直逼北齐的营州。但营州刺史王峻早有防备，庵罗辰抵达营州首府昌黎城（今辽宁朝阳）西郊时遭遇埋伏，大败而逃，从此消失在中国古籍中。据突厥人后来对拜占庭使者的描述，一部分"阿瓦尔人"后来逃奔靺鞨（Mukri，又译作"勿吉"，当时住在松花江流域和乌苏里江流域的民族），指的应当就是庵罗辰麾下的这支柔然人。

进入松花江流域以后，东迁的柔然人便融入了靺鞨民族之中。尔后，靺鞨分为白山、黑水、伯咄、粟末等七部，其中的伯咄（Badu，即"拔都"）部后来被契丹攻击，与邻近的室韦人共同西迁，发展为号称"达靼"、"鞑靼"或"塔塔尔"（Tartar）的蒙古族，其名来自柔然可汗大檀，已见前文。

粟末部后来建立渤海国，唐朝大将李怀光就出自这个部，此人本姓"茹"，显然是柔然后裔。粟末部最终被契丹吞并，在辽代融入汉族。黑水部则发展为女真族，一部分建立金朝，随即融入汉族；另一部分建立清朝，形成今日的满族。因此，这些赫赫有名的游牧民族都有许多柔然成分，出现"鞑靼""阿拔嘎"之类的柔然名字，实属正常。毋庸置疑，金、元、清各朝皇帝也都或多或少有一些柔然血统。

至于柔然的死敌契丹，同样免不了"柔然化"的命运，因为他们征服了太多的柔然后裔，最终必然与之融合。唐朝末年，耶律家族首领阿保机被选为契丹族领袖，尔后建立辽帝国。"耶律"即"斛律"，本是一个高车部落，后来演变成姓氏和名字，遍布柔然、高车和北魏。

如前文所说，"阿保机"即"Abarshah"，意为"阿拔尔人的沙皇"或"柔然可汗"。所以，"耶律阿保机"的意思就是"斛律——柔然可汗"。柔然汗国的第二位君主，也就是410—414年在位的蔼苦盖可汗，本名正是斛律。换言之，"耶律阿保机"是一个富有柔然风味的姓名，所以辽皇室的祖先可能就出自柔然。据胡峤的《陷虏记》载，五代十国时期，契丹人中还有一个叫"妪厥律"的部落，其发音与柔然皇族"郁久闾"完全相同，可以肯定是同一个家族。

在一定程度上，辽、金、元、清各朝皇室都有柔然人的成分。他们的历史不必在本书中叙述，但还有一个中国皇室与柔然民族关系密切，实在不能不提。这就是隋朝皇室——杨坚家族。

隋朝的开国皇帝杨坚小时候并不叫"杨坚"，而叫"普六茹·那罗延"。"那罗延"是个梵文名字，因为杨坚家族一直信仰佛教；"普六茹"是个怪姓，在南北朝典籍中有"普陋茹""普六如""普六茹"等多种写法。

据《周书》说，魏恭帝在位初期（554），西魏搞了一场姓氏鲜卑化运动，杨坚的父亲杨忠就在这年被赐姓普六茹氏。《隋书》也说，当时被宇文泰赐姓普六茹氏的，还有杨坚的弘农同乡杨尚希。由此看来，当时整个弘农杨家大概都被赐姓为普六茹了。

和其他宇文泰青睐的鲜卑姓氏不同，"普六茹"这个姓原本很罕见，可以说是一个专属弘农杨家的姓氏。实际上，它是一个合成词，由"普六"和"茹"两部分组成。"普六"是常见的鲜卑姓名，有多种译法，如"普根""普洛""普邻""普驎""步度根""步六孤""步鹿根""步鹿真"，等等。早在东汉末年，鲜卑酋长步度根就曾与曹操往来，柔然汗国的第三位君主也叫步鹿真。北魏后期推行鲜卑姓名汉化，将步六孤氏改为陆氏，步鹿根氏改为步氏。究其本来面貌，它们都应被还原为"Bulgan"，即蒙古的常见地名"布尔干"，也相当于西方语言中的"Bulgar"，也就是所谓的"保加尔"或"保加利亚"。

蒙古国的布尔干省位于乌兰巴托西北方的鄂尔浑河流域，恰好相当于古代柔然汗国的统治核心区域；至于保加利亚的故事，不妨留到后面的章节中介绍。"茹"字的含义更加明显："茹"即茹茹，也就是柔然。所以，"普六茹"一词可写作"Bulgan-Abar"（布尔干－阿拔尔）或"Bulgar-Avar"（保加尔－阿瓦尔）。

从"普六茹"这个怪异姓氏就可以看出，宇文泰对杨坚家族其实有很大戒心，并不把他们视为自己人，而宁愿将他们归入柔然人之列。据《魏书·官氏志》说，"普陋茹氏"后来被汉化为茹氏，但杨坚家族却是个例外。魏收对此不以为然，在《杨播列传》里嘲笑他们是"自云弘农华阴人也"。杨坚之子杨广上台之后，推动"去胡化运动"，更改了许多带"胡"字的名词，例如把"胡瓜"改名叫"黄瓜"，等等。这自然让人联想到同样特别忌讳"胡"字的石勒，入主中原的胡人往往会产生这种逆反心理。由此看来，魏收的讥讽未必无据，杨坚家族可能确实有柔然血统。

现在让我们回过头来，关注正统柔然政权在蒙古高原上的最后岁月。

与庵罗辰东奔辽河流域的同时，突厥的开国之君伊利可汗驾崩，遗命以阿尔泰山脉为界，将突厥汗国分为东、西两部：东突厥汗国由其长子科罗（Qara，也就是"黑王子"）继承，号称"乙息记可汗"；西突厥汗国由其弟弟室点密（Istami）继承，拜占庭人称他为"西扎布罗斯"（Silzabulos），阿拉伯古籍则称他为"欣吉布"（Sinjibu）。

安葬了伊利可汗之后，室点密可汗便点起十万大军，号称"奥诺吾尔"（也就是"十姓部落"），西征中亚，且战果辉煌。科罗可汗不甘人后，也向蒙古高原上的柔然人发起东征，虽然战胜了邓叔子可汗，但自己也丧了性命。临终前，科罗宣布遗诏，说太子摄图年幼无法治国，所以传位给弟弟俟斤。俟斤继位后，号称"木杆可汗"，并立即向柔然人复仇，一举将他们击溃。邓叔子不敢投靠北齐或契丹，只得率千余户残部南奔柔然的另一个宿敌西魏。结果，他刚刚跳出毒气室，却又落进了焚尸炉。

听说死敌柔然投奔了姻亲西魏，木杆可汗担心夜长梦多，立即派使团追到长安，要求把这些难民全部处死，以绝后患。宇文泰权衡利弊，最后答应了这一要求，将邓叔子可汗等三千余名柔然人交给突厥使者，在长安城东的青门外全部斩杀。柔然女子和未成年男子得到了赦免，被宇文泰分配给各个西魏贵族家庭为奴，大约在隋唐时期陆续融入汉族。这场青门大屠杀，标志着称雄蒙古高原近两个世纪的柔然汗国最终灭亡。据唐代释玄应、释慧琳所著《一切经音义》载，留在蒙古高原上的柔然人臣服于突厥征服者，唐朝时突厥国内还有一个叫"芮芮"的部落。

木杆可汗并不满足于征服柔然的成就。他乘胜追击，连续击败东方的契丹和北方的契骨，又同叔父室点密联手，向柔然的世纪盟友嚈哒发难。558年左右，嚈哒可汗渥泽尔（Wazr）惊恐地发现，一个突厥使团正在秘密通过自己的国土，前往萨珊波斯帝国，显然怀有不可告人的目的。他当机立断，将这些突厥使者全部逮捕并处死。室点密可汗以此为由，向嚈哒汗国宣战，木杆可汗与新任波斯沙皇库萨和一世（Khosrau I[①]）也都积极配合他的军事行动。突厥大军很快就绕过巴尔喀什湖，攻陷中亚重镇怛逻斯（Talas，今哈

[①] 也有译作"库斯老"或"胡司洛"的，也有人按其希腊文写法"Chosroes"称之为"科斯罗伊斯"，此人本名"阿努息万"（Anushirvan）。

萨克斯坦江布尔），一路挺进到药杀水（今锡尔河）。

听说突厥与波斯联合来犯，哒可汗渥泽尔不顾波斯军队从背后偷袭的危险，将全国的兵力云集到布哈拉（Bukhara，今乌兹别克斯坦西南部）来迎战突厥人。这场惊心动魄的会战持续了七天七夜，最后以哒军队的崩溃告终，渥泽尔可汗也殒命沙场。563 年左右，突厥与波斯瓜分了哒汗国在中亚的整个版图。残存的哒人撤到兴都库什山区内，推举一名叫"富汗尼什"（Fghanish）的贵族继承了汗位，而阿富汗的国名"Afghanistan"就由这位哒可汗而来，意思是"富汗尼什的土地"。

富汗尼什上台后，为求自保，被迫臣服于波斯沙皇库萨和一世。随着时光的推移，印度河流域的这些哒小国相继印度化，逐渐丧失了勇武的民族气质，在战场上的表现还不如印度本地人，以至于产生了"印度雄狮匈奴麋鹿"的成语，说匈奴人（哒人）在印度人面前，就像麋鹿见到雄狮一样，纷纷落荒逃跑。不过，近代印度西北部的许多诸侯还能把自己的家谱上溯到某位哒统治者，并以此为荣。

突厥人只花了十年，便将柔然和哒两大汗国摧毁，一个原以锻铁为生的弱小民族，突然之间成了从大兴安岭到里海之间辽阔地域的主人，无论从哪一方面说，这都是惊人的伟业。但如此快速的征服不可能不留下后遗症，柔然汗国崩溃的余响，注定要震动遥远的欧洲。

雄风：接过匈奴大帝衣钵的伯颜可汗

草原民族离不开英雄。柔然人是幸运的，他们不用像匈奴人那样长期蛰伏，因为他们有一位太阳神——可汗伯颜。"伯颜"，因为它的主人的神奇功绩，注定将成为草原儿女取名时的新宠。

第六章
叱咤巴尔干：重返欧洲的太阳神子孙

公元前 18 世纪之前，亚欧草原上诞生了一位游牧民族的伟大英雄——阿拔尔。他善于驾车、射箭、医术和巫术，后来成为太阳神的原型。两千多年后，阿拔尔的后裔终于重返先祖曾经生活和战斗过的大陆——欧洲。

558 年，一个奇特的使团吸引了君士坦丁堡居民的眼球。这些奇装异服、梳着大辫子的柔然人，被他们称为阿瓦尔。

阿提拉的儿孙们也惊呆了。柔然骑兵推进的速度比信息传递的速度还要快，匈奴人无法再思考复国大业，只能仓皇向西迁徙，重新搅乱中欧的政局。

来自东方的太阳神

6 世纪，欧洲在民族大迁徙的浪涛中被冲得四分五裂，罗马帝国的辉煌早已成为遥不可及的回忆。尽管君士坦丁堡的政权仍然以"罗马帝国"自居，但统治集团的核心力量早已从拉丁民族变成了希腊民族，希腊语也已取代拉丁语成为官方语言。尽管这个令人所谓的"拜占庭帝国"的首都并不在罗马，甚至常常无法统治罗马城，但古罗马的威名毕竟依然响亮，强调历史的传承关系仍旧有利可图。当时不仅拜占庭人自称"罗马"，就连突厥等亚欧草原游牧民族也都称之为"Purum"（其中的"rum"即罗马），隋唐人则将它译作"拂菻"。

那是在突厥汗国向嚈哒汗国宣战的 558 年岁末，也就是拜占庭的查士丁尼一世大帝（Justinianus I）在位的第 32 个年头，正值拜占庭帝国最辉煌的时期。征服了多个日耳曼民族国家后，它已经拥有了原罗马帝国三分之二的领土，几乎将地中海变成了自己的内湖。帝国政府颁布的《查士丁尼法典》等著作在法学史上也因此占据举足轻重的地位。看上去，罗马昔日的荣耀似乎正在君士坦丁堡得到恢复。每年都有大批外国使节造访这座拥有 60 万人口的西方第一大都市。

尽管平素见多识广，但在这一天君士坦丁堡的居民却万人空巷，观看一个来访的异族使团。只见这些外国人身披彩绸，腰缠宽带，脚踏长靴，而最引人注目的，是他们的头发被系成许多根大辫子，并用五颜六色的布条加以装饰，实在是太吸引观众的眼球了。他们的外貌、着装和举止看似有些像欧洲匈奴人，但要更文雅一些。这个拜占庭人从未见过的游牧民族自称"Avar"，前文说过，这个名字其实应该念作"阿拔尔"，但我们暂且还是尊重习惯译法，称之为"阿瓦尔"。

虽然此前从未有阿瓦尔人造访拜占庭帝国，但这并不是拜占庭人第一次听说"阿瓦尔"这个名字。早在 463 年，也就是柔然可汗吐贺真西征萨比尔人之时，拜占庭史学家普里斯库斯就在他的著作中谈及了这个强悍的东方游牧民族。按照普里斯库斯的说法，阿瓦尔人原先住在离中国洋（Oceananus Sericus，罗马人称太平洋为"中国洋"）不远的地方，他们之所以向西扩张，是因为当地气候恶化，并时常遭到猛兽格里芬的袭击。

格里芬长着鹰头、鹰翼、狮身，与中国古籍中的"穷奇"如出一辙，它像大多数长双翼的组合怪兽一样，有着浓厚的西亚背景。早在公元前 3000 年，其画像、雕塑和传说就遍布于两河流域和地中海东岸，与狮身人面兽齐名。据希腊古籍记载，格里芬在遥远的北方山林里看守着无尽的黄金宝藏（指的大概就是盛产黄金的阿尔泰山区）。在出土的阿瓦尔艺术品中，格里芬是最常见的主题之一，可见格里芬是阿瓦尔人的民族图腾，这一文化传统至少可以上溯到其匈奴祖先。普里斯库斯所谓"格里芬袭击阿瓦尔人"的说法，指的大约是柔然人遭到高车、契丹等同样崇拜格里芬的东北亚游牧民族势力的袭击。

本来，格里芬是古代西方家喻户晓的神兽。但由于财政方面的需求和维护基督教的目的，查士丁尼在其统治早期关闭了古希腊学术圣地雅典学院，令古典学术大为衰落。失业的学者们纷纷投奔波斯，导致拜占庭人数典忘祖。对他们来说，像格里芬这样的古希腊和古罗马传奇，实在太过陌生。"史学之父"希罗多德（生活于 5 世纪）的名著《历史》当时已经极少有人问津，否则他们就会知道，在格里芬出没的地区，还有一位名叫"阿拔里斯"（Abaris）的魔法师，能够多年不吃东西，曾经携带弓箭周游世界。他是太阳神阿波罗的祭司，射出的羽箭被认为象征着阿波罗发出的万丈光芒。[①]

但在希罗多德的时代，阿拔里斯的传说就已经极为古老，他像司马迁读《山海经》一样，无法搞清楚其中的含义。其实，我们稍一动脑子，便能发现其中的奥秘：显而易见，"阿拔里斯"去掉希腊文词尾"is"就成为"阿拔尔"（Abar），与"阿帕尔""阿拔""阿瓦尔"等完全一致。

更奇妙的是，阿拔里斯还不仅仅是阿波罗的祭司那么简单。很明显，"阿拔里斯"的词干"阿拔尔"和"阿波罗"的词干"阿波尔"（Apoll）发音极为相似。在古希腊神话中，阿波罗总是驾驶着马车，携带弓箭、竖琴和笛子，被誉为"银弓之神"和"远射手"。弓箭和竖琴都是有弦的器物，这似与游牧民族生产大量用于制造弓弦和琴弦的筋腱有关；游牧民族拥有大量中空的兽骨，所以喜爱吹骨制的笛子，例如著名的"羌笛"。希腊本土不产野马，古希腊人养马的历史很短，极少使用马车，这也是在马拉松战役后，斐迪庇德斯（Pheidippides）要长跑42.195公里回雅典的原因。类似的事情在熟悉马匹的古代亚洲人中是绝不会发生的。古希腊人虽然认识到弓箭的威力，但他们自己很少射箭，反倒经常雇用异族当弓箭

[①] 希罗多德《历史》，Ⅳ，36。品达、柏拉图、普鲁塔克等古希腊哲学家的著作也都提及阿拔里斯，内容大同小异。

手，雅典城邦就长期雇用 500 名斯基泰族（Scythian，又译作西徐亚人或塞西亚人，古代东欧至中亚草原的游牧族群，中国古籍称"塞种"）弓箭手当警察。这些都充分说明，太阳神阿波罗的原型应该是一位青铜时代游牧民族的战车武士。

公元前 12 世纪左右，亚欧草原上的居民逐渐掌握了骑马技术，于是出现了比战车更加灵活的兵种——骑兵。阿波罗自己不会骑马，但是他有一个会骑马的学生——马人喀戎（Chiron），后者的半人半马形象无疑源自古希腊人对骑马者的初步印象。喀戎和阿波罗一样，擅长弓箭和竖琴，还精于医学，一生桃李遍天下，其中最有名的是"医圣"希波克拉底（Hippokrates）与"武圣"阿喀琉斯，后者在特洛伊战争中也扮演着军医的角色。

西方现代医生在取得行医执照以前，都要郑重地发下《希波克拉底誓言》。这份古老誓言的原始版本是这样的："仰赖医药之神阿波罗及天地众神为证，鄙人敬谨直誓，愿以自身能力及判断力所及，遵守此约。凡授我艺者，敬之如父母……"显示了希波克拉底对恩师阿波罗的充分尊重。

行医时，希波克拉底总要带一条蛇，蛇因而变成了医学的象征。阿波罗还有一个怪诞的绰号叫"灭鼠专家"，但家猫直到公元前 1 世纪才被埃及艳后克娄巴特拉（Cleopatra）引入欧洲，猫头鹰则专属雅典娜，所以古希腊人说的"灭鼠专家"无疑就是蛇。于是，阿波罗及其祭司阿拔里斯都和蛇产生了联系，从而使"阿拔尔"和"柔然"也拥有了"蛇"的衍生含义。

古罗马传说中的名医雅皮克斯（Japyx）也是阿波罗的弟子。据古罗马维吉尔的《埃涅阿斯纪》载，罗马人的祖先埃涅阿斯（Aeneas）在意大利登陆之后，被土著人用暗箭射伤，箭头扎入大腿骨，痛不欲生。雅皮克斯先用小刀将伤口切开，再"敷上阿波罗的各种药草"止血，最后用钳子拔箭，显示了精湛的外科手术技艺。

古今学者一致认为，"阿波罗"一词并不是希腊语，而是外来词。据柏拉图考证，"阿波罗"的本义是"毁灭者"（见于其《克拉梯楼斯篇》），其他文献还提及"牲畜保卫者""斩狼者""屠龙者"等解释。阿波罗还有一头神秘的宠物，其雕像和画像经常出现在他的神庙里，或是与阿波罗并出于古希腊钱币的正反两面。不用猜，这头阿波罗的宠物正是格里芬（穷奇）。

看上去，驾驶马车的阿波罗本是一个古代亚欧草原上的游牧民族首领，有可能出自传说中格里芬看守宝藏的阿尔泰山区一带，古代草原上的侠客阿拔里斯和骑士喀戎大约都是他的后裔或亲戚。这个游牧民族传授给古希腊人射箭、制造并驾驶马车、骑马、弹琴、吹笛、医学等知识，由此产生了众多希腊神话。

阿拔里斯还有一个著名的再传弟子——大力士赫丘力士（Herakles）。赫丘力士一生周游世界，除暴安良，且备受阿波罗保护，功业酷似阿拔里斯，或许是后者在不同空间中演绎出的双重形象。赫丘力士曾经打死祖师爷阿波罗的儿子里诺斯，还用毒箭射伤好友喀戎，虽然这些都被解释成无意而为，但可能反映了一段类似后羿与逢蒙的师生恩怨历史。

古希腊神话虚无缥缈，并不足以准确反映阿波罗或阿拔里斯的原始情况，所以我们有必要到更古老的文明中寻找这位英雄。

对阿波罗的祭祀最早并不出现在欧洲，而是出现在今土耳其境内的赫梯（Hettite）王国。在《荷马史诗》中，阿波罗一直袒护希腊人的死敌——统治今土耳其西部的特洛伊人，说明他是一个不折不扣的亚洲神祇。同时，阿波罗的名字也出现在赫梯的死敌——埃及的文献里。

公元前18世纪，一群被埃及人称为"喜克索人"（Hyksos）的亚洲游牧民族来到尼罗河三角洲，给埃及带来了马和马车。起初，他们与当地人和睦相处；但一个多世纪之后，随着喜克索移民数量越来越多，他们开始反客为主，用弓箭和战车（这在当时是新式兵器）推翻了埃及第十四王朝，创建了第十五和第十六王朝（公元前1650—前1550年），并在尼罗河三角洲上建立了一座新首都，古埃及人称之为"哈特瓦雷特"（Hatwaret），古希腊人称之为"阿瓦里斯"（Avaris）。不难看出，这个词的本来面目正是"阿瓦尔"（Avar）。

喜克索人在埃及的统治虽然只维持了一百年，但他们却给埃及留下了众多文化遗产。到了公元前14世纪中叶，有喜克索血统的埃及法老阿肯纳顿（Akhenaten）突然发动宗教革命，废黜全部埃及众神，代之以唯一的至尊——太阳神阿顿（Aten）。这是世界上最早的一神教。伴随着阿肯纳顿宗教革命的失败，发生了摩西率领以色列人逃出埃及的事件。同时，摩西还强迫以色列人放弃多神教，只许信仰上帝耶和华一位神祇。

阿肯纳顿搞的一神教革命，必定与其喜克索祖先信奉的宗教有关，这种喜克索宗教便是对太阳神的尊奉，不管这位太阳神是叫阿顿，还是叫阿波罗。阿瓦里斯——阿瓦尔——阿顿——阿波罗——阿拔里斯——阿拔尔——太阳神；亚洲游牧民族——马匹——战车——弓箭——魔法，雷同之处实在太多，恐怕无法用"巧合"来解释。

由此可见，在公元前 18 世纪之前，亚欧草原上应当出现过一位游牧民族英雄阿拔尔（也可能是一个部落），他善于畜牧、驾马车、射箭、医术和巫术，曾经消灭过许多敌人，既是太阳神阿顿（阿波罗）的原型，也是喜克索首都阿瓦里斯的名称由来，还是柔然民族称号最早的源头。他崇拜太阳，被世界各地的人民尊为太阳神，纷纷雕刻岩画祭祀。车鹿会酋长将本民族的称号定为"柔然"或"阿拔尔"，并崇拜太阳升起的东方，原因正在于此。"阿拔尔"一词具有的"蛇""蠕动"等含义只是衍生品，象征着阿拔尔（阿拔里斯）是医神。

2000 多年后，阿拔尔（阿波罗）的后裔终于重返先祖曾经生活和战斗过的大陆——欧洲。这将是一段曲折而艰辛的旅程。

匈奴帝国的终结者

狂放的游牧民族自古居无定所，气候的微弱变化足以导致草场的盛衰，缺乏粮草储备的他们随时都可能收拾行囊上路，在求生本能的操控下，冲向未知的地域。他们的迁徙路线比飞鸟更加漫长，比海鱼更加难以捉摸，而且还往往产生犹如多米诺骨牌般的连锁效应，最后造成的结局时常出乎他们自己的预料。根据普里斯库斯的记载，柔然可汗吐贺真在463年的西征，迫使原先生活在鄂尔齐斯河与乌拉尔河之间的萨比尔人向西迁徙，进而压迫当地的撒拉吾尔、奥诺吾尔和奥吾尔三个游牧民族向西南方迁徙，因而引起了拜占庭人的注意。

撒拉吾尔，也就是"黄头回纥"，似乎是这三个西迁民族中打头阵的。在顿河与第聂伯河之间，他们遭遇了欧洲匈奴人的一支——阿卡泽尔人（Acatziri），在苦战多年后终于将对方征服。尔后，他们却又毫无痕迹地消失在西方的史书中。宋朝时他们又东迁回至甘肃、青海、新疆等地，最终演变成了现代的裕固族。

奥诺吾尔，也就是"十姓回纥"，社会组织形态类似于西突厥的"十姓部落"。奥吾尔或乌戈尔，也就是汉语中的"回纥"、"回鹘"或"维吾尔"，常见的俄国名字伊戈尔（Igor）可能也由此而来。这两个部落说的语言都属于芬兰——乌戈尔语系，与同属古匈奴语后代的蒙古语比较相似，其特点是多数名词都以元音开头。举例来说，祖孙两代柔然可汗的名字"那盖"和"阿那瓌"的名字其实相同，词头的"阿"可有可无；"Russia"一词本来在元明时期被译作"罗刹"或"罗斯"，但蒙古语却要在它前面加一个元音，导致清朝政府将这个国家的汉名改为"俄罗斯"，令"Russia"国的人完全听不懂，也是这个原因。

奥诺吾尔人与奥吾尔人后来与库提吾尔（Kurtrighur）、吴提吾尔（Utrighur）等部落聚集到欧洲匈奴人的大旗下，奉阿提拉的小儿子埃尔纳克（Ernac）为王，建国号"保加利亚"（Bulgar），准备为恢复阿提拉帝国的版图而战。

组成保加利亚民族的这两个主体部落都挺有趣。"库提吾尔"的意思是"库提的姓氏"，我们不应忘记，齐显祖高洋在553年拥立的那位柔然可汗就叫库提，虽然库提吾尔人出现在东欧时，库提可汗尚未诞生，但"库提吾尔"显然是个柔然名字。"吴提吾尔"的意思是"吴提的姓氏"，我们更不应忘记，吴提正是429—448年在位的柔然可汗，既是北魏太武帝拓跋焘的大敌，也是把萨比尔人赶到欧洲来的吐贺真可汗的父亲。所以，库提吾尔人和吴提吾尔人应当都是柔然部落，他们是被吐贺真可汗派到欧洲去拓土开疆的。

由此看来，吐贺真晚年，柔然汗国的西疆估计已经远及第聂伯河以西，他生前的功业足以与成吉思汗比肩，虽然子孙没有出息，无法将祖先的遗产发扬光大。

保加利亚的国名同样来自柔然语，414年在位的柔然可汗就叫"步鹿根"，《隋书》将这个民族译为"仆骨"，古突厥文则写作"Boqu"。不用怀疑，保加利亚民族中有许多柔然人的后代。

对于阿提拉的功业，本系列丛书中的《挺进欧洲的匈奴——从大青山到阿尔卑斯》已经有了较为详尽的叙述。453年阿提拉驾崩之后，原先隶属于他的日耳曼民族纷纷造反。次年，阿提拉的长子埃拉克（Ellac）被格皮德（Gepide）国王阿尔达里克（Ardaric）和东哥特（Ostrogoth）国王瓦拉米尔（Valamir）击杀，欧洲匈奴帝国随之土崩瓦解。

阿提拉生前，埃拉克曾担任阿卡泽尔亲王，埃拉克战死后，阿卡泽尔人向东逃得太远，这才遭遇了被柔然人间接赶往西方的奥吾尔人和撒拉吾尔人，结果不幸沦为后者的猎物。《罗马帝国衰亡史》中所谓"住在大洋沿岸的哲欧根人或阿瓦尔人向邻近地区扩张，最后北方的奥吾尔人从盛产毛皮的西伯利亚冻土带出发……终于灭亡匈奴帝国"，[①] 说的就是这件事情。不过，匈奴帝国并未因奥吾尔人的西侵而彻底灭亡。埃拉克死后，他最有号召力的两个弟弟，即成吉思和埃尔纳克，带领残存的欧洲匈奴人撤向黑海，并伺机反扑。

成吉思，即拜占庭人所谓的"Denghizix"，意思是"海洋"，也被翻译成"邓吉兹克""邓吉西齐"之类。这可以说是个流传千古的名字，波兰的格但斯克（Gdansk，古名"但泽"）、乌克兰的德涅斯特河（Dnestr）、顿涅茨河（Doneckij）、顿涅茨克（Donetsk）等地名可能都来自它，更不用说元太祖那名闻遐迩的头衔"成吉思汗"了。

成吉思有理由得到元太祖的崇敬，因为他是一位永不言败的勇士。黑海岸边温暖的阳光无法抚平他的伤痛，重建父兄功业的雄心激励着他的意念。埃尔纳克因为机智稳重而备受父王阿提拉的

---

① 爱德华·吉本.罗马帝国衰亡史（第三卷）[M].席代岳，译.长春：吉林出版集团有限公司，2008：277.

宠爱，他谨慎地向兄长指出，时代早已今非昔比，复兴还需等待良机。成吉思却天生缺乏弟弟的耐心，难以忍受无法为长兄报仇的屈辱。四个勇敢的部落自愿加入他的队伍，带着必胜的决心一路向西挺进。多瑙河下游的格皮德人和多瑙河中游的东哥特人节节败退，只得死守城池。到了 462 年，成吉思已经在如今的波兰和奥地利之间打出了一大片地盘。

但就在这个节骨眼儿上，吐贺真可汗开始了西征。柔然骑兵推进的速度比信息传递的速度还要快，很多民族还来不及备战就踏上了逃亡之路，并把"阿瓦尔人"的可怕名声带入欧洲。

在阿卡泽尔人溃败之后，埃尔纳克也不可能再享受宁静的生活，只得率部向西迁徙，到中欧去投奔屡战屡胜的兄长。难民数量的激增，给成吉思草创的新政权带来了沉重的经济压力，他被迫向东哥特人的要塞发动强攻，结果反而被击退，损失惨重。

眼看同胞的日子越来越难过，成吉思决定孤注一掷，率军渡过多瑙河，进入拜占庭帝国的领土。临行前，他指天发誓，不拿回君士坦丁堡的贡金，就决不再渡过多瑙河。埃尔纳克流着眼泪请兄长收回誓言，成吉思却头也不回地拉着爱马走上了小船。埃尔纳克苦等了三年，一直没能看到兄长带着战利品凯旋。469 年秋，他得到消息：在君士坦丁堡赛马场里，最近挂起了一颗经过涂漆防腐处理的头颅，底下的牌子上赫然写着：成吉思——阿提拉的儿子！

埃尔纳克强忍悲痛，承认有些仇永远报不成功，与最强大的对手和解，才是他唯一的生存之道。正赶上吐贺真去世，柔然西征军撤退，埃尔纳克见缝插针，回到德涅斯特河流域，并劝说库提吾尔和吴提吾尔这两支留守东欧的柔然部落加入自己的队伍，同时派使团到君士坦丁堡，向拜占庭人请求和解与通商。

为了争夺成吉思旧有的领地，日耳曼人之间很快爆发了激烈的冲突。在这次战争中，东哥特国王瓦拉米尔和斯基尔（Sciri）国王埃迪卡（Edica）相继阵亡，埃迪卡的儿子奥多阿克（Odoacer）率残部逃往意大利，成为西罗马帝国的雇佣军将领。476年，他因为对待遇不满而发动兵变，废黜了末代西罗马皇帝奥古斯图卢斯（Augustulus），自称意大利国王。

埃迪卡据称有匈奴血统，奥古斯图卢斯的父亲还曾是阿提拉的秘书，可以说西罗马帝国是亡于欧洲匈奴人的游魂，但也不妨说它是间接地亡于柔然可汗吐贺真的西征。

埃尔纳克看到中欧的日耳曼政权已经因自相残杀而衰落，便卷土重来，再次杀入多瑙河流域。新任东哥特王——瓦拉米尔的侄子提奥多里克（Theodoric）且战且退，埃尔纳克在他背后紧追不放。阿尔卑斯山脉西麓的湖光山色令保加利亚牧民流连忘返，全然不知敌人已经在周围布下了天罗地网。狭窄的伯尔尼山谷令东方的马弓手无从施展，哥特长矛手居高临下的冲锋却势不可当。12万保加利亚儿郎殒命沙场，成千只乌鸦在他们的身畔翱翔。埃尔纳克放弃了重整山河的梦想，一路逃回黑海之滨的故乡，他的大名从此不再被人颂扬。

提奥多里克在这场"伯尔尼奇迹"中击溃了入侵的保加利亚军

队，建立起无敌的声威，从此成为传奇英雄，以"伯尔尼的狄特里希"（Dietrich von Bern）之名出现于各种中世纪文学之中，在正史中则被誉为"提奥多里克大王"（Theodoric the Great）。他随即率领得胜之师南下意大利，擒杀奥多阿克，建立起当时欧洲最强大的政权。至于保加利亚人，则在埃尔纳克死后重新四分五裂，与斯拉夫人星罗棋布地杂居在东欧平原上。

斯拉夫人与保加利亚人不同，没有随季节游牧的习惯，而是终身定居在沼泽里，以农业和渔猎为生。拜占庭人说他们擅长潜水，过着河狸一般的生活，但河狸爱好洁净，工作勤奋，喜好社交，这些美德都是斯拉夫人不具备的。他们主要分为两支部族，都起着卑贱的名字，即安特人（Anten，意思是蚂蚁）和斯克拉文人（Sclaven，意思是奴隶），组织松散，安于现状。如果他们不是在 6 世纪初配合保加利亚人向南扩张，从而引起拜占庭人关注的话，史书上根本不会出现这两个名字。

至于被吐贺真驱逐到西方的萨比尔人，也并非默默无闻。500 年左右，他们出现在高加索山北麓，尔后又在柔然人、突厥人和保加利亚人的逼迫下，翻越高加索山脉南下。515 年，他们向亚美尼亚发动过一次攻势。阿瓦尔人西迁后，他们在 545 年再次袭击亚美尼亚，其中一部分人从此就定居在那里，成为拜占庭与波斯之间的缓冲势力，另一部分人仍旧留在故土，臣属于新来的征服者。

539 年 12 月，整个君士坦丁堡都在为拜占庭历史上最大的军事成就欢庆：查士丁尼的将军贝利撒琉（Belisarius）[1] 刚刚占领拉文纳城（Ravenna），征服了盘踞意大利半个多世纪的东哥特王国。但偏偏与此同时，从北方传来了令人丧气的坏消息：保加利亚与斯拉夫联军已经渡过多瑙河，侵入拜占庭帝国的领土，而且正在巴尔干半岛上四处烧杀抢掠！

由 3000 名斯拉夫人组成的前锋虽然连套盔甲都没有，只配备着盾牌和长剑，却居然接连打败拜占庭的正规军，如入无人之境，一路深入君士坦丁堡的北郊。在那个冬季，12 万百姓沦为北方野蛮人的战利品，令光复意大利的祝捷盛典索然无味。

从此之后，尝到甜头的北方部落每年冬季都要南下，查士丁尼的将领们不约而同地坐守要塞，放任对方洗劫农村，使古老的希腊和色雷斯民族陷入绝望的境地。

在这种情况下，阿瓦尔使团的来访，自然会引起查士丁尼及其大臣的重视。以夷攻夷，向来都是深受拜占庭朝廷喜爱的外交伎俩。

---

[1]　有理由相信他有匈奴血统，因为他的几个亲戚都是匈奴人。

第七章
饮马伏尔加：挑战拜占庭帝国的初步尝试

突厥人的迅速崛起，截断了驻守中亚的柔然人的归路。"大秦宝众"，在索利得金币的指引下，这些柔然人踏上了寻找传说中"西方宝主"拜占庭的漫漫长路。

苦于被保加利亚人进攻的查士丁尼皇帝开始施展他那令世人称道的外交伎俩——以夷制夷。可历史的发展令其大跌眼镜：他面前的阿瓦尔可汗伯颜不仅精力旺盛，而且足智多谋。为了民族的未来，为了与拜占庭帝国零距离接触，这位满嘴草腥味的伯颜可汗居然可以不要面子，主动和法兰克人议和，放弃了中欧。他所采取的非暴力扩张方式逼得拜占庭人不得不一次又一次打开钱袋。

金币吸引来的阿瓦尔使团

终年白雪覆盖的高加索山区，自古就是战败民族的天然避难所。558 年造访君士坦丁堡的阿瓦尔使团，正是由此出发的。当地土著的阿兰人（Alan）的国王给拜占庭帝国的拉齐卡（Lazica，今格鲁吉亚西部）总督写信，声称一个东方国家请求朝贡皇帝。总督大人认为，这对自己也是件有面子的事，所以毫不迟疑地调遣舰队，帮阿瓦尔使团渡过黑海，送往京城。

时年75岁的查士丁尼皇帝早已功成名就，身心俱疲，既无激情，也乏壮志，脑子完全被理性的政治和法律支配。他很清楚，阿瓦尔人对自己的了解，远远多于自己对阿瓦尔人的了解——事实上，他对阿瓦尔人一无所知，但这并不妨碍他作出正确的外交决策。

君士坦丁堡的壮丽景致，并没有令阿瓦尔大使坎迪士（Candich）头脑发热。甚至连大皇宫（The great palace of Constantinople）中那幅意味深长的"墨西哥马赛克画"——鹰（拜占庭的象征）正叼着蛇（阿瓦尔的象征），也没有使他丧失冷静。在查士丁尼面前，这位老练的外交家言简意赅地说道："伟大的君主，您面前的使团代表着势力强盛、人口众多的民族，阿瓦尔人不仅威名远播，而且所向披靡。若是有胆敢扰乱贵国安宁的敌寇，我们定能将他们全数歼灭。当然，联盟不能没有报偿，英勇理应得到嘉奖，只要能够得到合适的礼物和慷慨的岁赐，我们就乐意忠诚地为您效劳。"

"果然，又是一伙敲诈勒索之徒，"查士丁尼恼怒地想，"莫非全世界都知道，朕这里人傻，钱多，速来！？"

的确，把阿瓦尔使团吸引到君士坦丁堡的，正是查士丁尼的钱。或者更准确地说，是他发行的金币"索利得"（Solidus）——英语中的"先令"（Shilling）就由此而来。在西方语言中，"索利得"普遍有坚固、纯粹、可靠的含义，因为这种金币是公元6—8

世纪最受国际市场欢迎的货币，遍布整个旧大陆。甚至连从南北朝末期到盛唐的中国也不例外，从新疆到河南一带的许多皇亲显贵墓葬里，都出土过拜占庭索利得，但大部分属于古代的赝品：当时的人们实在太热衷于收集索利得了，于是中亚出现了伪币工厂，专门仿铸索利得。这种伪币的品质虽然远远不及真币，但是基于"劣币驱逐良币"的经济理论，它很快独霸亚洲市场。可以说，拜占庭索利得在当时国际贸易中的地位，比现代的美元还高。

近现代考古资料显示，古代东方人并不视索利得为普通货币，而是奉之为宝物，主要用于礼仪、祭祀和陪葬，并在和约中充当信物。[1] 中亚的康国（康居）还有一种"年初马射"的习俗，规定不管哪名骑士，只要能够射中拜占庭金钱（银钱和铜钱都不行），就可以当一天的国王，尽享荣华富贵。[2] 这种习俗也在唐代传入中国。京剧《珠帘寨》里，周德威与李克用比武，介绍比赛规则时就说："百步之外，立一高竿，上挂金钱一枚。哪家射得金钱响亮，方算英雄！"

查士丁尼要是知道了这事，肯定不高兴：你们整天拿箭射我的脸，这不是咒我早死吗？

那谁让您把自个儿的脸往金币上印呢？

西迁路上的阿瓦尔人，正是在这熟悉的索利得金币的指引下，踏上了寻找传说中"西方宝主"拜占庭（古称"黎轩""大秦""拂

---

[1] 林英.唐代拂菻丛说［M］.北京：中华书局，2006：59-61.
[2] （唐）杜佑：《通典》（卷一九三）。

荮")的漫漫长路。

早在汉朝，丝绸之路上的跨国商贩就有这种说法："天下有三众：中国人众，大秦宝众，月氏马众。"大秦出口到东方的宝物品种繁多，以金银器和玻璃制品为主，还包括"火浣布"（防火的石棉布）、多面宝珠（用途至今不明），等等。古代中国人相信，大秦人能够把银变成金，还认为大秦国盛产一种纯金质地的瓜，样子像西瓜，可以繁殖。这些传说和马可·波罗声称日本全岛遍布黄金一样，纯属无稽之谈，但却使亚欧草原游牧民族一旦需要黄金，就想起大秦国。难怪阿瓦尔人一听阿兰人说，此地离拜占庭已经不远，便迫不及待地要去拜访了。

但这些在558年造访拜占庭的阿瓦尔人究竟是谁？他们与463年逼迫萨比尔人西迁的那批阿瓦尔人是同一个民族吗？拜占庭使者提奥菲拉克特斯（Theophylakts）给出了否定的答案，认为这些来访者只是被萨比尔人赶到东欧的奥吾尔人，而且由两兄弟领导，一个叫"瓦尔"（Var），另一个叫"匈奴"（Chonit），因此也管他们叫"瓦尔匈奴"（Varchonitae），又称"假阿瓦尔人"（Pseudoavar）。

463年西征的"真阿瓦尔人"就是柔然人，这一点无可争议。但"假阿瓦尔人"真的是拉虎皮当大旗吗？这个问题一直没有定论，英国史学家吉本对此给出了不失睿智的回答：

　　有谁见过提奥菲拉克特斯所谓的"真阿瓦尔人"？又有谁

比他所谓的"假阿瓦尔人"更闻名于世？流亡的奥吾尔人有权获得这种称呼，就连突厥人也承认。[①]

既然西方人不能给出权威的解释，那我们就不妨看看，对此事真相应当最了解的突厥人是怎么说的。毕竟，这些在558年向君士坦丁堡派遣使者的游牧民族无疑是为了逃避突厥人，才西迁到东欧去的。

据西突厥君臣后来对几位拜占庭使者的叙述，他们一共征服了七大民族，为首的是嚈哒人，其次就是"瓦尔匈奴"。他们又声称，这些"瓦尔匈奴"大约有两万之众，是趁他们南下攻打嚈哒汗国之际，偷偷逃到欧洲的。突厥军队一旦征服了嚈哒人，就会立即转向西方，收拾这些逃犯。

在6世纪初的亚洲腹地，实力与嚈哒人接近的游牧民族，只有柔然人。吐贺真在463年西征时，除命令库提吾尔人和吴提吾尔人深入欧洲之外，肯定还留了一些兵马在亚欧交界处驻守，把萨比尔人驱赶到高加索山区的，估计正是他们。阿那瓌可汗联合嚈哒人征服西部高车时，也肯定会向突厥人生活的阿尔泰山区以西派遣部队。柔然汗国崩溃后，突厥人的扩张重点在于南方的嚈哒，忽略了对西北方的控制，从而给了这些柔然人以可乘之机。

从语言上讲，"匈奴"这个词用得太滥，说明不了什么，关键

---

① 爱德华·吉本. 罗马帝国衰亡史（第四卷）[M]. 席代岳，译. 长春：吉林出版集团有限公司，2008：758.

在于"瓦尔"。这个词有时被写作"阿拔尔"（Abar），与突厥碑铭中的"阿帕尔"（Apar，也就是柔然或阿拔）应该是同一回事。

但光是用语言和形势分析，难以完全解决"真假阿瓦尔人"的问题，关键还要看实物证据。欧洲古代文献和出土文物显示，558年进入欧洲的"假阿瓦尔人"与此前的游牧民族相比，有三个明显的特点：一、他们普遍使用铁马镫，而且品种多样；二、他们的男子喜欢扎多条辫子，而不是一两条；三、他们在进餐后，有用舌头舔盘子的习惯。

"假阿瓦尔人"的这三种特征，在希腊罗马文化中毫无踪迹可寻，对中世纪欧洲文化却产生了极为深远的影响，在现代西方社会还经常能够看得到。而从亚洲史料来看，唯一一个能够全部满足这三个条件的古代中亚游牧民族，就是柔然了。铁马镫在当时的亚洲也还不算很普及，悦般人不舔盘子，哒哒人不扎辫子，康居人和乌孙人差得更远。至于奥吾尔人，早在463年就已经进入欧洲，何须等上将近一个世纪，再令欧洲人大吃一惊呢？

由此看来，"假阿瓦尔人"并没有说谎。他们的主体就是"真阿瓦尔人"，或者说柔然人，当然在迁徙的过程中，必然会掺杂一些其他游牧民族的成分。提奥菲拉克特斯转述的"奥吾尔理论"，大概是企图搞臭柔然人名声的某个势力发明的。

综上所述，阿瓦尔人进入欧洲的真相应该是这样的。

阿那瓌可汗死后，柔然人一部分留在蒙古高原上，臣服于突厥人；一部分随邓叔子等人南下投奔西魏或北齐，结果或者被杀，或者最终被汉族同化；一部分随庵罗辰向东北迁徙，进入辽河流域和松花江流域，与靺鞨、契丹等民族融合，最终纳入蒙古、女真等民族；而留在西方的柔然人则趁西突厥南征哌哒之机，与一些不愿臣服于突厥人的中亚游牧部落踏着萨比尔人西迁的足迹，逃进高加索山区，形成欧洲人所谓的"阿瓦尔人"，也就是中国史书上的"阿拔"。《隋书》将阿拔人和同为柔然后裔的仆骨人（也就是保加利亚人）都算作铁勒。

在埃尔纳克死后，保加利亚人分裂成多个部落，最主要的就是奥诺吾尔、库提吾尔和吴提吾尔。与斯拉夫人联合劫掠拜占庭的边疆，给他们带来了稳定丰厚的收入，但当柔然人进入欧洲的消息传来，保加利亚人脖子后面开始冒出阵阵凉气。在军事上，阿瓦尔入侵者经过东方数百年战争的洗礼，比他们拥有更优良的装备。铁马镫与重型铁甲的结合，形成可怕的战斗力，使保加利亚人在近战中完全居于下风。在远程武器——弓箭方面，保加利亚人也占不到丝毫便宜。出土文物显示，阿瓦尔人的弓比匈奴人或保加利亚人的弓略小，但更便于在马背上操作。阿瓦尔人普遍使用三棱箭头，它能提供比欧洲匈奴人使用的双棱箭头更好的穿透效果。阿瓦尔弓箭手不是一次从箭囊里拿出一支箭，而是一次拿出十几支箭，像扑克牌那样摆在弓背上，一支接一支地发射，形成惊人的火力，堪与早期的马克沁机关枪相比。略带弧度的阿瓦尔弯刀取代了匈奴人的直剑，这种武器起源于收割谷物的镰刀，早就在斯基泰等古代欧亚民族中流行，英语中的"斯基特"（Scythe）就是镰刀的意思。阿瓦尔人进入欧洲后，博采众长，将斯基泰弯刀加长，使之在马背上运用起来更加得心应手。

经过几次交手，保加利亚人终于承认了阿瓦尔人的军事优势，纷纷放弃故土，向西南方逃逸。559年年初，库提吾尔酋长扎伯干（Zabergan，"Zaber"疑似蒙古语的"哲别"，"gan"疑似"可汗"）率7000名将士越过冰封的多瑙河，长驱直入巴尔干半岛。多瑙河南岸的拜占庭驻军名义上有七个军团，如果按照全盛时罗马帝国的标准，应当包括40000多名正规军和20000多名辅助部队。但由于部队长年腐化，将领克扣军饷，这七个军团加起来也只有5500人，而且普遍缺乏武器和训练，所以根本不敢出城野战，只能龟缩在要塞里，任由保加利亚人在乡村为非作歹。阿提拉曾经说过："罗马人的武器轻得像灰尘一样。"这正是5—7世纪罗马战备质量的真实写照。当军队也严重腐化的时候，一个政权的衰亡就指日可待了。

很快，扎伯干就逼近了君士坦丁堡。此时，阿瓦尔使团尚未离开这座帝都，查士丁尼那张深受全世界拜金主义者喜爱的脸，眼看就要在外交界丢光了。他只得下定决心，用重金与阿瓦尔人结盟。每年巨额的"岁赐"名义上是对盟友的经济援助，实际上却是"上贡"的粉饰之词，但总可以用华丽的文辞搪塞过去。阿瓦尔使者穿着羊毛和马皮来到君士坦丁堡，等到坐着小船返回家乡时，浑身上下已是珠光宝气。这次岁赐的具体数目是最高当局的特级机密，后人无从了解。人们只知道当时早已沦为咨询机构的拜占庭元老院连声颂扬过皇帝的英明决策。

阿瓦尔盟友毕竟远水不解近渴，眼看保加利亚马队离君士坦丁堡的外墙——提奥多西城墙只剩下30公里的距离，而拜占庭的主力部队正奔波于意大利、北非和叙利亚的边陲，无法及时返回。查士丁尼还能够倚赖的，唯有早已赋闲在家的老将贝利撒琉。

保加利亚人在劫掠之余，不仅纵情奸污妇女，还把新生婴儿扔给猎犬和兀鹰撕食，诸如此类的行径实在过于狂妄和野蛮，终于点燃了这位年迈的匈奴将领心中重披铠甲的激情。虽然有上万军民自愿请缨，但是大多只配充当城墙上的啦啦队队员。贝利撒琉发现，仅有300名老兵尚堪一用，但只要用智慧和勇气加以调教，足以让保加利亚人吃到苦头。在城郊树林里的一场伏击战中，扎伯干只损失了400名骑士，但却丧失了全部的信心，慌忙开始了缓慢的撤退。

君士坦丁堡之围虽解，但保加利亚人的威胁却不可能立即消除。扎伯干发现并没有追兵，便立即恢复常态，又开始大摇大摆地劫掠希腊的城镇。在万般无奈之下，查士丁尼皇帝派使者携重金前往库提吾尔部的近邻——吴提吾尔部酋长桑狄尔科（Sandilco）的营帐，请他出兵偷袭扎伯干的老巢。桑狄尔科此时已是阿瓦尔人的臣属，诸事都由不得自己做主，于是只好讲些不切实际的空话应付，说什么会派人偷走库提吾尔部的战马，使其无法南侵，等等。于是，与扎伯干直接谈判成了帝国的当务之急。用铁争不到的和平只能用黄金来买，而敌人又是这样无足轻重的一群乌合之众，查士丁尼帝国的声望，至此可以说跌到了谷底。

贝利撒琉拯救了君士坦丁堡，却没有得到任何奖赏。皇帝认为，他在以往的多次战争中已经为自己积攒了充足的财富和名誉，多一分无助其增，少一分无助其减。更加糟糕的是，两年之后，贝利撒琉的名字被牵涉进一桩谋反案，虽然侥幸逃脱了死刑，却被剥夺了大部分财产和全部荣耀。后人甚至以讹传讹地传说，皇帝命狱卒挖掉了他的双眼，他只能在当年击败扎伯干的那座城门口向路人乞讨度日，口中念念有词："行行好，给贝利撒琉将军一个铜板吧！"可能是因为贝利撒琉有黄种人血统，眼睛本来就小，年老之后又不免受到老花眼的困扰，常常眯着双眼，在欧洲人看来仿佛没有了眼珠，于是产生了此类传说。

给贝利撒琉的奖金尚需节省，给阿瓦尔人的岁赐更不能白花。扎伯干刚刚消失，吝啬的查士丁尼便立即派出近臣瓦伦丁（Valentinos），带着巨款前往阿瓦尔人位于高加索山北麓的营地，催促他们遵守协议，立即向保加利亚人发难。拜占庭皇帝的如意算盘是：挑动吴提吾尔人攻打库提吾尔人，再让阿瓦尔人进攻这两者，从而令北方草原上的这三股势力成为相互抑制、难以和解的仇敌。他们之间的胜负并不重要，只要战争能够持续，对拜占庭帝国就会产生有利的结果。可惜，历史的发展即将令老奸巨猾的查士丁尼大跌眼镜：与他同时代的阿瓦尔可汗不仅精力旺盛，而且足智多谋，他的名字将会震撼此后的许多个世纪。

非暴力扩张：欧洲人无法破解的外交思维

"伯颜"或"巴彦"是蒙古人中最常见的一个名字，也有悠久的历史，足以追溯到成吉思汗之前 500 多年。如前文所说，成吉思汗名义上的第 12 代祖先就叫"吐贺真·伯颜"。它之所以广受蒙古人欢迎，是因为阿瓦尔可汗伯颜的大名早已在亚欧大草原上流传，并且受到多个游牧民族的尊敬。拜占庭人将"伯颜"写作"巴彦诺斯"（Baianos），英文写作 Baian、Bajan 或 Baiyan，均应念作"巴彦"。①

对阿瓦尔民族很不公平的是，当时西方文明大幅衰败，史学极度没落，偶尔保留下来的也多是基督教会的年鉴，意识形态过于浓厚，既无文采，又缺乏公正性。伯颜可汗无疑是史书中出现次数最多的阿瓦尔人，但材料却极为有限。不过，我们依然能够知道，他是一位很有趣的人，颇具幽默感，知识广博，在外交场合表现得极为世故。更独特的是，伯颜与其他游牧民族君主不同，既无嗜血的爱好，也无善战的天赋，但依旧对扩张领土兴致勃勃，而且居然成果丰硕。

---

① 有些书因为对拉丁文和蒙古文化缺乏了解，将 Baian 翻译成"巴伊安"或"白安"之类，都是错误的。古拉丁文没有"j"这个字母，"i"作韵母时一律发"j"的音。

伯颜之所以采取相对非暴力的扩张方式，既是出于柔然民族长期以来的佛教信仰，也是因为他看到，阿瓦尔人的数目太少，和敌人硬拼，纯属死路一条。按照突厥人的说法，西迁的阿瓦尔人仅有两万，不清楚这指的究竟是有战斗力的成年男子，还是包括全体老幼妇孺在内。即便是前者，要想在欧洲打出一片地盘，同时抵御突厥人的追杀，也是极为困难。要想快速壮大自身实力，最好的方法就是团结一切可以团结的力量。有鉴于此，伯颜拿到拜占庭人的岁赐以后，立即借花献佛，四处送礼，劝说周边部落加入阿瓦尔人的阵营，与自己同呼吸共命运。两个保加利亚部落起了模范带头作用，毕竟他们在百余年前还与阿瓦尔人是一家，比较容易相互理解。

见钱眼开的吴提吾尔人首先宣布臣服，库提吾尔人、奥诺吾尔人和各个斯拉夫民族接连吃了几回胡萝卜和大棒，也打消疑虑，欣然云集在伯颜可汗的大旗之下。只用了两年时间，阿瓦尔人的营帐就从高加索山北麓绵延到了喀尔巴阡山北麓，人数也飞速增长至20万之众。以往东欧诸侯之间根深蒂固的敌意，都在伯颜可汗的魅力感召下雪融冰释；往昔不共戴天的仇人，现在满怀喜悦地相互合作。各地的物产在乱世中难得交换，如今则司空见惯地出现在同一座毡房。

到了562年，阿瓦尔人的势力已经像闪电般扩张到了易北河（Elbe）。根据斯拉夫人的传说，"欧伯尔人"（Obor，也就是"阿瓦尔"一词的斯拉夫化发音）身材高大，力量惊人，凶猛无比，所向披靡。不过，现代考古发掘显示，阿瓦尔男子的平均身高为 1.68 米，女子的平均身高为 1.59 米，都没有同时代的斯拉夫人高。也许他们只有坐在马背上时，才显得那么高大强悍吧。

征服斯拉夫人以后，阿瓦尔人继续西进，不料这一势头却被法兰克人抑制住了。

法兰克人在中世纪以后成为浪漫典雅的代名词，但在古代，他们却是日耳曼人中最凶暴、最野蛮的民族。从莱茵河到威悉河之间的沼泽和丛林，也就是现在荷兰与德国西北部的沿海地区，是他们原本的家乡。在欧洲民族大迁徙期间，法兰克人一直没有发挥过很大作用，直到西罗马帝国灭亡后，他们才渡过莱茵河，到高卢（Gallia，今法国和比利时）来抢地盘。507 年，法王克洛维一世（Clovis I）战胜了西哥特人，将高卢的大部分土地纳入了自己的版图，建立起封建化的法兰克王国，并皈依了天主教。这个世袭王朝以克洛维的祖父墨洛温（Meroveus）命名，后者曾是阿提拉的部将。

法兰克人天生没有大一统观念，父亲一去世，兄弟们就喜欢分家单过。克洛维一世死后，法兰克王国立即分为四个小王国，分别由克洛维一世的四个儿子统治，558 年才重新统一，但也只维持了三年。当阿瓦尔人出现在易北河东岸之时，法兰克王国又分裂成四个小国，即塞纳河流域的巴黎王国、卢瓦尔河流域的纽斯特里亚王国（Neustria，意思是新王国）、罗讷河流域的勃艮第王国和莱茵河流域的奥斯特拉西亚王国（Austrasia，意思是东方王国）。不久，巴黎王国就被纽斯特里亚王国兼并，从此不复出现在历史上。

在这三个小王国之中，纽斯特里亚王国统治着原罗马帝国重点经营的富庶地区，经济实力最强；而奥斯特拉西亚王国统治法兰克人的故地，民风剽悍，军事实力最强。561 年 12 月的圣诞节前夕，刚刚登基的奥斯特拉西亚国王西格伯特一世（Sigebert I）突然得知，匈奴人（法兰克人一直这么称呼阿瓦尔人）已经越过了易北河，于是赶紧出兵迎战。

双方在图林根（Thuringen，今魏玛一带）相遇，甫一交手，伯颜就感觉对方战斗力挺强，可能会给本方带来较为严重的损失，地形对自己也不利。谨慎起见，他引军撤回易北河东岸，并派出使节向西格伯特一世道歉，说自己只是来打猎，并没有发现对岸会有居民。奥斯特拉西亚国王欣然接受致歉，同意与阿瓦尔汗国以易北河为国界，双方于是握手言和。

虽然这次西征戛然而止，阿瓦尔汗国还是捞到了大片土地和众多人口，收获丰硕。中欧当地的日耳曼土著头一次听到"可汗"这样的东方名词，发音未免不标准，将其念成了"哈根"（Hagen）或"卡恩"（Kahn），它们后来成为中北欧地区很流行的姓氏，并产生出许多衍生品。日耳曼文学界还有一种说法，认为伯颜可汗就是日耳曼史诗《尼伯龙根之歌》中的名将哈根的原型，但他与匈奴王埃采尔（阿提拉）并存于世的说法则纯属关公战秦琼了。其实，《尼伯龙根之歌》并非完全虚构的故事，它在看似荒诞的表象下藏着一段重要的秘史，而且与阿瓦尔人的确有极大的关系，详情请读者参阅本书下部第十四章。

伯颜可汗停止向西方扩张，还有更深的考虑。他发现，中欧人烟稀少、经济贫困，攻打当地无利可图，不如转向南方发展，以便与拜占庭帝国零距离接触。但要达到这个目的，他还必须解决盘踞多瑙河北岸的两个强劲对手，也就是曾经毁灭阿提拉帝国、如今占据多瑙河下游的格皮德人，以及格皮德人的死敌、多瑙河中游的伦巴第人（Langobardi）。这两个民族的战斗力不亚于法兰克人，直接与之硬拼，恐怕要付出很大的代价。阿瓦尔骑士的生命太宝贵了，伯颜可不舍得随意消耗。

但就在此时，从东方传来了哒哒汗国被征服的消息。突厥人扩张的步伐似乎无法阻止，恐怕迟早会追到欧洲来。阿瓦尔人必须尽快南下多瑙河流域，同时还要尽可能地保存实力。

"怎样驱虎吞狼，以便自己渔翁得利呢？"伯颜可汗陷入苦思冥想。

第八章
遥望法兰西：多瑙河流域的新主人

在历史上，匈奴人曾经一直蹂躏到奥尔良，阿瓦尔人这次推进至莱茵河东岸，后来的蒙古人最远到过易北河与亚得里亚海东岸，土耳其人则在维也纳城下被击退；东方游牧民族对欧洲的威胁呈逐步递减的趋势。这些草原帝国一方面教训着欧洲人，一方面也在教授他们自己的军事技巧，直到有一天成为后者的手下败将。

阿瓦尔人的突然到来，改变了整个中欧的政治格局。但伯颜还没来得及享受胜利的快感，就收到了一个五雷轰顶的坏消息：仇家西突厥的使团出现在君士坦丁堡！

有足够耐心的伯颜可汗并没有和重新傲慢起来的拜占庭帝国翻脸，而是悄无声息地跨过了易北河，用铁马镫、弯马刀、丈八蛇矛以及呼之即来的暴风雨狠狠教训了法兰克人。随即回师，开始逐个收拾多瑙河流域的日耳曼人的王国。

紧追不舍的西突厥

伦巴第人在中世纪的欧洲举足轻重，但直到 5 世纪以前，这个民族都没有什么值得记载的事迹。直到463年柔然可汗吐贺真西征，东欧各民族向西迁徙，他们才受外来压力所迫活跃起来，趁着奥多阿克向意大利进军之机，南迁到斯基尔人的故土，也就是多瑙河中游平原。500年左右，伦巴第酋长塔托（Tato）东征西讨，统一了各个伦巴第部落，又战胜了几个周边民族，这才真正建立起伦巴第王国，版图包括今奥地利东部和匈牙利西部。

"塔托"这个名字好生面善，顿时勾起我们无限的联想。的确，它与本书中出现过的几个名字极为相近："Tartar""Tartaros""大敦""蹋顿""大檀""塔塔尔""鞑靼"。在塔托之后不久，还会有个名字类似的人登上西突厥的汗位：室点密的儿子达头（突厥碑铭称他为"Tardus"，《隋书》又译作"达度"）。不难想象，正是柔然民族的迁徙，特别是大檀可汗的孙子吐贺真在463年发动的那次西征，才是这位伦巴第国王名字的真正由来。

545年，塔托的孙子奥杜因（Audoin）登上了伦巴第王位。在他的统治下，伦巴第人开始联合富有的东罗马帝国，蚕食周边日耳曼民族的领土，特别是多瑙河下游的邻邦格皮德王国。550年，查士丁尼大帝讨伐东哥特王国，奥杜因和格皮德王图里辛德（Turisind）都派兵助战，从而导致了著名的"西米翁事件"。

西米翁（Sirmium，今塞尔维亚的斯雷姆斯卡米特罗维察）是多瑙河中游的一座城市，不仅有着重要的战略价值，而且经济繁荣，主导着多瑙河上的航运业，控制着周边的广阔农田，而且还拥有独立的铸币工厂。这座重镇在442年被阿提拉的哥哥布勒达攻占，尔后落入东哥特人之手。在攻打东哥特王国期间，拜占庭人本来要收复这座城市，却发现它已经被奥杜因率先抢占了。查士丁尼大帝恼羞成怒，暗中挑唆格皮德人与伦巴第人交恶。日耳曼人缺乏伯颜可汗的智慧，中了拜占庭人的以夷制夷之计，很快就重起战端。

在558年的一场血战中，伦巴第王储阿尔伯因（Alboin）斩杀了格皮德王储图里斯蒙德（Turismund）。尔后两国和解，阿尔伯因按照父王奥杜因的旨意，勇敢地亲赴格皮德王国谈判，被初丧爱子的图里辛德收为养子，并且与图里辛德的孙女——妖艳的罗莎蒙德公主（Rosamund）订婚。但婚礼尚未举行，奥杜因和图里辛德就相继去世。伦巴第王位无可争议地由阿尔伯因继承，而格皮德王位则落到了图里斯蒙德的弟弟和罗莎蒙德的父亲——库尼蒙德（Cunimund）之手。库尼蒙德对阿尔伯因恨之入骨，坚决不肯将女儿嫁给这个杀死自己兄长的仇人，两国于是在560年再次反目成仇。

阿瓦尔人的突然到来，改变了整个中欧的政治格局。伯颜可汗从易北河东归时，已经确立了在这一区域内的绝对军事优势地位，库尼蒙德与阿尔伯因都企图把阿瓦尔人拉拢到自己这一方。但伯颜还没来得及决定自己的立场，就收到了一个如同五雷轰顶的坏消息：突厥使团出现在君士坦丁堡！

遥远的距离可以阻止两个民族之间的兵戎相见，但却无法消除彼此的仇恨。西突厥可汗室点密得知大批柔然人西奔，担心斩草不除根，春风吹又生，立即派出间谍和使者，满世界寻找这些突厥人昔日的主子，最后是在高加索山区的阿兰人口中打听到了这些流亡者的下落，同时也获知，神秘的"西方宝主"就位于黑海对岸。室点密一手把玩着拜占庭金币索利得，一手轻抚着中国丝绸，双眼放着金光。几百年来，从长安到罗马的丝绸之路成就了无数冒险家的暴富梦想，它就像通往天堂的阶梯，让这位大征服者心动不已。

　　以前，国际丝绸贸易总是中国出丝、罗马出钱，两者间的巨额差价却主要由中间商，也就是波斯人和粟特人享受。现在，突厥人也想分一杯羹。在与萨珊波斯帝国瓜分哌哒汗国之后，室点密便派出一支突厥使团，去西亚与波斯沙皇库萨和谈判关于丝绸贸易的协议。没想到谈判破裂，库萨和还强行将突厥使团准备带到君士坦丁堡贸易的丝绸全部焚毁，几名突厥使者也猝死在途中，风传是中毒所致。此事就像"波士顿倾茶事件"或"虎门销烟"一样，直接导致双边关系破裂，"丝绸战争"一触即发。

　　563 年，西突厥酋长阿悉结（Askel）①派遣的使团经黑海抵达君士坦丁堡，标志着"北方草原丝绸之路"的开通。这次外交行动的本质目的是和平的，但突厥人也因而得知，拜占庭帝国已经与自己的死敌"瓦尔匈奴人"结盟，还通过岁币的形式予以资助。突厥使者恳请查士丁尼，不要资助这些流亡者的复国大业，更不要将

---

① 西突厥汗国分为左右两厢：左厢在东，叫咄陆，靠近阿尔泰山；右厢在西，叫弩失毕，靠近里海。每厢各有五个部落，阿悉结就是一个弩失毕部落的首领，又称"设"或"俟斤"。

这些突厥人的叛徒接纳进自己的领土。当他们心事重重地离开君士坦丁堡时，或许会考虑到如何围攻这座皇城的问题，但绝对不会预料到，自己的同胞（奥斯曼土耳其）真正完成这一壮举，还要等到890个年头之后。

在突厥使团的压力下，拜占庭帝国与阿瓦尔汗国之间的关系发生了显著的变化。当年晚些时候，阿瓦尔使团也来到君士坦丁堡，在拿到岁币后，就地向军火商人购买了一些武器。拜占庭将领波努斯（Bonus）闻讯，不顾外交礼节与对方的抗议，强行予以没收。查士丁尼原先准备同意阿瓦尔人在领土方面的要求，允许他们定居在多瑙河南岸的潘诺尼亚（Pannonia，今塞尔维亚和克罗地亚）和摩西亚（Moesia，今保加利亚），以防御伦巴第人和格皮德人可能的入侵，现在也全都不算数了。

尽管发生了这么多不愉快的事件，伯颜可汗依旧没有打算放弃与拜占庭帝国的联盟。听说查士丁尼驾崩了（565年11月14日），他立即派大臣靼吉帖（Targitios或Targites）率使团赶赴君士坦丁堡吊唁。"靼吉帖"这个名字似乎可翻译成"台吉"，他是名地位很高的阿瓦尔贵族（或许是叶护或吐豆发），此行的主要目的在于拿回拜占庭当局拖欠已久的岁币。查士丁尼的继任者查士丁二世（Justininus Ⅱ）也有自己的算盘，企图把阿瓦尔使团的来访办成显示他自己声威和政绩的盛典。

在登基后的第7天，查士丁接见了阿瓦尔使团。整个场面经过精心布置，目的就是显示皇家的威严，让蛮族感到震惊和敬畏。使团被从镶金的君士坦丁堡西南门，也就是所谓的"金门"导入，经过观礼大道进入皇宫，道路两侧列着无数警卫，冠毛高耸的头盔和金光闪闪的盾牌使他们显得威风凛凛。穿着华丽朝服的官员犹如众星拱月，云集在皇帝宝座之下。拱托宝座的天篷由四根希腊式圆柱撑起，顶端装饰着展翅欲飞的胜利女神雕像。查士丁身披朱紫色皇袍，遍体珠光宝气，头上的孔雀皇冠显得分外耀眼，这是拜占庭皇帝在军事和外交场合专用的衣冠，用以在外国人心中制造深刻印象。

觐见时，阿瓦尔使者被要求匍匐下跪，同时皇帝身边的司仪官高唱早已写好的赞美诗：

这些狂野而可怕的蛇发丑类，以往需要军队勇猛和顽强的守备，如今跪倒在金銮宝殿之内，谦卑地请求朝廷的恩惠……

如此公然侮辱来访的使者，在现代世界极其罕见，在古代却司空见惯，所以外交经验丰富的鞑吉帖并未动怒，反而采取"先卑后亢"的方针，对查士丁极尽赞美之词，称"罗马人的宫殿，简直是第二个天堂"。吹捧完对方之后，他以高超的演说技巧，顺势吹捧起自己的可汗伯颜：

"陛下登基未久，眼前这无尽的财富和荣耀，不用说，都继承自先帝（查士丁尼）的遗产。先帝在东方和西方都取得了丰功伟绩，而这在很大程度上有赖于北方边疆的安宁。北方蛮族以往曾给贵国添过许多麻烦，近些年却安静下来了。陛下应该知道，这都要归功于我国伟大的可汗。在他的领导下，战无不胜的阿瓦尔人冒着罗马人难以忍受的苦寒，越过北方冰雪覆盖的山川，云彩一般的帐幕现在已经覆盖多瑙河北岸。正是慑于我国的强大武力，那些北方蛮族才不敢轻举妄动；先帝也正是出于对大汗的感激之情，每年定期向我国送来贵重的礼品。由此可见，罗马人能够在和平的环境中发家致富，主要靠的是先帝的慷慨，以及大汗的仁慈。我国为罗马人创造了安定、和平的外部环境，因此，有充足的理由分享贵国经济发展的成果。

"我们希望，由先帝创建的这一友谊传统，能够在陛下手中发扬光大。在此，我们有必要提醒陛下，对于维系两国友谊极为重要的岁赐，已经拖欠达两年之久了。去年，大汗远征波斯，越高加索山，涉幼发拉底河，戎马劳顿，一时无暇过问此事。后来得知先帝御体欠安，出于善意，暂且不予追缴。父债子还乃是天经地义，陛下既然已经继承了先帝的基业，就应仿效先帝明智而慷慨的行为，以确保您那些爱好和平的北方臣民不受战乱之苦。"

鞑吉帖嘴里左一个"先帝"，右一个"先帝"，试图以此压倒查士丁，但没有料到，这位新皇帝的性格出奇怪诞。因为查士丁尼活得太久（87岁），查士丁登上皇位时已是风烛残年。长年的宫廷政治和慢性病的综合作用，令他的生活基本无法自理，性格孤僻而粗暴。像这样的老者尤其难以忍受他人的冒犯。无限的权力更诱发无限的傲慢，孔雀皇冠的主人于是摆出不惜一战的坚定姿态，回敬阿瓦尔使者：

"帝国的边疆由数量庞大的士兵守备，武器和马匹都很充足，胆敢入侵的蛮族必将得到应有的惩罚。你们一面声称愿意提供援助，另一方面却威胁采取敌对行动，这两样我们都不放在眼里。你们自称'战无不胜'，却被突厥人赶得落荒西逃；突厥人尚且多次请求我们的友谊，他们的手下败将难道还值得我们惧怕？

"先帝之所以赐予你们年金，是因为同情你们的不幸遭遇和谦卑的请求。现在，你们将从我这里获取更为珍贵的礼物，那就是了解自己的地位和弱点。觐见已经结束，你们可以告退，回国的旅途保证会很安全，没有恐惧的必要。如果你们下回再来时，为自己这次的不当言论道歉，或许还能获得我的一些恩惠。"

事情发展到这种地步，鞑吉帖的这次出使当然也就只能以失败告终。据有些史书记载，阿瓦尔使者后来还要反驳，惹得查士丁勃然大怒，当庭辱骂阿瓦尔使者说："不要脸的死狗！看朕割掉你们的猪尾巴！"随即将这些人剃了辫子，流放到小亚细亚的卡尔西顿（Chalcedon），两国从此反目成仇。不过，后来鞑吉帖曾再次出使君士坦丁堡，可见这个说法并非事实。

阿瓦尔人固然对查士丁的敌对言行感到愤怒，但也从鞑吉帖使团的君士坦丁堡之行中得到启示：突厥人正在西进，自己在东欧的地位依然脆弱，一些保加利亚和斯拉夫部落尚未臣服，在这种情况下与拜占庭帝国反目，确实并不明智。逐步兼并多瑙河流域的各个势力，才是上策。

蹚过易北河，剑指法兰西

565—566 年的那个冬天特别寒冷，中欧地区有五个月大雪封山，交通严重受阻。在这种情况下，天性自由散漫的法兰克人都忙于操持家务，全然没有察觉来自东方的巨大威胁。游牧民族忍受极端气候的能力总是比农业民族强，伯颜可汗在风雪的掩护下，悄无声息地率领阿瓦尔骑兵越过了冰封的易北河。西格伯特没料到盟友会选择在这一时机撕毁和约，匆忙迎战，结果落入了圈套。

法国史料提到，阿瓦尔巫师施展魔法，呼风唤雨，使法军迷失了方向，阵脚大乱，这又使我们联想到南北朝史家笔下精于此术的柔然人。其实，此类魔法类似于诸葛亮借东风，并非真正改变了气候，只是基于对自然界的精细认识发展而来的一种天气预报术而已。

在这次战斗中，法兰克人好好领教了阿瓦尔人从东北亚带来的先进军事装备——铁马镫与弯马刀的威力。与之相比，法兰克人的传统武器——短剑和战斧显得太笨重。就连阿瓦尔人使用的长矛也令法兰克人印象深刻：此前的欧洲骑兵因为没有铁马镫，在马背上坐立不稳，使用的都是 2 米左右的短矛，更多地用于投掷，而不是搏杀，故而被叫作"标枪"；阿瓦尔骑兵则使用 4—5 米长的重型长矛，也就是汉语中的"丈八蛇矛"或"槊"。因为实在太重，平常不用手拿，而是背在背上，作战时要放开缰绳，双手握持，攻击方法变化多端，力量十足。这种武器之所以又叫"蛇矛"，是因为它虽然既长又重，但操作起来却非常灵活，看上去如同金蛇狂舞，甚至可以替代盾牌，挡住敌人射来的矢石。

阿瓦尔骑兵身披的鱼鳞甲，也比法兰克人使用的锁子甲更坚固耐用。也正是由于双手都要握长矛，盔甲质量又有很大提高的原因，阿瓦尔骑兵普遍不使用盾牌。不久后，这些由阿瓦尔人从东方带来的军事装备就被法军和拜占庭军队全盘吸纳，直到拿破仑时代的欧洲依然非常流行。阿瓦尔钢盔同样驰名东欧，是蒙古时期之前当地军队的主要防护装备，《伊戈尔出征记》等古代俄罗斯史诗都曾加以讴歌。

不管是气候还是装备的原因，总之，法兰克人这次是被彻底击溃了，连西格伯特国王也沦为了阿瓦尔人的战俘。但他还算机灵，很快说服伯颜可汗，用大批粮食和牲畜换回了自由。

在灾荒年代赠予他人如此慷慨的礼物不是没有后果的：当年就有 14000 名法国百姓被活活饿死。好在法兰克人也有他们的崔浩和魏收，都尔主教格雷戈里在他的《法兰克人史》里颇有些厚颜无耻地写道："这被公正地列为他（西格伯特）的功绩，而不被认为是什么耻辱。"

在立下如此"功绩"以后，西格伯特战场上的失意在情场上得到补偿。他与统治西班牙的西哥特公主布龙悉尔妲（Brunhilda）

结了婚，这标志着法兰克人放弃了在中欧争霸的计划，把战略重心转向了西方。迫于阿瓦尔人的压力，西格伯特又把首都从莱茵河流域的梅斯（Metz）向西迁往塞纳河流域的兰斯（Rheims），墨洛温王朝对莱茵河流域的控制力由此骤然衰减。

几十年后，梅斯的一个大领主阿努尔夫（Arnulf）成为该城的主教。他利用教会势力，控制了这座奥斯特拉西亚王国旧都的军政大权，还同奥斯特拉西亚王国的宫相丕平（Pepin）结成了儿女亲家（620年左右）。有意思的是，丕平的故乡和封地也都在梅斯市郊区。阿努尔夫的儿子与丕平的女儿联姻产生的后裔，就是后来取代墨洛温家族统治法国的加洛林家族（Carolingiens）。

领主阶层代表加洛林家族的崛起，和原始氏族领袖墨洛温家族的失势，标志着欧洲正式从罗马时代的奴隶社会转型为中世纪的封建社会。欧洲封建社会的起源很复杂，有政治、经济和宗教等多种因素，但也需要一系列偶然事件的催化。可以肯定地讲，如果没有伯颜可汗对西格伯特的这场胜利，本不是贵族的加洛林家族根本无从染指法国的王冠，欧洲的封建化进程也会因此大大减缓，而这只是柔然人西迁对欧洲产生的多方面影响之一。

伯颜大破西格伯特的消息传来，整个欧洲为之震动。在历史上，匈奴人曾经一直蹂躏到奥尔良，阿瓦尔人这次推进至莱茵河东岸，后来的蒙古人最远到过易北河与亚得里亚海东岸，土耳其人则在维也纳城下被击退，东方游牧民族对欧洲的威胁呈逐步递减的趋势。这些草原帝国一方面教训着欧洲人，一方面也在教授他们自己的军事技巧，例如阿瓦尔人的马镫、弯刀和长矛。可以说，伯颜可汗是这一系列民族迁徙中的分水岭式人物。

看上去，伯颜从一开始就没有渡过莱茵河、征服法兰克人的打算。他在大捷之后见好就收，与西格伯特和解。也许124年前阿提拉西征高卢失败的历史教训令他有所顾忌，毕竟阿瓦尔人还经不起那样的消耗。掉头征服多瑙河流域，肯定要稳妥得多。不过，如果伯颜能够预知法兰克人将来是怎样对待阿瓦尔民族的，他对这些手下败将恐怕就不会如此宽宏大度了。

与伯颜这次奇袭法兰克王国的同时，查士丁皇帝也没闲着。他帮助格皮德人攻击了伦巴第人，夺取了他觊觎已久的西米翁城。阿尔伯因很快发动反击，将库尼蒙德包围在西米翁城。查士丁不想看到伦巴第王国吞并格皮德王国，便派兵前去，帮格皮德人解了围。但查士丁的如意算盘落空了，库尼蒙德出尔反尔，拒绝按照事先达成的协议，将这座城市转交给拜占庭人。于是，拜占庭帝国同伦巴第人和格皮德人都成了敌人。

在从莱茵河畔撤军的途中，伯颜可汗迎来了伦巴第与格皮德的祝捷使团，他们都希望能够与阿瓦尔汗国结盟，联合消灭另一方。听了双方的陈述，伯颜表示对这两种提案都毫无兴趣，并将使者赶到营帐外的冰天雪地里去受冻。格皮德使团愤而离去，伦巴第使团则冒着风雪坚持守候。最终，也许是这些使者的执着感动了伯颜，也许是丧失耐心的阿尔伯因后来开出了实在令人无法拒绝的条件，阿瓦尔与伦巴第之间的联盟终于建立。

按照这份盟约，伦巴第人要立即向阿瓦尔人支付本国十分之一的畜群作为定金，随后两国将联合进攻格皮德王国，平分其财产和人口，格皮德王国的土地则全部归阿瓦尔汗国所有。尔后，双方应联合进攻拜占庭帝国，因为后者一直谋求遏制其他势力在欧洲的发展，并且与阿瓦尔人的死敌突厥人情好日密。显然，这份盟约明确了伦巴第人对阿瓦尔人的附庸地位。欧洲未来几个世纪的命运，就这样被伯颜可汗决定了。曾经盛极一时的格皮德人如今夹在拜占庭、阿瓦尔和伦巴第三大敌国之间，举目无友，灭亡已经迫在眉睫。在匈奴帝国瓦解的 122 年之后，伯颜可汗即将为阿提拉的子孙们报仇雪恨了。

听说阿瓦尔和伦巴第联军正在向自己推进，库尼蒙德本能地感到了末日的降临。他已经不能指望拜占庭人的援助，只得硬着头皮独自迎击，制定了"管他几路来，我只一路去"的战略原则，先迎击老对手伦巴第人，然后再驱逐阿瓦尔人。正当他与伦巴第人杀得难分难解之际，伯颜的马队赶到，从背后给了格皮德军致命一击。阿尔伯因亲手斩下了库尼蒙德的首级，取出头盖骨，将其做成了镀金的酒器。

这一古老的亚欧游牧民族传统并不是对死者的侮辱，相反却是对其能力的赞赏，因为胜利者相信，如果用这种可怕的器皿饮酒，死者生前的非凡智慧将会进入自己的身体。埃拉克兄弟在天有灵，看到此情此景，当可含笑九泉了。

阿尔伯因终于得到了他梦寐以求的罗莎蒙德公主，虽然他早已同一位法兰克公主结婚，但对于此时的伦巴第人来说，一夫多妻制实在太正常不过了。得意忘形的阿尔伯因一手搂着罗莎蒙德，一手举着库尼蒙德的头盖骨，宣布自己成为伦巴第和格皮德两个民族共同的国王。

但是，还有人比阿尔伯因更高兴，那就是阿瓦尔可汗伯颜。他做的这笔生意可以说是无本万利，几乎没费一兵一卒，就轻松地获得了大半个格皮德王国。不过，向来敌视阿瓦尔人的拜占庭将领波努斯也趁乱捞了一票：他在几名格皮德贵族的协助下，抢占了格皮德首都西米翁城。伯颜无法饶恕这种敌对行径，拜占庭帝国必须受到惩罚。马上！

第九章
鏖兵意大利：仆从国的最佳战果

中世纪最倒霉的皇帝大概要数拜占庭帝国的查士丁。他刚刚庆祝完西米翁大捷就发现阿瓦尔人的目标其实是意大利。当年匈奴王阿提拉因为忍受不了亚平宁半岛夏天干热、冬天阴冷的糟糕气候，不得不卖给教皇一个人情。现在，阿瓦尔可汗伯颜学会了利用仆从国。伦巴第人轻而易举地占领了大半个意大利。

霉运当头的查士丁刚要欢呼西突厥替他教训了不羁的波斯人，这边阿瓦尔人的欢呼声已经盖过了他，因为庞大的突厥汗国分裂、内战了。

不受规则约束的草原民族常有惊人之举。伯颜可汗为了获取更大利益，居然郑重提议，希望没有心仪的男性后裔或亲戚作继承人的查士丁皇帝正式收他为养子，以便将来顺理成章地跳槽为拜占庭皇帝！

亚平宁半岛上的卓越代理人

时光如梭，很快进入 568 年，气候却和前一年同样寒冷。刚刚打了胜仗的伦巴第国王阿尔伯因不得不面对尴尬的现实：坐视自己的属民抱着从战争中抢来的金银珠宝忍饥挨饿。偏偏就在此时，一位风尘仆仆的客人突然出现在他的营帐。来者当着伦巴第国王的面打开手提包，里面是一个篮子，装满了香味诱人的水果。这份礼物来自意大利，农作物在冬季仍能茁壮成长的肥美土地。阿尔伯因动心了，在同来客密谈了许久之后，他快步走出大帐，高声向全体军民宣布：立即准备战略转移，放弃多瑙河中游的家园，向意大利挺进！

究竟发生了什么事情呢？莫非阿尔伯因听到了罗马教廷的召唤："去变卖你所有的，分给穷人，就必有财宝在天上；你还要来跟从我。"①

历史不会如此简单。多瑙河中游平原便于阿瓦尔骑兵往来驰骋，却不便于伦巴第步兵的坚守，所以从长远来看，阿瓦尔人驱逐伦巴第人，只是时间问题。但伦巴第人南迁入意大利，还有更加直接的原因，奥秘就在那位来自意大利的使者身上。

自从东哥特王国覆灭以来，查士丁尼的亚美尼亚裔太监纳尔西斯一直以总督的身份统治着意大利。此人从各个方面来说，都是一个变态的怪胎。他的身高不足 1.2 米，体重不过 30 公斤，虽然自幼就缺少了一个很重要的器官，但成年男人长出此等身材还是让人匪夷所思。这位侏儒的外貌实在过于奇特，以至于在军营里的彪形

---

① 这句话节选自《圣经·新约·马可福音》第十章第 21 句的内容，以和合本为准。

大汉中，他收获更多的是畏惧，而不是蔑视。

在古代，亚美尼亚是个盛产阉人和军人的民族，纳尔西斯虽然手无缚鸡之力，却将这两种职业完美地集于一身。他毕生用兵如神，即便盖世名将贝利撒琉也只能瞠乎其后。

像纳尔西斯这样的怪杰，只有查士丁尼这样的天纵英主才能善加利用。查士丁上台后，总是看意大利总督不顺眼，因为后者天性贪婪，年老之后更是变本加厉，体重越来越轻，聚敛的私人财产却越来越重，远远超过了臣子应有的限度，又从不参与慈善活动，还袒护没有皈依基督教的罗马人。他的皇后索菲娅更是一贯以貌取人，发自内心地蔑视那位已经 89 岁高龄的老宦官，于是发下谕旨："军事训练的工作理应委任给真正的男子汉去做，皇宫的妇女中间有更适合宦官的职位，朕将把卷线杆交到他的手里。"

一代名将遭到这样的羞辱，除了气愤之外再无其他心情。据说纳尔西斯接旨之后，用开玩笑的口吻对部将说："我会为皇后卷出一个大线团，她要想将其重新解开可不会太容易。"随即和平地向新任意大利总督龙吉努斯（Longinus）移交了权力，退隐到那不勒斯附近的一座海滨别墅里颐养天年。随着伦巴第人的突然入侵，社会上突然传出了这样的流言蜚语：纳尔西斯想挟嫌报复查士丁皇帝夫妇，所以才派人用水果礼盒把阿尔伯因邀请到意大利来！

无论这种脍炙人口的说法是否可信，纳尔西斯在 568 年年初的退休，无疑增强了阿尔伯因进军意大利的信心。在这次入侵的背后，还有一双黑手，那就是如日中天的阿瓦尔汗国。

567 年年底，伯颜率领胜利之师南下，逼近他自认为应该得到的西米翁城，把波努斯将军包围在那里。然而，西米翁拥有城北的多瑙河与城南的萨瓦河构成的双重屏障，又与城东的要塞辛吉杜农（Singidunum，今塞尔维亚的贝尔格莱德）互为掎角，就如同襄阳和樊城一样牢固，被誉为"巴尔干半岛的钥匙"。阿瓦尔人没有船只，无法直接攻城，为迫使守军逃走，伯颜命令军队敲锣打鼓，发出震天动地的响声。波努斯的军队用布团堵住耳朵，如法炮制，试图用本方的锣鼓声盖过阿瓦尔军乐。双方在这次演出中表现得都很卖力，结果不分胜负，只苦了被迫充当听众的西米翁市民，连续多日无法入睡。

折腾了一个冬天之后，两军都筋疲力尽，战争只得转到口舌上进行。

伯颜首先发言："将军阁下，你们罗马人首先背叛了我们之间的盟约，理由是这样的：众所周知，我们阿瓦尔人是格皮德王国的征服者和拥有者，而西米翁城是格皮德王国的首都，因此我方对西米翁城拥有无可争辩的完整主权。西米翁城里的格皮德人都是我的臣民，却拒不向我效忠，意味着他们已经堕落为叛国者，理应被通缉捉拿。而贵国政府派以将军您为首的部队进驻西米翁城，就破坏了敝国的领土完整；你们保护城内的格皮德逃犯，拒不把他们引渡给我方，更进一步侵犯了敝国的主权。贵方的这些不友好举动已经构成战争行为，造成了极其恶劣的影响，使我们之间神圣的友好盟约变得名存实亡，因此必须立即从西米翁城撤军，立即将全体格皮德逃犯引渡给我方，并对敌国作出相应的经济赔偿。另外，贵国政府长期拖欠我方盟约规定的岁赐，最好一并连本带息付清，谢谢。"

波努斯以他一贯的强硬态度，怒气冲冲地反驳道：

"可汗殿下，我必须提醒你，西米翁城虽然曾经一度被格皮德人控制，但它自古以来就是我们罗马人的领土。什么？我们已经连续125年没有对西米翁城行使过主权了？那也比你们阿瓦尔人连一天也没有对它行使过主权强！总之，我们占领西米翁城的性质是光复，你们占领西米翁城的性质则是侵略。城中确实有大批格皮德难民，我们仁慈的皇上为了保护他们的生命和财产不受侵犯，允许他们暂时居住在这里，就像先帝当年允许从突厥人那里流亡出来的你们定居在多瑙河北岸一样。

"由这两件事可以看出，朝廷保护周边各民族的政策始终是公平的、正义的、一以贯之的、无可指责的。至于岁赐，前年的已经结清过了，去年和今年的岁赐不能支付，因为你们对我国领土采取了敌对行动，导致盟约规定的所有义务均不再成立。如果殿下确实有诚意结束目前的战争状态，恢复我们之间的和约，就必须立即解围，以便我派使节到君士坦丁堡去向皇上报告，请他派文官来与你谈判，因为我是个只管打仗的武官，仅有权拒绝你的建议，而无权接受你的建议。"

伯颜回答说，解围可以，但拜占庭人必须像罪犯请求暂时出狱时需要缴纳保释金一样，给自己一件信物或一笔定金。波努斯认为，这是阿瓦尔人没有诚意的表现，无法接受。伯颜急了，以近乎哀求的诚恳语气对波努斯说：

"你看，我要的信物并不多嘛，一个银盘子、一件金首饰、一张羊毛挂毯、一件时髦的衣服，只要是好看点的，就足够了。这样，我就可以回去对将士们说：'嘿，兄弟们，罗马人对和谈是有诚意的！这是他们交给我的信物，请求我们解除包围，以便谈判进一步进行！大伙先回家休息吧，我一定会给你们带来好消息！'毕竟，我统治着众多的民族，数以万计的人民把生命和荣誉托付给我，我怎么能辜负他们的信任？我们难道是漫无目的地来到这里的吗？要知道，有多少人指望在此行中扬名立万，发家致富！所以，你不要指望我会空着手回去，命令部队解围撤退，那样对我个人和我的部下都将是奇耻大辱！"

令人吃惊的是，波努斯软硬不吃，对这样优厚的条件依然坚定地说不："殿下，正如刚才讲过的那样，我是个只管打仗的武官，仅有权拒绝你的建议，而无权接受你的建议。不论你提出什么建议，我都必须先得到朝廷的批示，方可接受，而要得到朝廷的批示，你就必须首先解围。别指望我会私自从城中居民的财富中攫取一部分，来满足你的需求！"

"好哇！"阿瓦尔可汗终于被激怒了，咆哮起来，"你借和谈之名耍我，是不是？也罢，我这就派一万名库提吾尔骑兵去附近的达尔马提亚（Dalmatia，今克罗地亚和波黑），在乡村里尽情抢劫。由此造成的一切后果，都由你个人负责！"

很遗憾，由于史书损毁，这段经典对话到此戛然而止，后面的部分我们已经无从知晓。看来谈判是破裂了，而伯颜也未能攻取西米翁城，只好无奈地撤退。消息传到君士坦丁堡，查士丁得意扬扬地举办了一次凯旋仪式，就好像是他亲手打退了阿瓦尔人一样。在控制了西米翁城一带之后，拜占庭帝国已经拥有了自罗马帝国分裂以来的最大版图。可惜这样的盛况只能持续几个月，因为伦巴第军队此时正在翻越春雪消融的阿尔卑斯山脉。

伯颜虽然未能成功地占领西米翁城，但却成功地牵制了一部分拜占庭军队，为阿尔伯因入侵意大利减轻了许多压力。同时，伯颜还与阿尔伯因达成协议，规定不愿意离开家乡的伦巴第人和格皮德人可以留下，但要接受阿瓦尔人的统治；南征的伦巴第人万一无法在意大利立足，随时可以返回故乡，并且保持自治地位。在阿瓦尔汗国的支持下，各个中欧民族相继加入了南征的伦巴第大军。获得两万萨克森战士的支援之后，伦巴第国王在 568 年 4 月 2 日（复活节）率 15 万之众向意大利进发，其中许多人曾随纳尔西斯征服过那块富庶的土地，他们的经验足以唤起全军的热情。

新任意大利总督龙吉努斯人如其名，身材魁梧，相貌堂堂，虽然因此得到了索菲娅皇后的欣赏，但却缺乏前任纳尔西斯具备的军事才华。老兵们对新任总督毫无印象，总督大人时间宝贵，也难得屈尊去视察气氛粗鄙的军营。将帅不和、拖欠军饷以及长年的天灾人祸，使得阿尔伯因竟然难以在罗马帝国的心脏地带找到敌人。无论是皇城米兰，还是罗密欧与朱丽叶的故乡维罗纳，都敞开大门欢迎新来的征服者。少数有气节的居民不甘心忍受异族的统治，带着家人和细软逃向滨海地区，最终造就了威尼斯和热那亚这两座欧洲中世纪的商业中心。

威尼斯城本是几座荒无人烟的小岛，当阿提拉入侵意大利时，大陆上的一些犹太商团率先逃至此处避难，才开始形成居民定居点。此时，众多意大利人出于对伦巴第入侵者的恐惧，也追随他们向来憎恶的犹太人，流亡到威尼斯岛上，从而形成了城市的规模。

半年之内，伦巴第的胜利之师便席卷了整个波河流域，随即又向亚平宁半岛腹地挺进，一直推进到意大利南部的交通要地贝内文托。在罗马教会的盛情邀请下，年迈的纳尔西斯来到罗马定居，这位侏儒流传在世的威名足以令伦巴第大军不敢染指这座永恒之城。当纳尔西斯去世时，深感朝不保夕的罗马居民如丧考妣，竟然一致哀叹说，这位享寿95岁高龄的宦官是英年早逝！

罗马教会迫于形势，亲自出面组织民兵和雇佣兵保卫城市，从而控制了罗马的军权和政权，形成了梵蒂冈国的前身。只有一座名不见经传的小城奋起抵抗外敌，那就是帕维亚。帕维亚军民依靠自己的力量，坚守达三年之久，即便阿尔伯因亲临战场指挥，也依旧岿然不动，完全打乱了伦巴第国王的整个计划。他恼羞成怒地对全军发誓，城破之后，将把全城杀得鸡犬不留。

570年春，帕维亚人终于因为内无粮草、外无救兵，被迫开门投降。正当阿尔伯因杀气腾腾地进入城门，准备执行血腥的誓言时，他的坐骑却突然发飙，将国王甩倒在地。一名随从将他扶起，并不失时机地将此现象解释为上帝对滥杀无辜的愤怒。阿尔伯因既惊且惧，连忙收回成命，在恢复理智后，对帕维亚城墙的牢固和军民的忠勇大加赞赏，还宣布定都于此。

惊世骇俗的外交组合拳

对阿瓦尔人来说，568年可谓是喜忧参半。虽然他们的属国伦巴第在意大利所向披靡，但是他们的天敌突厥人也在步步逼近。萨珊波斯人的强盛和傲慢，加强了东西两大帝国之间的联系。突厥人既然已经完全平定了嚈哒汗国，并与波斯交恶，便急于加深与拜占庭的友谊。就在568年年底，西突厥可汗室点密派粟特王摩尼支（Maniach，意思是"摩尼教徒"，摩尼教就是后来盛行于中国唐宋时期的明教）出访拜占庭帝国。君士坦丁堡人早已习惯了这样的来访，他们曾经在一年内接待过106批突厥使团，但摩尼支使团无疑是其中规格最高的。

如前文所说，粟特国先是被悦般人征服，后来受嚈哒人统治，身为粟特王的摩尼支想必难免会有些匈奴血统。和阿瓦尔使者鞑吉帖相比，他的衣着更加华丽，举止更加高雅，也更懂得如何应对拜占庭统治者。摩尼支骄傲地展示了可汗用突厥文书写的亲笔信，这种新发明的文字没有一个西方人见过，需要五次翻译才能使查士丁读懂。而查士丁也向摩尼支展示了令后者大吃一惊的东西：丝绸——拜占庭制造！

上千年来，欧洲人一直愿意为中国丝绸付出高价，因为他们不知道如何生产它。但在查士丁尼统治末期（551），印度商人将蚕卵卖给了拜占庭人，丝绸价格从此一落千丈。

作为一种昂贵的期货，丝绸的价格浮动非常剧烈，丝绸之路上的每一场天灾人祸都可能会让它飙涨。公元前53年，当罗马将军克拉苏在叙利亚被帕提亚军队击败后，1克生丝竟可以在罗马市场上换到11克黄金！尔后，生丝的价格随着时局的变迁而逐步下降，到3世纪中期已经低于黄金。查士丁尼饲养桑蚕成功的消息，再次沉重地打击了西方的生丝价格。查士丁二世登基时，5克生丝也换不来1克黄金，此后生丝价格更是跌跌不休。自古熊市不言底，如今1克黄金需要足足1公斤生丝来换。

看着正在君士坦丁堡城内吐丝的蚕宝宝，粟特王摩尼支的心情一下子降到了冰点。作为丝绸贸易的主要中间商，他的心里比谁都明白：虽然欧洲的产丝量还很低，暂时仍要从东方进口生丝，但需求量势必会逐年递减，这意味着本民族赖以为生的丝绸之路正在走向死亡。他历经千难万险带来的高档生丝，现在就好像是被白白扔进了地中海。

尽管心情极度恶劣，但摩尼支还是表现出了与王者身份般配的外交风度，对查士丁提出的问题一一作答。当拜占庭皇帝问起阿瓦尔人时，他说道："有些阿瓦尔人臣服于我们可汗，有些逃到西方来了，估计大概有两万人吧。"这次访问在友好的气氛中圆满收场，查士丁派蔡马库斯（Zemarchos）将军陪伴摩尼支回访西突厥，在裕勒都斯（Yulduz）谷地（今新疆库车河谷）觐见了室点密大汗，并享受到特殊的礼遇，令同时在场的波斯使者嫉恨不已。

随即，室点密便携蔡马库斯一起挥师西征波斯，一直推进到木鹿一带，但却因病撤退，蔡马库斯也告别西突厥人，直接经里海北岸回国。不久后，室点密就去世了，其子玷厥继位，号称达头可汗（Tardus Qaghan），时间大约是在572年。几乎同时，室点密的侄子、东突厥的木杆可汗也驾崩了，庞大的突厥汗国因而迅速分裂，从此开始了无休无止的内战。

室点密与木杆同时死亡，以及突厥汗国的分裂，对伯颜来说，无疑是天大的好消息，因为他最害怕的敌人突然从世界上消失了。

在此之前，出于对突厥使者频繁出访君士坦丁堡的担忧，伯颜也连续多年派鞑吉帖等使者去与拜占庭人谈判。查士丁仗着有突厥人撑腰，坚定地驳回伯颜可汗的各种提议说："与你们阿瓦尔人保持友好关系，要比与你们保持敌对关系困难得多！"令他讶异的是，伯颜在一再遭到拒绝之后，反而逆市提高报价：他已经查明，库提吾尔人和吴提吾尔人曾经得到过查士丁尼支付的岁赐，现在这两个保加利亚部落既然已经被阿瓦尔人征服，这两笔岁赐也应成为阿瓦尔人应得的固定收入。他还继续要求西米翁城的主权，以及所有流亡的格皮德人。当这些要求都无法得到满足时，伯颜就把来访的拜占庭使者维塔连（Vitalian）软禁起来，后者被迫典当了在君士坦丁堡的住宅，这才凑够800枚索利得金币赎身。

还有更绝的呢，草原帝王的头脑不受教科书的束缚，经常产生惊世骇俗的想法，匈奴单于冒顿曾经向吕太后求婚，伯颜的念头更是令人喷饭。他听说，查士丁久病不起，生命已经危在旦夕，而又没有心仪的男性后裔或亲戚作继承人，就让鞑吉帖在下一次出访时，郑重提议说：皇帝对可汗恩重如山，超过了亲生父母，实在无以回报。所以，可汗愿意把余生全部奉献给拜占庭帝国的管理工作，希望陛下能正式收他为养子。这样，阿瓦尔可汗便可以顺理成章地跳槽为拜占庭皇帝的法定继承人。

听了这番毛遂自荐的宏论，查士丁的下巴一定掉到了地板上。阿瓦尔可汗这一连串不合常理的组合拳，令他全然没有思想准备，不知道如何招架。在皇后索菲娅的建议下，查士丁借口身体不好，将和阿瓦尔人谈判的重任完全交给禁军将领提比略（Tiberios）。提比略与龙吉努斯类似，都是身材高大、气宇轩昂的美男子，因此得到皇后的青睐。伯颜闻讯后，也迅速请求换人，用年轻的保加利亚贵族阿布舒［Apsich，疑与皇太极的第四子叶布舒（Epsigh）同名］替代了年事已高的鞑吉帖，以免受到对方的蔑视。

年轻一代外交家之间的谈判，比老一代更加直截了当。阿布舒不仅坚持鞑吉帖提出过的所有要求，而且还得寸进尺地要得到整个潘诺尼亚，从而打开通向地中海的大门。这样，拜占庭军队就无法从陆路援助正在被伦巴第人攻击的意大利了。提比略不肯答应这一丧权辱国的提议，但为了增加自己的政绩，也准备多少作出一些让步。

他提出，用西米翁城和岁赐交换一批阿瓦尔贵族子弟，手里有了人质，就不怕阿瓦尔人再来犯界。查士丁说："不如要伯颜本人的儿子，就我所知，他有一大群儿子，应该不会拒绝我们的要求。"提比略却认为，伯颜个人的行为不可预测，他或许根本不会在乎几个儿子的死活，但他手下的贵族却都会为儿子的性命向可汗施压，阻止他对拜占庭采取敌对行动。

久拖不决的谈判甚至令外交大师伯颜也感到厌倦，他采取更加直接的方式，在570年年初再次挥师渡过多瑙河。提比略和波努斯竭尽全力，才将敌人赶了回去，但捍卫意大利的宝贵机会却已经丧失。在帕维亚和贝内文托陷落以后，除罗马、拉文纳、那不勒斯、威尼斯和热那亚等海滨重镇之外，整个意大利都已落入阿尔伯因之手。

但阿尔伯因的好运并没持续多久。进驻帕维亚刚刚几个月，他就成为宫廷阴谋的牺牲品。阿尔伯因的格皮德裔王后罗莎蒙德多次被丈夫强迫，用亲生父亲库尼蒙德的头盖骨作酒杯喝酒，她心中的怨恨可想而知。复仇的曙光终于在572年显现，罗莎蒙德陪同夫君进入帕维亚城以后，很快为自己找到了两位忠诚的情人，即王宫卫队长赫尔米提斯（Helmichis）和国王的贴身侍卫佩雷狄奥（Peredeo）。他们本与国王情同父子，但在与王后共度春宵以后，态度便发生了180度的转变。在一次晚餐之后，意大利的征服者被自己的贴身侍卫刺杀在卧室里，因为罗莎蒙德在他的随身武器上做了手脚，赤手空拳的他自然难以抵挡全副武装的卫兵。

次日，赫尔米提斯与罗莎蒙德王后举行婚礼，并自立为国王，但却无法获得伦巴第贵族和平民的支持。他见势不妙，便与罗莎蒙德和佩雷狄奥一起逃离帕维亚，到拉文纳去投奔意大利总督龙吉努斯。后来，佩雷狄奥被赫尔米提斯与罗莎蒙德害死，罗莎蒙德又喜新厌旧，投入了龙吉努斯的怀抱，并密谋干掉赫尔米提斯，以便与新欢结婚。

她秘密地在赫尔米提斯常用的春药酒里搀了毒药，不料春药对毒药有中和作用，赫尔米提斯在发现自己中毒以后，仍有足够的时间和精力来强迫罗莎蒙德把杯中剩余的药酒喝下去，这两人于是同归于尽，用生命谱写了绝妙的电影题材。

虽然阿尔伯因全家蒙难，但伦巴第人几经动乱，却变得日益强大，渐渐巩固了在意大利内陆的统治，开始与控制沿海地带的拜占庭人分庭抗礼。意大利从此分裂，它的再次统一居然要足足等待上13个世纪。实际上，由于梵蒂冈和圣马力诺的独立，它至今也没有真正统一。

拜占庭皇帝们最终知趣地放弃了查士丁尼时代的宏大征服计划，并且在阿瓦尔人、斯拉夫人、突厥人、波斯人和阿拉伯人的联合攻击下节节败退，逐步沦为中流国家。同时，西欧和中欧的各个日耳曼民族，以及东欧的斯拉夫民族在获得比较固定的领土之后，也相继停止了迁徙，致力于建设各自的封建政权。至此，波澜壮阔的欧洲民族大迁徙时代终于结束。这一运动始于匈奴，终于柔然（阿瓦尔），它不仅毁掉了罗马帝国，也为基督教和伊斯兰教的发展铺平了道路。继希腊时代、罗马时代和哥特时代之后，欧洲即将迎来新的时代——中世纪。

第十章
扫荡东南欧：伟大可汗的临终妙笔

拜占庭人连续惨败，查士丁皇帝无法忍受"庙堂无计可平戎"的现实，完全从公众生活中退隐。他亲爱的皇后居然在伤口上撒盐，把屡次败给阿瓦尔人的情夫送上皇储的宝座。

为了减少损失，阿瓦尔人在萨瓦河上神奇地变出了两座长桥；随后又给忠勇的城内军民送去了大量美食，以资慰劳。这些早已饿得眼冒金星的军民赶紧敞开肚皮猛吃，结果当晚便纷纷死于消化不良。

伯颜的一生，是一场近乎完美的喜剧。他克服了各种困难，成就了伟大的事业，令被誉为"欧洲的孙武"的拜占庭皇帝莫里斯羡慕不已。他善于学习和创新，在交际场和战场都表现非凡。他从未以屠杀为乐，而且善于讨价还价，精于算计，特别重视经济利益。他的儿子会继承这些优点吗？

鲸吞"盟友"领地的大可汗

阿尔伯因遇刺的消息传到君士坦丁堡，查士丁以为意大利旦夕间便可平定，又倚仗有突厥人撑腰，立即停止了向波斯的进贡，从而在西亚引发了长久的战争。当时，萨珊波斯帝国已经占领了阿拉伯半岛，又越过红海远征埃塞俄比亚，从而控制了南方的海上丝绸之路，国势已臻顶点，但也引来各个邻国的嫉恨。波斯沙皇库萨和虽然已经年逾八十，但在听到拜占庭人采取敌对政策的消息后，仍以闪电般的速度亲赴幼发拉底河前线。这两位交战君主的年龄加在一起不下 150 岁，足以创造世界纪录了。

在波斯人势不可当地向西进军的同时，偏偏又传来室点密与木杆两位突厥可汗死亡的消息，查士丁吓得病情恶化，被迫委政于大臣。提比略利用其外交部部长的地位，用卑辞厚礼求得波斯人的停战，图谋先集中力量征服阿瓦尔人，再用这些北方的骑兵报复波斯人。574 年，他采取鲁莽的行动，亲自率军渡过多瑙河，直扑阿瓦尔可汗庭。伯颜可汗诱敌深入，采用两翼包抄战术，对拜占庭军队取得了压倒性优势。提比略的部下大多是缺乏训练的新兵，因长期的急行军而身心疲惫，一见阿瓦尔铁骑漫山遍野地涌来，便纷纷丢盔弃甲，抱头鼠窜，连提比略本人都差一点被俘。

自古以来，嘲笑失败者就属于胜利者的特权，向来精于算计的伯颜当然不会放弃。他很快给提比略写信说："你怎么敢用如此劣势的兵力来进攻我们阿瓦尔人和斯基泰人？难道贵国没有书籍可以教导你，同我们这样的斯基泰游牧民族作战，是件多么危险的事情吗？"

拜占庭人在四面八方都连续遭到惨败，不得不放低姿态。查士丁无法忍受"庙堂无计可平戎"的现实，完全从公众生活中退隐，仅在名义上保留皇帝的头衔。索菲娅皇后不顾提比略刚刚打了败仗的劣迹，将她的这位情夫送上皇储的宝座，史称提比略二世。新君登基之后办的第一件大事，就是与来访的阿瓦尔使团达成协议，以岁赐 8 万索利得金币（相当于 365 公斤黄金）的条件，与伯颜可汗缔结新的和约。由此，阿瓦尔汗国在东欧和中欧的霸主地位，以及阿瓦尔骑兵不可战胜的威名，一并得到了西方各国的官方承认。

手下败将提比略的上台，对伯颜可汗很有利。新皇帝有惩于血的教训，表现得十分恭顺，听说满载而归的阿瓦尔使团在半路上遭到土匪打劫，丢失了许多物资，他连忙亲自主持查办，很快将罪犯绳之以法，以此显示自己对盟约的诚意。

赢取伯颜的友谊并不容易，因为他的好奇心和贪欲实在太强。他由衷地热爱，并且善于享受生活，但又不肯花钱。伯颜特别钟情美食，即便身临战场，也不忘与厨师探讨烹调技巧。胡椒之类辛辣味佐料最受他的喜爱，如果由拜占庭人免费赠送，就更能刺激他的胃口。饱暖思淫欲，伯颜很好色，妻妾和子女都成群结队。

情色需要音乐的陪衬，为了显得高雅脱俗，伯颜高薪聘请艺人，让希腊竖琴和阿瓦尔胡笛一同合奏，将自己的帐幕打造成不折不扣的声色场所。后来，他对传统的帐幕也不再满意，拜占庭建筑师又为他提供了热情周到的服务，建造起宏伟的官殿，以及奢华的浴场，最后发展成一座金碧辉煌的皇城。因为这座城堡的外观呈圆形，欧洲人叫它"圜城"或"圈子"（Ring），阿拉伯人叫它"浑宰赫"。①

圆形是同等面积中周长最短的几何图形，所以圜城很节省建筑材料，可能是仿效以前柔然的国都木末城，匈奴人也造过类似的城镇。它的修建，标志着阿瓦尔人已放弃传统的游牧生活，向定居生活转变，这使他们的生活更加安宁和富裕，同时也开始消磨他们的战斗意志。

拜占庭人花费大量财力和物力，改善了与阿瓦尔人的关系，但也因此得罪了阿瓦尔人的宿敌突厥人。在西突厥可汗室点密的葬礼上，拜占庭使者瓦伦丁不合时宜地提出联合进攻波斯的请求，结果遭到时任突厥设（Turk Shad 或 Turxanthos）的室点密次子高声斥责说：

"我长着十根手指，而你们罗马人则长着十根舌头，说出来的全都是谎言和伪证。你们对我讲话是一种语气，对我的臣民讲话又是另外一种语气，用滔滔不绝的强辩来欺骗我们全民族，企图让盟友仓促地投身于战争的危险之中，以便你们自己安全地坐享其成。到那时候，你们也会毫不客气地忘记恩主的情义。赶快回去告诉你们的主子，突厥人既不会说谎，也不会原谅别人的谎言，他很快就会为自己所犯的过错得到应有的惩罚。

"别以为我不知道，就在他用卑辞厚礼向大突厥请求友谊的同时，竟敢暗中与我们的叛徒瓦尔匈奴人（阿瓦尔人）结盟！要是我

---

① 马苏第.黄金草原［M］.耿昇，译.西宁：青海人民出版社，1998：477.

亲自率领大军去征讨那些下贱的奴隶，这些突厥马蹄下的蝼蚁必将在我挥鞭的啸声中战栗不已！长久以来，你们一直在欺骗我们的使节，让他们翻越骑兵难以攀登的高加索山，再前往你们的国家。其实根本不必绕那么远的路！我很清楚，德聂斯特河在哪里，多瑙河在哪里，马里查河（Maritza，希腊与保加利亚的界河）在哪里，它们构不成你们罗马人的屏障！突厥人已经用武力征服了全世界最好战的民族，从日升之地到日落之所，一律都是我们的财产！”

这番尖锐而傲慢的演讲，让惶恐不安的瓦伦丁误以为突厥设就是西突厥可汗本人。其实，突厥设只是个官名，相当于部落酋长而已。后来，突厥设把瓦伦丁送去见真正的西突厥可汗达头，拜占庭使者们被迫按照突厥丧葬习俗用匕首划伤面颊，以鲜血表示对室点密可汗去世的哀悼，但仍未能重新取得突厥人的信任。

很快，西突厥军队就真的出现在欧洲。原先附属于阿瓦尔人的吴提吾尔酋长阿那盖（Anagai，与柔然可汗那盖和阿那瓖同名）叛变伯颜，投入达头的怀抱，引导突厥军队袭击了克里米亚半岛上的拜占庭属地，同时也对阿瓦尔汗国形成了很大威胁。

共同的敌人促进了双边的友谊。突厥人的来袭，使提比略和伯颜决心加强合作。两位君主组成联军，原本准备到伏尔加河流域去抗击突厥人，但因波斯人在575年入侵小亚细亚，对拜占庭帝国造成了更加迫在眉睫的威胁，他们被迫转向东南方进军，与波斯人在梅利泰内（Melitene，今土耳其马拉蒂亚）展开会战。

83岁高龄的库萨和一世依旧亲临战场指挥，波斯骑兵发挥数目优势，展开两翼形成合围之势，遮天蔽日的箭雨更令拜占庭军队畏缩不前。在这危急关头，拜占庭人的希望来自一支来自斯基泰的盟友——无疑是阿瓦尔骑兵，他们瞄准时机，突然从右翼发起攻势，撕裂波斯人的阵线，突入沙皇的营帐，公然向祆教圣火撒尿，在欢呼声中杀回战场。库萨和一世难以承受这样的打击，只得收兵回营。

次日的交锋依然不分胜负，但波斯沙皇的意志已经消沉，终于借口突厥人袭扰边境，骑着大象逃回两河流域。拜占庭与阿瓦尔联军不肯放弃追击的良机，很快推进到里海西岸，次年又蹂躏了底格里斯河两岸，使年迈的波斯国君在气愤中病故。

短短三年之内，阿瓦尔汗国与拜占庭人和解，携手取得波斯战争的胜利，再加上突厥人在克里米亚的要塞下损兵折将，无奈地撤回亚洲，伯颜可汗的统治得到空前的巩固。这一新兴帝国的版图现已基本稳定，易北河、多瑙河、黑海与伏尔加河四大水系组成它的天然边界，众多民族散居其中，或多或少地保留着自主权。

虽然是多民族国家，但阿瓦尔汗国的统治阶层显然是蒙古人种。近年来对原阿瓦尔汗国内出土遗骸所作统计表明，其中有 16% 的蒙古人种，17% 的中亚民族血统，18% 的希腊、罗马血统，约占 21% 的日耳曼血统，以及 27% 的斯拉夫血统。阿瓦尔死者无一例外地土葬，姿态均呈仰身直肢，男人通常有武器陪葬，不过大多数是仿造的仪式武器，看来他们舍不得把宝贵的优质武器带往阴间，贵族还有马匹殉葬；女人则用贵金属饰品陪葬，饰品的艺术风格非常多样，多数带有亚欧混合风格，可能是阿瓦尔手工业者自身的作品。

以下简单介绍一下阿瓦尔汗国的官爵体系。

阿瓦尔人的最高统治者是可汗，阿拉伯人称其为"费兰沙皇"（Filan Shah）或"王座之主"，因为他们认为，阿瓦尔皇室有萨珊波斯皇室血统。[①] 在阿瓦尔汗国内部，可汗是整个民族与社会的人格化象征，拥有绝对的最高权力，即便所有贵族官员联合起来，也难以与他抗衡。历代阿瓦尔可汗都亲自领兵作战，极少把军队交给他人指挥。

阿瓦尔汗国的政治制度一开始就比较成熟，与此前进入欧洲的匈奴人不同，后者本是一群互不统属的部落，而且经常执行相互拆台的战略，直到阿提拉时期才短暂地统一起来，但阿提拉刚死，很快又陷入内讧。此中原因或许是，阿提拉的家族地位原本比较低微，与汉代的匈奴皇室挛鞮家族没有什么关系，难以服众；而伯颜则是柔然皇室郁久闾家族的成员，其传统的权威地位使之比较受尊敬。[②]

阿瓦尔可汗的正妻称为"Catuna"，即柔然语的"可贺敦"或

---

① 马苏第.黄金草原［M］.耿昇，译.西宁：青海人民出版社，1998：477–478.

② 《罗马帝国衰亡史》的台湾译者席代岳具备流畅的文笔，却在阿瓦尔人身上犯了些难以理解的历史错误。对于他把"Chagan"翻译成"台吉"，而不是"可汗"的决定，笔者深表遗憾；至于他宣称阿瓦尔人是楼兰人后裔的注释（吉林出版集团译本第四卷，第158页），也许可以用"楼兰"和"柔然"发音相似的理由来解释。

突厥语的"可敦"。

阿瓦尔国内仅次于可汗、相当于柔然国相的最高官员，叫作"Jugurrus"，也就是突厥语的"叶护"。这个名字也许可以追溯到西汉末年。当时匈奴改称"左贤王"为"护于"。伯颜在位时，这个官职默默无闻，似乎没有多少实权。但后来叶护却架空可汗，独揽军政大权，甚至被欧洲人称为"副可汗"，简直可以说是"政则叶护，祭则可汗"了，很像是后来蒙古的太师或日本的幕府将军。

叶护之下，是"Captan"，相当于突厥语的"Qapqaghan"（默啜可汗），可能是匈奴语的"冒顿"，姑且译为"冒顿汗"。

冒顿汗之下，是"Tarcan"，无疑即柔然语的"他汗"（504—508年在位的柔然可汗伏图号称"他汗可汗"）或"塔寒"（Tarkhan，柔然可汗阿那瓌的六弟就叫这个名字），亦即突厥官名"达干"，意思是孝顺。

他汗之下，是"Zhupan"，即西突厥官名"处般啜"（Chupancor），可译为"处般"。

处般之下，是"Zotan"或"Cotan"，即最常见的柔然官名"吐豆登"，也就是突厥语的"吐屯"或满语的"多铎"，东欧的流行姓氏"图多尔"（Tudor）可能同样来源于此。

以上就是已知的阿瓦尔汗国的主要官爵了。它们与突厥官爵很相似，都继承自原柔然汗国的官职体系，并没有什么新创意。

稳定的政体未必能制造稳定的政局，因为国际形势瞬息万变，如果不能与时俱进，很快便会落伍。578年，年迈的查士丁终于在病痛中逝世。与此同时，十万斯克拉文人突然渡过多瑙河，向拜占庭领土发动进攻。这一事件的导火索正是阿瓦尔汗国的扩张。

原来，斯克拉文人仰仗多瑙河三角洲纵横交错的水网保护，免受阿瓦尔人的统治长达 20 年之久。575 年左右，伯颜可汗在打败法兰克人和格皮德人之后，给斯克拉文国王道理塔斯（Dauritas）写信，要求他像其他日耳曼和斯拉夫国王一样，向自己臣服。没想到，道理塔斯不仅拒绝接受外来势力的庇护和统治，反而在一番争吵后将阿瓦尔使者处死。伯颜以此为由，向斯克拉文人宣战。但他没有船只，无法渡河，只好向盟友拜占庭人借船。为了报复，也为了躲避阿瓦尔人的攻势，斯克拉文人就向拜占庭领土进军，结果造成了极大的破坏。

因为拜占庭军队难以击退南下的斯克拉文人，提比略只得向阿瓦尔人求援。这正中伯颜的下怀。他立即带领 6 万骑兵，坐着拜占庭货船渡过了自己一直无法逾越的多瑙河。斯克拉文人很快被击溃，仅被阿瓦尔卖给拜占庭当奴隶的战俘就多达 15000 人。同时，阿瓦尔人还解放了大批被斯克拉文人擒获的拜占庭百姓。

不过，提比略很快就痛心疾首地发现，请神容易，送神难。战胜斯克拉文人之后，转眼一年过去了，伯颜却并没有回到多瑙河北岸的意思。他借口追剿残敌，在巴尔干半岛上四处抢掠，军纪比斯克拉文人还差，当地居民为此创作了歌谣，内容很像汉朝的："宁逢赤眉，不逢太师！太师尚可，更始杀我！"不知不觉，阿瓦尔人逼近了他们早就垂涎三尺的西米翁城。

579 年，深受伯颜信任的老牌使者靴吉帖按时来到君士坦丁堡收取岁赐，两国关系似乎一切正常。但他刚刚满载而归，伯颜就把军队拉到萨瓦河南岸，准备渡过这条多瑙河的支流，切断西米翁与辛吉杜农两城之间的联系，然后各个击破。不过，运送 6 万骑兵过河需要巨大的船队，而拜占庭人肯定不会再次提供方便。伯颜于是命令多瑙河上游的属地居民砍伐森林，将木材顺流而下运到萨瓦河口，然后在那里建造桥梁。

辛吉杜农要塞中的军民居高临下，见大量木材顺河而下，怀疑阿瓦尔人心怀鬼胎，就派主教去见伯颜，质询他这样做的目的。

在辛吉杜农主教面前，伯颜表现得很诚恳。他拔出宝剑，以战神的名义起誓，自己绝对没有在萨瓦河上建桥的打算，木材是用来给战俘建造住宅的。他还煽情地说："如果我违背誓言，与罗马人为敌，就让我本人与整个阿瓦尔民族都惨死在刀剑之下，让天火降临在我们的头上，让覆盖密林的山峦崩塌，将我们全部活埋，或是让萨瓦河暴涨，将我们卷入愤怒的狂涛！"

随后，伯颜又向主教询问，对基督徒而言，哪种誓言最容易招来危险的报应。主教从怀中取出《圣经》，伯颜便跪倒在地，将手放在书上，高声发誓道："以此神圣经典中上帝的金口玉言之名义，我隆重发誓：本人天生就不会说谎，也从未产生过背弃朋友的念头。"主教对他虔诚的态度十分满意，回到要塞后，立即让众人放松了警惕。

主教刚走，伯颜就召来给自己修建宫殿和浴场的拜占庭工程师，让他们在当晚造起桥梁。这些工程师虽然多年为外国君主效力，但心中还有些爱国情操，于是以"萨瓦河口像海洋一样宽阔"而木材又不够为名，想要拒绝这一要求。伯颜微笑着再次拔出宝剑，暗示工程师们提防项上的人头。一名工程师激愤地说："大汗，我们即便造出此桥，将来也会被自己的同胞打死的。横竖都是死，与其因卖国而死，不如因爱国而死！"但他的同僚却认为，多活几天算几天，于是群策群力，果真在当晚摸黑完成了这一建筑奇迹。

次日早上，辛吉杜农军民无不震惊地发现，萨瓦河上一夜间就出现了飞跃南北的桥梁，天堑变成了通途。轻信、受到众人责骂的主教，再次来与伯颜交涉。伯颜回答说，他尚未皈依基督教，所以不算是违背誓言，何况多数木料并没有在建桥工程中派上用场，它们的确将用来给战俘建造住宅，地址初步选定在辛吉杜农城内。主教愤懑地大呼："那就让山峦崩塌，让萨瓦河暴涨，让天火降临在你们的头上吧！"伯颜笑道："那是我对战神发下的誓言，作为基督徒，阁下不会相信战神的存在，对吧？"主教无言以对。

萨瓦河大桥建成后，辛吉杜农在水陆两面都被阿瓦尔人包围了。当时，辛吉杜农的许多百姓都在城外收麦子，看到阿瓦尔人冲来，纷纷扔下工具，向城里跑去。伯颜派人对他们说，继续收麦子，你们以后的生活将和以前一样，只是纳税的对象变了而已，税率还可以优惠。百姓听了一片欢呼，辛吉杜农要塞于是不战而降。

接下来，阿瓦尔人在西米翁城的西郊如法炮制，又修了一座木桥，西米翁便被南北两条大河与东西两条桥梁完全封锁，拜占庭人送来的军队和补给全都无法进入。伯颜于是给提比略皇帝送去口信，让他识时务地撤走西米翁的军民和财产，放弃这座无法防御的孤城，对于拜占庭帝国来说，这不过是像意外摔碎了一个花瓶而已。这块土地是阿瓦尔人应得的财产，罗马人无须为此动怒，更不应该为此改变双方的友好关系，当然也别忘了继续按时缴纳岁赐。

提比略可不这么看问题，交出"巴尔干半岛的钥匙"，对拜占庭的欧洲领土将是致命的损害。但拜占庭的主力部队此时都在西亚抵抗波斯人，根本抽调不回来。他只好派使者去与伯颜谈判。可是伯颜保持着高度的戒心，全副武装，手持盾牌参与会谈，坚定地保持绝不让步的立场。使者全都无功而返，有些还在归途中淹死在河里。提比略又派使者去意大利，试图说服伦巴第诸侯与阿瓦尔汗国决裂，但也毫无成效。最终，提比略看到自己对西米翁城已经爱莫能助，只得悲痛地对大臣表态说，自己宁愿把亲生女儿嫁给可汗，也不愿意放弃西米翁城。可惜，他没有亲生女儿。

伯颜的婚姻还真出了问题：虽然佛教和基督教已经植根于阿瓦尔社会，但传统萨满教的影响仍然很大，萨满们的地位也很高。但是就在围攻西米翁城期间，伯颜十分信赖的大萨满孛克罗不花（Bookolabras）竟然与他的一名妃子私奔，逃到君士坦丁堡去了。孛克罗不花是突厥人，本来打算经黑海回中亚，但这时拜占庭与突厥关系紧张，他只得与情妇滞留在君士坦丁堡。

被戴了绿帽子的伯颜可汗大为光火，派人去君士坦丁堡追查，却如同大海捞针。他多次与拜占庭人交涉，都没有结果，孛克罗不花却不断给拜占庭人出谋划策，撺掇他们与阿瓦尔人对抗。这样一来，伯颜就更不肯放过西米翁城了。

虽然被阿瓦尔大军四面包围，但西米翁城郊的地形依然阻止一切直接攻城的尝试，伯颜也爱惜士兵的生命，不把他们当炮灰使用，而是期望用饥饿迫使城中军民投降。西米翁被围三年，最后内无粮草、外无救兵，连猫和老鼠都被捕食殆尽，瘟疫频发，但还在坚守。当地近年出土过一块青砖，上面刻着这样的字迹："主耶稣基督，请帮助我们的城市，赶走阿瓦尔人，庇护向你祷告的罗马人吧！阿门！"

祷告也许真的有效。582 年的一天，伯颜突然表态要解围，还给忠勇的城内军民送去了大量美食，以资慰劳。这些早已饿得眼冒金星的军民赶紧敞开肚皮猛吃，结果当晚便纷纷死于消化不良。次日，阿瓦尔人兵不血刃地开进了他们梦寐以求的西米翁城，但还没来得及庆祝，城内就发生了火灾，只好又撤退。

从此，西米翁城便被废弃，后来虽然重建，但是再也没有恢复其当年的地位。"巴尔干半岛的钥匙"的荣耀，转到了设施相对完整的辛吉杜农。当地原住民大多在阿瓦尔军队的默许下，逃往君士坦丁堡。空旷的城市需要有人定居，伯颜信守承诺，将数万名斯克拉文战俘迁徙于此。随着岁月的流逝，"斯克拉文"这个名词被拉丁化为"塞尔维亚"，意思是"奴隶的国家"，而辛吉杜农也被这些新居民赋予了一个全新的名字——贝尔格莱德，意思是"白色的城堡"。

西米翁与辛吉杜农的陷落，标志着整个多瑙河流域都落入了阿瓦尔汗国之手。噩耗传来，提比略登时一病不起，几个月后就驾崩了。按照他的遗诏，为了抵御外侮，拜占庭的皇位被授予整个帝国最精通兵法的将军，也就是军团司令莫里斯（Mauritius，英文为 Maurice）。

一个草原英雄的陨落

莫里斯皇帝被誉为"欧洲的孙武"，因为他是欧洲第一个撰写纯军事理论著作的人。以往的西方军事家也喜欢著书立说，但要么偏向于军事史，将兵法融入对战例的叙述之中，要么局限于专项论文，如箭楼的建造使用，或是骑兵的战术。在登基之前（580 年左右），莫里斯将前人的军事思想集大成并理论化，写下军事名著《战略学》（Strategicon），至今仍是西点军校的必读书。

在古代西方，"战略"这个词指的范围比它的现代定义要宽泛，本义是带兵打仗的方法，即汉语的"兵法"。汉语"战略"的本义其实也与此类似。西晋人司马彪写过一本叫《战略》的书，其实根本没有军事理论，而是汉末、三国时期的军事史。莫里斯的《战略学》讲得虽然比较理论化，但以现代观点来看，主要还是战术层次上的东西。

在《战略学》中，莫里斯对阿瓦尔人推崇备至，认为他们"非常有军事经验，值得学习……他们的生活就是战争，一听说要打仗就欢欣鼓舞……他们擅长迷惑对手，对战机的把握非常精准，从不与敌人硬拼，更喜爱伏击和突袭，或是将敌人拖入后勤匮乏、精力涣散的绝境……他们不像波斯人和罗马人那样，把部队死板地分成左、中、右三军，而是分成许多支较小的部队，以便更加灵活地运动……当战局不利时，他们从不轻易放弃，而是想方设法拖住对手，伺机而动，往往能转败为胜；当敌人败逃时，他们也不像别的民族那样，忙着在战场上抢劫财物，而是坚定地追击敌人，直到把他们彻底消灭为止……这些人终生坐在马背上，从不下地，一旦下地，也不会用双腿走路，因为他们自幼就习惯于马背上的生活，从未学过走路……他们过度依赖马匹，一旦牧草不足，就立即陷入困境。他们习惯于携带多匹战马出征，以便随时更换，因为战马如果有伤病，他们没办法步行走回家。大量的战马与人员混杂在一起，常常令侦察兵迷惑，无法算出敌人的数目究竟有两万还是三万。作战时，他们会安排一小批士兵在后方把守多出来的战马，这是敌军的好机会，如果能袭取这些防护薄弱的战马，就会沉重地打击他们……他们的装备包括鱼鳞甲、弯刀、弓箭和长矛，大多数人会拿两种兵器上战场，通常把长矛挎在肩膀后面，弓箭则拿在手里，以便在不同情况下选择最合适的兵器。他们人人弓马娴熟，连战马也都披甲，通常是铁或皮革做的，保护战马的脖颈和胸部"。

在军事方面，阿瓦尔人向来不故步自封。这个民族自古就重视科技，他们的祖先柔然予成可汗就曾经多次试图从南齐引进指南车和漏刻等机械。到了欧洲以后，阿瓦尔人一直在积极学习欧洲独有的军事科技，引进比直剑更适合骑兵使用的斯基泰弯刀就是一个好例子。每支阿瓦尔使团到达君士坦丁堡之后，都设法在当地购买武器，越多越好。伯颜非常欣赏拜占庭工程师，或使用外交手段或高薪聘请，拉拢他们为自己效力。他始终厚待战俘，从不让他们受冻挨饿，这与同时代的其他统帅相比，简直有天壤之别。

在扩张到多瑙河南岸之后，阿瓦尔骑兵遇到了一个大难题：他们赖以生存和战斗的宝贵马匹，越来越多地开始跛脚。这些为爱驹生病而心痛的骑士很快就发现了问题所在：在原罗马帝国版图内，许多道路都是石板路，而不是东方常见的土路。古罗马石板路非常坚固耐久，有些一直到今天还在使用，比如意大利南部著名的阿庇安大道（Via Appia）。但正因为如此，它对马蹄的磨损非常厉害，加上古老的石板路在乱世疏于修整，往往坑洼不平，就更容易使战马瘸腿。阿瓦尔人如果不能解决这一问题，就没法在南欧立足。

为了让战马在石板路上安全地跑起来，阿瓦尔人从拜占庭人那里引进了马蹄铁。当时的马蹄铁并不是一块钉在马蹄下方的 U 形铁板，而是像手套一样，包裹住大部分马蹄，并在侧方用铁钉加固，看上去有点像船，所以又叫"掌船"。这种钉马蹄铁的方式其实不大科学，容易在马蹄侧方制造很深的划痕，到近代终于被钉在马蹄下方的 U 形铁板取代。古代东方战马都在松软的土路上奔驰，不会遇到石板路，所以成吉思汗的战马都没钉马蹄铁。阿瓦尔人为了经营南欧，才特意引进了这一技术。

除了马蹄铁之外，阿瓦尔人还从拜占庭人那里引进了马刺。为了催动马匹加速前进，古人都用马鞭抽击马的臀部，可是那里皮糙肉厚，效果不大理想。马最敏感的部位是腹部，但正如中国成语"鞭长莫及"所言，"虽鞭之长，不及马腹"，马鞭打不到那里。在境况紧急的时候，骑手见鞭打无效，往往会用脚后跟踹马腹。安置在脚后跟的马刺成为这一问题的终极解决方案，它也许是东欧的色雷斯人或斯基泰人的发明，但将它推广开来的是罗马人。从此以后，欧洲战马腹部经常被马刺扎得鲜血淋漓，甚至因此发炎死亡，可以说有些过于残忍。在东方，这种装备不受欣赏，至今仍然没有普及，但是古代的阿瓦尔人却学得很快。

就这样，柔然民族使马匹的装备全部正式成型。虽然有些细节还有改善的空间，但毫无疑问，阿瓦尔骑兵的装备之齐全，在当时的世界上是空前的、无与伦比的。

热爱学习的伯颜可汗一手缔造了如此伟大的骑兵，他领导阿瓦尔民族在短短20年内，从浪迹天涯的难民发展为当之无愧的欧洲第一军事强国。而自581年起，突厥汗国进一步分裂，不断的内战已经耗损了他们的实力。同年，可能有柔然血统的杨坚登上了皇位，改国号为隋，并立即与突厥中最强的沙钵略可汗相互攻击。对阿瓦尔人来说，现在应该是向突厥人复仇的好时候了。

然而，就在这个节骨眼儿上，伯颜可汗却偏偏从历史舞台上消失了。以往，包括《罗马帝国衰亡史》和《草原帝国》在内的各种历史名著，都把伯颜去世的时间推到602年之后。然而，自从583

年开始，也就是伯颜智取西米翁城后一年，阿瓦尔君主的名字就不再被史料提起，伯颜是唯一一位我们了解其名字的阿瓦尔可汗。583年5月，拜占庭使者提奥范（Theophanes）出访阿瓦尔可汗庭时，觐见的阿瓦尔可汗应当是伯颜的长子。后来，伯颜的小儿子还会继承兄长的位置，这与其他史料说伯颜有两个儿子相继称汗吻合。所以，伯颜可汗驾崩的时间不是602—610年，而是583年年初。583年后西方人所谓的"阿瓦尔可汗"，都是指伯颜的长子。

纵观伯颜的生平，可以说是一场近乎完美的喜剧。他克服了各种困难，成就了伟大的事业，总是保持开朗、幽默的心态，善于学习和创新，在外交场和战场都表现非凡。作为一个游牧民族领导人，他虽然打过许多胜仗，但从未以屠杀为乐，实在是难得。无论下属、朋友或敌人的意见和要求，他都认真听取；对于拒绝服从他指令的人，他也不轻易动用武力，而是努力用言语和财富去争取。正如他的名字"伯颜"的含义"财主"那样，他很有商人的天赋，善于讨价还价，精于算计，特别重视经济利益。不过，因为宁愿弃虚荣而取实利，他也办过一些丢脸的事情，使自己在历史上的名誉受损。相比而言，阿提拉就显得大气许多。不过，阿提拉的帝国在他死后仅一年就土崩瓦解，伯颜的帝国却还将在他死后延续两个世纪。

总而言之，伯颜是一位有趣、精明而又实际的君主。但他的儿子上台之后，将会执行比父亲更加激进的战略，从而开创了世界历史的新篇章。

飘逝：挥霍祖宗财富的败家子

阿瓦尔人是幸运的，他们有一位勇敢多智的大可汗；阿瓦尔人是不幸的，他们的可汗留下了一堆败家子。阿瓦尔人很幸运，因为多瑙河对岸的拜占庭不知道三国应该如何演义；阿瓦尔人很不幸，因为萧墙内冒出一个忽必烈。

第十一章
损兵多瑙河：不败神话的破灭

在安夏洛的温泉中，可汗的妃子奇迹般痊愈了。可汗在浴场的壁柜里发现了一件拜占庭皇袍，于是神气活现地穿着它踱出来，宣布两国即将合为密不可分的一体。

"欧洲的孙武"不知道该怎么对付柔然人，于是频繁使用"狼来了"战术，居然屡试不爽。柔然人对突厥人的恐惧，一次又一次挽救了拜占庭。

为了公平竞赛，可汗在复活节给饥肠辘辘的敌人送去一批应景的食物。随即，他们的大敌普里斯库斯成了皇帝的眼中钉。

屡试不爽的"狼来了"战术

伯颜的长子继承了乃父的好奇心。登基以后，他听说拜占庭打败了波斯，并且缴获了一批战象，就向莫里斯提出，把其中最庞大的一头象送到多瑙河北岸，供自己玩赏。没想到，可汗的坐骑一看到大象，吓得连连倒退。要是没有马镫，主人肯定会被摔下来。可汗以震惊和厌恶的神色打量着这头使爱驹受惊的巨兽，同时向使者询问大象的习性。听完之后，他嘲笑说，罗马人真是吃饱了撑的，为了获得这种无用的异兽，竟然远涉重洋，到热带荒原去冒险，随后立即将大象送了回去。同样，莫里斯送来的一张金床也被可汗以格调庸俗为由退了货。

可汗拒绝接受贵重的礼物，并不代表他是双手不沾铜臭的圣人。正相反，他很快就向拜占庭人提出，要将岁赐从 8 万枚金币提高到 10 万枚。莫里斯皇帝用沉默表示拒绝，可汗于是向君士坦丁堡进军。这是一次闪电战，拜占庭军队根本来不及反应，阿瓦尔军队就占领了黑海港口安夏洛（Anchialos，在今保加利亚东部）。

可汗的一名妃子身患怪病，但在安夏洛的温泉中沐浴后奇迹般痊愈了。喜出望外的可汗当即下令赦免安夏洛居民，并与全体嫔妃一起跳进温泉享受鸳鸯浴。沐浴后，他意外地在浴场的壁柜里发现一件拜占庭皇袍，如获至宝，穿着它庄重地踱出来，对全军将士和当地百姓说："大家看！罗马皇帝知道天命有归，已经决定传位于朕，所以才把他的皇袍留在这里，以待寡人的驾临！从现在起，我们两国就将合为密不可分的一体！"

观众差一点笑出声来，因为可汗身上的新衣其实是皇后的朝服，亏他能够穿得上。

离开安夏洛港以后，阿瓦尔人继续向南推进。受乃父伯颜的影响，可汗在沿途保持了较好的军纪，没有滥杀无辜，甚至不曾强攻城市，因为他相信，那里面居住的，都是他未来的臣民。每到一座城下，他都先与当地人谈判，许诺让他们和平地继续保持以往的生活方式，并且给予税收优惠——通常是拜占庭税率的一半。这对于平民来说，当然很有吸引力。不过，许多教堂和别墅都遭到了阿瓦尔人、保加利亚人和斯拉夫人的洗劫。

因为多座城镇不战而降，阿瓦尔骑兵只花了一个季度，就从贝尔格莱德推进到了君士坦丁堡西郊。自从阿瓦尔使者首次到这座拜占庭首都请求援助以来，仅仅过了26年，局势的发展真是如沧海桑田。莫里斯这位"欧洲的孙武"无法组织有效的抵抗，只得临时武装全城百姓，甚至连修道士都被分发了甲胄。他还派间谍四处散布谣言，说突厥人正在大举西征，前锋已经渡过了顿河，阿瓦尔人的老巢快要保不住了。

这种"狼来了"的战术并不见于莫里斯的《战略学》，却收到了奇效。可汗担心后方的安全，率领阿瓦尔和保加利亚骑兵北返，只留下运动缓慢的斯拉夫步兵在巴尔干半岛上攻城略地。后者没有了主子管束，就开始为所欲为，四处烧杀淫掠，赶走或消灭当地居民，以便在空房子里定居。后来被统称为"南斯拉夫人"的塞尔维亚、斯洛文尼亚、黑山等民族，都是在那时随阿瓦尔人渡过多瑙河的。因为他们住在阿瓦尔汗国的南方，所以叫"南斯拉夫人"，并从此与其他的斯拉夫民族失去了直接联系。

可汗匆忙返回多瑙河北岸后，却惊讶地发现一个突厥入侵者也没有。莫里斯圆谎说，突厥人之所以没有深入，是因为收了阿瓦尔可汗800磅黄金的贿赂。其实，突厥人当时正忙于内讧，根本没有西征欧洲的可能。据《隋书》记载，584年秋，沙钵略可汗与隋朝和解，随即攻击了其余的突厥可汗，并屡战屡胜，俘虏了主要对手阿波可汗（Apo）。

"阿波"估计就是突厥语的 Apar，也就是柔然或阿瓦尔，或许此人有些柔然血统。次年，正在沙钵略就要统一突厥各部落之时，却突然遭到"阿拔国"的袭击，妻子儿女都被俘虏。如前文多次指出的那样，隋唐人所谓的"阿拔"，就是欧洲人所谓的"阿瓦尔"。这些突袭沙钵略的阿拔人，应当就是臣服于突厥的柔然后裔。

沙钵略被阿拔人打败以后，在绝境中向隋朝求援。时任并州总管的晋王杨广闻讯，派老师李彻率精骑一万去救。阿拔人主动撤走，或是被李彻击退。隋军在阿拔人的营地里发现了一些原属突厥的人员和财物，于是原封不动地还给沙钵略。沙钵略非常感动，从此向隋朝称臣，还约定以戈壁滩而不是以往的长城，作为双方的边界。这是突厥人首次向中原政权称臣，也是他们首次出让领地，可见阿拔人的叛离对突厥人的影响之大。突厥人当年未能根除柔然势力，如今终于尝到了苦果。

阿拔人被突厥军和隋军联手赶出蒙古高原以后，便大举西迁，到东欧去投奔早已发迹的同胞。据拜占庭史书记载，就在583—585年，三个被拜占庭人称为"瓦尔匈奴"的部落，也就是塔尼支（Tarniach）、科扎吉尔（Kotzagir）和哲本德（Zabender）摆脱突厥人的统治，到欧洲来加入了阿瓦尔汗国，总数达三万人。这三个部落各由一位君王率领，其中两个人的名字流传至今：一个叫"保加罗斯"（Bulgaros），另一个叫"可萨"（Khazar）。"保加罗斯"

就是柔然语的"步鹿真",他的部下后来演变为保加利亚人;"可萨"一词的汉文记载最早见于《新旧唐书》回纥传、波斯传和大食传,也作"曷萨""阿萨",为中亚草原的部落名,亦是人名。据保加利亚民间传说讲,保加罗斯与可萨两人本是亲兄弟,后来因故分家,但他们的后代注定不会相互远离。

阿瓦尔汗国实力的增长,令傲慢的拜占庭人不得不低头让步。585 年春,莫里斯皇帝与阿瓦尔可汗签订新的和约,同意将岁赐提高到 10 万索利得金币。作为回报,阿瓦尔人从萨瓦河与多瑙河南岸撤军,贝尔格莱德也被交还给拜占庭人。但这份条约并不约束阿瓦尔人的仆从民族,特别是斯拉夫人,他们越来越多地涌入多瑙河南岸,并在那里定居。短短五年之内,贝尔格莱德就三次易手。

莫里斯认为,阿瓦尔人故意纵容斯拉夫人攻城略地,于是在当年秋天拘捕了前来收取岁赐的阿瓦尔使者鞑吉帖,把他关押在爱琴海里的一座小岛上。两个月后,阿瓦尔人就再次南下,洗劫了整个色雷斯,并配合斯拉夫人扩张,一直推进到阿德里亚堡(Adrianopolis,今土耳其埃迪尔内)。

莫里斯意识到,囚禁鞑吉帖是重大失误,因为后者是阿瓦尔汗国一贯主张与拜占庭和谈的鸽派代表人物,拘拿他只会加强阿瓦尔汗国中的鹰派力量。他连忙释放了鞑吉帖,但阿瓦尔可汗并不领情,反而在 586 年夏再次渡过多瑙河,对巴尔干半岛展开了规模更大的攻势。拜占庭的主力部队正在西亚与突厥人联合攻击波斯,一时调不回来,莫里斯仓促地招募了一万名士兵,交给刚刚战胜斯拉夫人的将军科门帖洛（Komentiolos）指挥。

科门帖洛很快发现，这支一万人的军队里有四千人根本不会任何武艺，现学肯定来不及了，只好安排他们从事后勤工作。他把剩下的六千人分成三个旅，由自己和两员副将，也就是卡斯托（Castos）和马丁（Martinos）指挥，分头迎战阿瓦尔人。鉴于兵力悬殊，正面硬碰硬肯定是死路一条，他们于是采取游击战术，刚开始也收到了奇效：卡斯托在多瑙河南岸打败了一支正在劫掠的阿瓦尔分队，马丁则向黑海港口托米斯（Tomis，今罗马尼亚康斯坦察）附近的阿瓦尔军主营发动奇袭，并大获全胜。可汗狼狈地游到黑海上的一座小岛上，才避免了被杀的厄运。

但当两员副将英勇战斗之际，科门帖洛率领的中路军却行动迟缓，导致阿瓦尔主力有充分时间重新集结，并袭取了两支拜占庭军队之间的桥梁，将其分割开来围歼，最后卡斯托被俘，马丁突围逃走。阿瓦尔人乘胜前进，很快控制了整个多瑙河南岸。

此前，阿瓦尔人缺乏攻占拜占庭要塞的技巧，这些石头城墙不同于东方的夯土城墙，很难破坏。但在围困阿皮亚里亚（Apiaria，今保加利亚鲁塞）期间，他们却意外地解决了这个难题。

原来，阿皮亚里亚城中有一名叫布萨斯（Busas）的工兵，在城外狩猎时被突然出现的阿瓦尔人抓获。阿瓦尔人本来只打算用他勒索一笔赎金，不料布萨斯的妻子早有外遇，一直想除掉丈夫，百般阻挠赎回布萨斯的行动。布萨斯发现真相后很气恼，便为阿瓦尔人设计各种攻城机械，终于打下了自己的家乡，并将那对通奸者处死。从此以后，石墙对阿瓦尔军队来说，就不再那么难以逾越了。

眼看要塞一座又一座地陷落，科门帖洛为了挽回败局，孤注一掷，决定再次突袭敌军的主营，以便除掉可汗。但因为可汗发现一头骡子行为反常，及时加强了防备，这次"斩首行动"再次宣告失败。莫里斯皇帝担心更多的人会效仿布萨斯，只得用重金赎回卡斯托等战俘，又将黔驴技穷的科门帖洛革职。

但新任将军手头的兵力同样匮乏，仍然"巧妇难为无米之炊"，只是通过对阿瓦尔人"佯败反击"战术的效仿，赢得了一些小胜利。当年秋天，阿瓦尔军队再次推进到阿德里亚堡北郊，宣告了拜占庭军队在巴尔干半岛上的抵抗已经彻底失败。只有冬季的大雪才令阿瓦尔人畏惧，他们的战马找不到充足的草料，只能返回多瑙河流域过冬，再次把巴尔干半岛交给斯拉夫步兵去蹂躏。

逐一列举此后几年拜占庭人与阿瓦尔、保加利亚、斯拉夫人的历次战争势必冗长而乏味，它们造成的结果是：在阿瓦尔人的协助下，斯拉夫人逐渐消灭了巴尔干半岛上的希腊、罗马血统原住民，成为当地的多数民族，其触角甚至已经渐渐深入到了希腊北部。

与此同时，亚洲也发生了许多影响深远的重大事件。

阿拔人的叛离严重削弱了突厥可汗沙钵略的力量，他在臣服于隋朝后不久便郁郁而终，其弟处罗侯继位，史称叶护可汗。此人英勇善战，很快便消灭了敌对的阿波可汗，并且有重新统一东西突厥之势。连续的胜利令他骄傲自满，又经不住拜占庭使者的吹捧，于是答应和拜占庭帝国夹击萨珊波斯帝国。

588年，叶护可汗亲自率40万大军从中亚南下，波斯沙皇霍尔木兹四世（Hormouz Ⅳ）在惊恐之余，派贵族巴赫兰·楚宾（Bahram Chobin）带领12000士兵前去迎战。

看到两军实力过于悬殊，巴赫兰·楚宾便采用诱敌深入、乘险狙击的计策，在里海东南岸的普勒·鲁德巴峡谷（Pule Rudbar）设伏，这里地形狭窄，可谓一夫当关，万夫莫开。处罗侯被接二连三的胜利冲昏了头脑，不加防备地进入峡谷，突然间波斯军万箭齐发，突厥可汗及其太子都被当场射杀，突厥兵马登时溃不成军。波斯军队乘胜追击，不仅光复了全部被占领土，还将原哒哒汗国的版图悉数占领。

叶护可汗之死导致四名突厥贵族自称可汗，相互攻打，并全部向隋朝称臣，使得中原王朝几百年来第一次享受到无须承受北方边疆压力的快感。杨坚于是将主力部队云集于江淮，大举南征。589年，隋将韩擒虎攻陷建业，俘虏陈后主陈叔宝，中国近三个世纪以来的分裂局面就此结束。

东方的中国重获统一，西方罗马帝国重建的希望却依旧显得极为渺茫。

巴赫兰·楚宾消灭来犯的突厥大军，立下盖世奇勋，威名远播。他的功劳实在太大，无法获得合适的奖赏，而只能招致君王的嫉恨。不久，巴赫兰·楚宾在亚美尼亚与拜占庭大军对垒。他决定放敌人渡河过来交战，结果被霍尔木兹蓄意地曲解为怯懦之举，于是就像诸葛亮刺激司马懿那样，给将军送去一套女人衣服，逼他主动出击。

拜占庭人充分利用敌人内部的不和谐事件，将它诱导为可怕的内战。巴赫兰·楚宾终于顶不住权力的诱惑，在个人野心的驱使下黄袍加身，霍尔木兹四世在众叛亲离中被杀，他的太子库萨和被叛军逐出首都，到拜占庭人那里乞求援助。莫里斯皇帝将女儿茜琳公主（Shirin）嫁给库萨和，以示支持他的复位，并仿效查士丁尼大帝，把指挥权委任给又一位叫"纳尔西斯"的亚美尼亚将军。

终于，巴赫兰·楚宾被库萨和与纳尔西斯联军击溃，慌不择路地到北方投奔突厥人。后者很高兴地毒死了这位宿敌，并将他的尸首送回波斯去讨好新任沙皇——莫里斯的女婿库萨和二世（Khosrau Ⅱ）。

不败神话的破灭

库萨和二世的上台，宣告拜占庭与波斯这对宿敌已经捐弃前嫌，而且两国皇室还结为姻亲。一切都发生得太突然，令许多国家不知所措。大批拜占庭军队从幼发拉底河与叙利亚沙漠撤退，转而进驻到巴尔干半岛，令阿瓦尔汗国的前线压力陡然升高。592年春，就在巴赫兰·楚宾的遗体被突厥人送还波斯后仅一年，莫里斯皇帝便庄严地宣布，教训北方野蛮人的时候已经成熟，他这位大军事家将要御驾亲征，一雪以往向可汗纳贡的耻辱。

592 年 3 月 19 日，莫里斯力排众议，亲率大军从君士坦丁堡出发，向正在被阿瓦尔人包围的安夏洛港挺进。但这位"欧洲的孙武"只走了不到 8 公里，就发现天空中出现了日食。他担心触怒了上帝，连忙下令就地安营扎寨，静待天变消退，他本人则返回君士坦丁堡去接见波斯使节。

次日，在他回军营的路上，突然有一头大野猪迎面冲来，受惊的战马几乎将主人掀翻在地，幸而拜占庭人当时已经引进了阿瓦尔马镫。接下来怪事层出不穷，畸形婴儿的降生和暴风雨的来袭，都使莫里斯心烦意乱，最后只好决定班师回朝。因为这件蠢事，他在军民心目中的地位大打折扣，有些学者甚至从中看到了拜占庭帝国的衰亡之兆。[①]

莫里斯的远征半途而废，大大增强了阿瓦尔人的信心。当年晚些时候，可汗再次渡过了多瑙河，斯拉夫人也重新围攻早已被拜占庭军队收复的辛吉杜农。莫里斯只得把心爱的军队交给一位比自己更有勇气的军官指挥。这位叫普里斯库斯（Priscus）的将领很快就崭露头角，成为阿瓦尔可汗的劲敌，但他首次与阿瓦尔可汗的较量简直就是一场灾难。

皇帝命令普里斯库斯守住巴尔干山脉上的几个豁口，阻止阿瓦尔军队南下，而他却轻易被可汗的挑衅激怒，派 1000 多骑兵去

---

① 莫里斯的这次出征被拜占庭史书描绘得活灵活现，其实很多细节都相互矛盾。例如，592 年 3 月 19 日确实有日食，但据现代天文学家推算，在君士坦丁堡不可能见到。也许整个故事都是为丑化莫里斯而编造的。

追对方数百名侦察兵。这批人在五天内向北方狂奔了300多公里，此后再也没有返回。之后，可汗派由斯拉夫人和格皮德人组成的8000人敢死队仰攻山口，普里斯库斯抵抗了两天，但等到第三天阿瓦尔军主力加入战场，羽箭如飞蝗般遮天蔽日地射来时，他便丧失了抵抗的信心，带领部队连夜逃走。

阿瓦尔人在不容两匹马并排行走的狭窄峡谷里连续走了三天，都没有遭到伏击。可汗为此嘲笑说，普里斯库斯根本不懂军事。

进入平原以后，阿瓦尔军队将普里斯库斯及其主力部队团团包围在君士坦丁堡西北150公里处的德里兹配拉城（Drizipera）。一个星期后，守军仍然拒绝投降，可汗下令建造攻城器械。普里斯库斯见情况紧急，便带兵杀出城来，将阿瓦尔工兵逐走。可汗见对方兵力尚强，便留一部分军队继续围困德里兹配拉，自己率主力继续向东南方推进，很快抵达君士坦丁堡城西100公里的伊拉克莱亚（Herakleia，今土耳其泰基尔达）。普里斯库斯为了保卫首都，只得尾随上来。

鉴于前人的成功经验，他决定奇袭阿瓦尔大营，希望能一举杀死或俘虏可汗，从而结束战争。但没想到可汗先下手为强，趁夜色抢先袭击了拜占庭军营。普里斯库斯的军队全无防备，不战而溃，一路逃到伊拉克莱亚与德里兹配拉之间的楚如伦镇（Tzurullon），并再度被阿瓦尔军队包围在那里。

即便在交通不甚发达的古代，100公里的路程也不算遥远，惨败的消息在当天就传到了君士坦丁堡。莫里斯皇帝气急败坏，再次摆出军事权威的架子，给普里斯库斯写了封长信，教诲他要学会虚实结合，迷惑对方。不过，真正立竿见影的，似乎还是老掉牙的"狼来了"战术。听说一支满载士兵的拜占庭舰队正在向北航行，可汗怀疑敌人准备偷袭自己的大后方，于是以一笔赎金为代价，解除了对楚如伦的包围，返回多瑙河流域。

592 年的战争，给初出茅庐的普里斯库斯好好上了一课。至于阿瓦尔可汗，则会为自己错过消灭拜占庭军主力的天赐良机而懊悔终生，何况他还教出了一位过于优秀的学生——普里斯库斯将成为他一生的对手。

可汗撤兵后的第二年，普里斯库斯带兵北上到多瑙河，去援助已经被斯拉夫人包围了一年多的辛吉杜农城。可汗立即做出反应，派使者科赫（Koch，从名字判断，大概是个日耳曼人）去责问普里斯库斯说："你们罗马人刚刚签订和约就将其撕毁，简直可以当选世界说谎冠军，要不是与你们发生接触，我们这个淳朴的民族至今还不知道欺诈为何物呢。看看，现在我们的孩子都被你们教坏了。"普里斯库斯不为所动，坐船渡过多瑙河，夜袭斯拉夫国王阿达伽斯特（Ardagast），后者依靠祖传的河狸式潜水功夫才勉强逃走，辛吉杜农之围终于被解除。

阿达伽斯特战败后，阿瓦尔可汗只得亲自出马，再度与普里斯库斯较量。但拜占庭将军收买了阿瓦尔的水师提督，后者临阵叛变，阿瓦尔与斯拉夫联军因而被分割在多瑙河两岸，被敌军各个击破，可汗被迫求和。这时期的欧洲很少发生正大光明的会战，更多的是毫无先兆的袭击和遭遇战，巴尔干半岛的茂密山林又为这种新的游击战模式提供了绝好的地理条件。双方都把重点放到夜袭敌营、收买敌军，或打击对方辎重部队上，这些伎俩都是古代的名将不屑一顾的。

594—596 年的巴尔干半岛继续狼烟四起，但逐一叙述这些频繁发生的小战斗势必会令读者感到乏味。总之，通过一连串游击战，普里斯库斯渐渐赢得了战场上的主动权，于是每年都要来往于多瑙河两岸，打击阿瓦尔人的臣属斯拉夫人。作为报复，阿瓦尔、保加利亚和斯拉夫联军也数次南下，扫荡亚得里亚海东岸。

这时，一个叫"巴伐利亚"（Bavaria）的日耳曼人政权依靠法兰克人的帮助，在中欧兴起。只要把词头的字母"B"去掉，它就变成了"阿瓦利亚"（Avaria）——阿瓦尔人的国家；它的德文名字"Bayern"（拜仁）与古老的拉丁原名"阿伐利亚"差别较大，听上去倒酷似"伯颜"；其首府"Munich"也酷似先后臣服于柔然和突厥的粟特国君"摩尼支"（欧洲另一个流行的名字"马尼切"也与此相似）。也许，著名的德国足球俱乐部"Bayern Munich"应该翻译成"伯颜摩尼支"，而不是"拜仁慕尼黑"。

这个政权的结局也正是如此：它在 595 年被阿瓦尔可汗征服，此后百余年一直保持着对阿瓦尔汗国的从属地位。打败巴伐利亚以后，伯颜的长子不肯善罢甘休，又继续向法兰克人兴师问罪，再次进入图林根地区，兵临莱茵河。时任奥斯特拉西亚国王的不是别人，正是伯颜的手下败将西格伯特的孙子提乌德伯特二世

（Theudebert II）。此君当时还年幼，他的祖母布龙悉尔妲太后花了很多金钱，才把这些来自东方的不速之客请出国门。

西征的胜利加强了阿瓦尔可汗的实力和信心，597 年秋他再次渡过多瑙河，并在托米斯城郊过冬。这样的反常举动，预示着阿瓦尔人在来年将会大举南征。莫里斯皇帝立即派普里斯库斯前去迎击。但拜占庭军队出师匆忙，后勤物资准备不足，令他们在来年初春饱受饥饿之苦。

眼看复活节（598 年 3 月 30 日）就要到了，可汗派来了使者，拜占庭人非常紧张，以为他是来宣战的。没想到，阿瓦尔使者竟然表示，可汗听说基督徒在复活节应当摆下筵席庆祝，所以特意送来一批应景的食物。普里斯库斯将信将疑，害怕敌人会在食物中下毒，或是乘机偷袭，结果证明是他以小人之心，度君子之腹。拜占庭军队依靠敌人的救济渡过了难关。类似的事件在历史上真是凤毛麟角。

听说普里斯库斯接受阿瓦尔人的援助，莫里斯十分恼火，担心这支部队吃人嘴软，可能会哗变，于是派科门帖洛将军带领一支援军北上，以督促普里斯库斯进攻。可汗闻讯，立即移师东进，迎击这支远来疲惫的部队。科门帖洛发现敌军主力正在向自己逼近，大为震惊，当即病倒。他试图让部队绕小路以摆脱阿瓦尔人，但没有成功，最后只好带头带着一小批轻骑兵连夜逃走。被主将抛弃的大部队被阿瓦尔人在雅特鲁斯（Iatrus，今保加利亚斯维什托夫）围歼，多达 12000 名将士沦为战俘。

怯懦的科门帖洛很快成为君士坦丁堡喜剧嘲讽的对象，而莫里斯皇帝的吝啬更令拜占庭军民感到愤怒。可汗希望用俘虏换一笔赎金，也就是每人 1 枚索利得金币。这在当时是相当优惠的价格，当年阿提拉为每名罗马俘虏索要的赎金可是 8—10 枚索利得金币。

不料皇帝拒绝了这个价码；可汗又把价格减半，莫里斯仍然置之不理。可汗失去了耐心，下令将这 12000 名一文不名的战俘全部处死。成片的尸体漂流在多瑙河上，场面惨不忍睹，沉重打击了拜占庭军队的士气，他们更加不愿出城野战。但偏偏就在此时，阿瓦尔军营中爆发了瘟疫，可汗的七个儿子及上万将士竟然在同一天病故。再加上莫里斯同意将岁赐提高到 12 万枚金币，可汗于是顺水推舟，在签署和约后撤回了多瑙河北岸。

但是，吝啬的莫里斯并不真的打算付账。可汗撤兵以后，他看到阿瓦尔人的实力已经因瘟疫而严重削弱，于是命令普里斯库斯乘机北伐，又拨给科门帖洛一支军队，让他再次前去援助。拜占庭军队于是前进到贝尔格莱德过冬，并在次年（599）春季进抵贝尔格莱德东郊的维米纳金（Viminacium），准备从那里渡过多瑙河。

阿瓦尔可汗早有准备，派四个儿子带兵到多瑙河北岸截击。按照皇帝的旨意，科门帖洛应当领导普里斯库斯作战。不过，这位总司令一看到对岸的阿瓦尔人，就毫无悬念地再次病倒在床，使普里斯库斯成为唯一的前线指挥官。

普里斯库斯发挥拜占庭水师的优势，用船只搭成浮桥，登上多瑙河上的一座小岛，然后如法炮制，将浮桥延伸到多瑙河北岸，在那里建起了一座桥头堡，这可以说是军事史上的又一项创新。可汗的儿子们看到拜占庭人正在登陆，连忙冲过来进攻，但是遭到桥头堡和船只的火力夹击，被迅速击退。拜占庭军队士气大振。普里斯库斯于是在次日率领全军过河，然后拆掉浮桥，遣散船队，切断部下的退路，迫使他们背水一战。

可汗的儿子们没有发现，自己的处境已经十分危险。他们看到拜占庭水师已经离去，认为没有船只协助的敌军可以轻易战胜，便在次日把全军分为 15 个军（也就是 15000 人），从三面围攻桥头堡。战斗持续了一天两夜，结果阿瓦尔军队损失了 4000 人，而拜占庭军队只损失了 300 人。第四天，普里斯库斯看到敌人已经士气萎靡，突然带领军队三面出击，一举杀死了 9000 名敌人。

可汗的儿子们花了 10 天时间，重新组织了一支部队，再次投入战场。这次，普里斯库斯采取阿瓦尔人惯用的战术，首先诱敌深入，然后突然反击，把阿瓦尔军队挤压进多瑙河畔的沼泽地里，使他们的战马动弹不得，只能任人摆布。在这次战斗中，包括伯颜的四个孙子在内，15000 名阿瓦尔将士全部丧生在淤泥之中。的确，对于骑兵来说，没有什么地形比沼泽地更糟的了，摩醯逻矩罗的哒军队也吃过这种亏。

可汗痛失爱子和将近 3 万军队，只得亲临战场，但是背水作战，而且接连取胜的拜占庭军队已经不可阻挡，他最后也落得一个单骑逃走。普里斯库斯又逆蒂萨河（Tisza）北上，扫荡了今塞尔维亚北部及匈牙利南部，逼近可汗的圈城。

可汗又率领 12 个军出战，普里斯库斯摆了一个"剪刀阵"，让两翼部队在作战时冒险内切，结果又粉碎了阿瓦尔人的战斗意志。可汗在绝望中放火烧掉圜城，命令斯拉夫人殿后，带着家眷和细软逃向北方。普里斯库斯分兵两路，派四千人渡过蒂萨河，去征服河西的敌人，自己则带领主力部队向东北追击可汗。

渡过蒂萨河的四千拜占庭军队很快发现，当地的格皮德居民正在过节。他们为了立功和发财，竟在夜间袭击了这些平民，将他们全部在睡梦中杀死，遇难者不下 3 万人。格皮德这个曾经领导日耳曼人推翻匈奴人统治的民族，从此就在历史上消失了。当时就有人严厉谴责说，阿瓦尔人虽然一向被称为"野蛮人"，可从来没有干过这类种族灭绝的勾当。

在东方，普里斯库斯继续自己的胜利远征。为了掩护阿瓦尔可汗逃走，不幸的斯拉夫人成千上万地沦为拜占庭士兵的刀下之鬼，淹死在河川里的更不计其数。这时大雪降临，普里斯库斯只得停止追击，带着丰厚的战利品回到多瑙河南岸过冬。几百年来，拜占庭军队从未推进到过如此遥远的北方。他此行抓获的战俘共计 17200 人，其中包括 3000 名阿瓦尔人。

在 599 年，阿瓦尔军队不可战胜的神话被彻底粉碎，可汗总共损失了大约 5 万将士和数十万平民。受此重大消息影响，原本附属于阿瓦尔汗国的各个民族纷纷独立，其中最重要的当数新近加盟的可萨部落。这些人独立以后，控制了从伏尔加河到乌拉尔河之间的土地，又向西突厥臣服，并且改名叫"可萨突厥"。

　　不过，在6世纪末到7世纪初，突厥民族也遭遇了大麻烦。据《隋书·长孙晟列传》记载，可萨突厥从阿瓦尔汗国内独立出来没多久，也就是603年，阿拔（阿瓦尔）、仆骨（保加利亚）等十余个"铁勒"部落叛离西突厥可汗达头，归附了隋朝。原本实力雄厚的达头可汗在一夜之间众叛亲离，匆忙投奔吐谷浑，在半路上被部下杀死。柔然人的后裔又一次在东方的政治舞台上展示了实力，不过很快便在史书里消失，也许因为隋末的混乱而重新返回了中亚。

　　突厥人之间无休无止的内讧，最终成就了唐朝空前辽阔的版图。但在西方，普里斯库斯将军虽然立下与李靖相似的功勋，却没能扩大本国的一寸疆土，反而给自己招来了朝廷的嫉恨。莫里斯皇帝向来以精通兵法自诩，但已过花甲之年的他却从未在战场上取得过可以同普里斯库斯相提并论的成就。相反，备受他信任的科门帖洛却碌碌无为。普里斯库斯屡屡拒绝执行他在君士坦丁堡下达的指令，却能连连取胜，更加深了皇帝的难堪。的确，能征善战与熟读兵法之间并没有直接联系，历史上许多大军事家都是文盲，尤以游牧民族最为明显。这就像经济学家往往不善于炒股一样，无须大惊小怪。

　　然而，莫里斯皇帝无法调整好自己的心态，普里斯库斯因而沦为宫廷阴谋的牺牲品。远征归来后不久，他就在历史舞台上神秘地消失了，他的军队被委任给皇帝的弟弟彼得指挥，毫无建树的科门帖洛也晋升为禁卫军司令。更令边防将士恼火的是，皇帝居然要求他们无条件释放阿瓦尔战俘！就在一年多以前，阿瓦尔人还曾经屠杀 12000 名拜占庭战俘，莫里斯此时的旨意实在令军队难以接受。

与此同时，阿瓦尔可汗则迅速调整好心态，采取正确的战略，一面镇压国内各地的暴动，一面派使者出访法兰克和伦巴第，建立反拜占庭联盟。601 年秋，他在恢复元气以后，听说普里斯库斯将军已经人间蒸发，就派阿布舒带兵南下，进抵贝尔格莱德城东的天险铁门关，与对岸的彼得对峙。

经历前年的惨败后，阿瓦尔士兵畏拜占庭军如虎，一见对方向自己逼近，就纷纷溃逃，甚至有一个军临阵倒戈。拜占庭将士都要求抓住机会，争取实惠，彼得却拒绝进击，反而借口冬季即将到来，带兵撤回营地休整，使阿布舒得以重整部队，消灭了叛军。

错失取胜良机，南返的军队本来就心情抑郁，而皇帝又不合时宜地推行旨在克扣军饷的改革，终于导致了汹涌澎湃的兵变。百夫长福卡斯（Phokas）作为普里斯库斯的老部下，带头举起了反对莫里斯统治的大旗。彼得仓皇逃回首都，而这里的军民对他们兄弟二人也已不再爱戴。602 年 11 月，原本应当抵抗阿瓦尔人侵略的军队开入了君士坦丁堡，莫里斯全家及科门帖洛等宠臣都被处死，只有太子提奥多西（Theodosius）化装成修道士逃往波斯，向他的妹夫——波斯沙皇库萨和求援。

第十二章
由盛到衰的转折点：舍长用短的君士坦丁堡围城战

因为没有像中国那样稳定的政治、经济和军事体系，拜占庭这个罗马帝国的继承者注定了无法完成像隋唐那样的伟大复兴，相反，却要一次次地在大捷之后被迫提高贡金数额。整个西方世界也因而不得不承受"休克疗法"的痛苦。

君士坦丁堡围城战的失败，把阿瓦尔和波斯两大帝国都推上了崩溃的道路。在拜占庭人 8 月 7 日庆祝伟大胜利的时候，伯颜可汗的幼子却用蛮横的作风和激进的政策毁掉了父兄的功业。

15 万枚金币——战败者的意外收获

纸上谈兵的莫里斯皇帝之死，给库萨和沙皇提供了入侵拜占庭帝国的绝好借口。他不仅是莫里斯的女婿，也是太子提奥多西的庇护人。福卡斯声称，真正的提奥多西已经被他处死，投奔波斯的那个提奥多西是假冒的，甚至还否认茜琳皇后作为莫里斯女儿的真实身份。这些辩解无助于改善拜占庭与波斯的关系，在库萨和的支持下，威震西亚的叙利亚总督纳尔西斯很快起兵，以为莫里斯报仇的名义，要与福卡斯争夺君士坦丁堡的皇冠。

军情紧急，福卡斯被迫将多数欧洲驻军调往西亚，与纳尔西斯作战，同时寻求改善与阿瓦尔汗国的关系。这时，伯颜的长子大约已经在愤懑中身故，本着游牧民族特有的"兄终弟及"原则，伯颜的小儿子继承了阿瓦尔可汗宝座。他与拜占庭使者商谈后达成一致意见，拜占庭人将岁赐提高到 15 万枚索利得金币，作为阿瓦尔人不侵犯拜占庭边疆的代价。

岁赐的数目，直接反映了阿瓦尔汗国对拜占庭帝国形成的威胁究竟有多大。15 万枚金币的岁赐是一笔巨款，与阿提拉鼎盛时期收获的岁赐相当。正因为不断陷于两线作战以及永无休止的内战，使得拜占庭人不能利用自己在战场上的胜利，这才闹出了大捷之后却被迫提高贡金的怪事。归根结底，还是他们自己不争气，没有形成一个像中国那样稳定的政治、经济和军事体系，故而丧失了这一宝贵的复兴良机。

这个罗马帝国的继承者无法完成隋唐那样的伟大复兴，整个西方世界也因而不得不承受"休克疗法"的痛苦，经历长达千年之久的文明没落期。在消耗拜占庭帝国实力，促使其衰亡方面，阿瓦尔汗国起到了举足轻重的作用。

阿瓦尔人拿到巨额岁赐之后，遵守和约，多年不曾南侵，但拜占庭人的日子并没有因此好到哪里去。605 年，纳尔西斯终于被击败，福卡斯一度看到了胜利的曙光，但当波斯沙皇亲自出马以后，形势便急转直下了。

606 年，波斯军队渡过了幼发拉底河，三年后竟然出现在爱琴海东岸，与君士坦丁堡仅剩下一条海峡的距离。尚未蒙受过战火的非洲行省虽然派来了勤王之师，名义是运输战略物资，真实目的却是趁火打劫，等到福卡斯发现事情真相，为时已晚。他被叛兵在皇宫内抓获，押送到迦太基（Carthage，突尼斯）军阀伊拉克略（Herakleios[①]）的战舰上。伊拉克略指责福卡斯祸国殃民，后者死到临头反而笑道："那你的统治又能多好？"

福卡斯临终前的诅咒并非空言。伊拉克略在君士坦丁堡称帝时（610 年 10 月 5 日），其实接过的是一个满目疮痍的烂摊子。巴尔干半岛的大部分都已落入阿瓦尔人及其仆从民族之手，萨珊波斯在小亚细亚和叙利亚的统治也已巩固。拜占庭版图被切割成数块互不相连的飞地，分散于希腊、意大利、北非和西亚的沿海地区，并且都受到外敌极大的压力，亡国的危险迫在眉睫。伊拉克略登基后又忙于平息首都局势，根本无暇他顾。阿瓦尔民族向来精于算计，自然不会错过这一报仇雪恨的良机。

不过，他们暂时还不能出手，因为西方还有更重要的事情需要他们去处理。

作为阿瓦尔汗国的主要属邦，伦巴第王国在阿尔伯因遇刺以

---

① Herakleios 是伊拉克略的希腊文原名，其拉丁化改写形式为 Heraclius，又作 Eraclius，字母 H 不发音，又译作"希拉克略"或"希拉克利乌斯"。

后，就一直处于混乱的境地。阿尔伯因生前像周天子一样册立过许多公爵，把全国大部分领土封给他们去统治，其中包括：弗留利（Forum Julii，现称 Cividale del Friuli，位于今意大利与斯洛文尼亚的边境上）公国、托斯卡纳（Toscana，首府佛罗伦萨）公国、都灵公国、特伦托（Trento）公国、斯波莱托（Spoleto）公国和贝内文托（Benevento）公国。鉴于阿尔伯因没有留下男性子嗣，伦巴第王位便从这些公爵中选举产生，形成了后来神圣罗马帝国"选帝侯"制度的雏形。但这一制度只是找平衡的权宜之计，既不先进，也不稳固，伦巴第国王与公爵们的争斗就像春秋时期的中国那样连绵不绝。加上伦巴第人信奉异端，深受罗马天主教廷厌恶，所以教皇格雷高里一世（Gregorius Ⅰ）积极联系各种反对伦巴第王室的势力。

莫里斯皇帝倒台前不久，在罗马教廷的斡旋下，拜占庭人与几位伦巴第公爵秘密联合，企图推翻伦巴第国王阿吉乌夫（Agilulf）。随着莫里斯的死亡，拜占庭人停止了资助，而阿瓦尔人却给国王派来了援军，此次政变只能以失败告终。

不过，阿吉乌夫无法消灭所有参与叛变的公爵，特别是其中资格最老、实力最强的弗留利公爵吉苏尔夫二世（Gisulf Ⅱ）。611年，应阿吉乌夫国王的邀请，阿瓦尔可汗亲自率军讨伐弗留利公国。吉苏尔夫出兵迎战，结果全军覆没，他本人也阵亡了。可汗随即兵临弗留利城下，将它围得水泄不通。吉苏尔夫的遗孀罗米妲（Romilda）虽是女子，但也亲自登城御敌。不过，当她从城楼上看到可汗本人时，思想就起了变化。

伯颜家族身份显赫，有个重要的原因，就是这个家族的男性成员普遍仪表堂堂。610 年左右上台的可汗是伯颜与某位外国公主所生，611 年时大约 30 岁，欧洲人也都承认他是个罕见的美男子。这样一位大帅哥顶盔贯甲，骑着骏马奔驰在原野上，气定神闲地指挥军队，形象之潇洒不言自明。新寡的罗米妲公主居然对这位杀死自己丈夫的凶手一见钟情，派贴身侍女潜入阿瓦尔军营，给可汗传口信说，只要他答应娶自己为妻，她就愿意开城投降。可汗欣然同意，当晚便与罗米妲幽会。次日，弗留利城果然开门投降，但可汗对伦巴第国王的叛徒并不手软，将城中许多男子屠杀，妇孺则没为奴隶。

俊男与美女类似，因为备受亲友的宠爱呵护，往往过于任性，甚至发展为残忍。在这个方面，新任阿瓦尔可汗明显超过父兄。靠出卖色相拿下弗留利城有些不大光彩，他心怀复杂的情感，与罗米妲的夫妻关系仅仅维持了一天。一天之后，可汗宣称，伦巴第公主背叛了已故的丈夫，犯下有损世道人心的罪孽，因此判处恶心的桩刑。

阿瓦尔军队攻打弗留利，并不是扩张行为，而纯粹是为了给伦巴第国王阿吉乌夫帮忙。他们没有统治当地的计划，很快返回多瑙河北岸的草原，对当地造成的破坏也不像史书中描绘的那么严重。

吉苏尔夫与罗米妲的四个儿子都安然无恙，小儿子格里莫尔德（Grimoald）当年虽然只有 10 岁出头，却乘人不备，杀死阿瓦尔卫兵，偷了一匹阿瓦尔战马，逃往南方。30年后，他将成为贝内文托公爵，最终还会不可思议地登上伦巴第王位。吉苏尔夫与罗米姐的几个女儿把腐烂的鸡肉藏在身上，恶臭使企图奸污她们的阿瓦尔士兵丧失了兴趣。吉苏尔夫的弟弟格拉苏夫（Grasulf）在向阿吉乌夫宣誓效忠以后，继承了弗留利公爵的头衔。不过几年，岁月便抹去了这场战争的痕迹，弗留利城再度车水马龙，一切都像是从来没有发生过。

可汗从意大利凯旋后，听说拜占庭帝国正在遭遇大麻烦。波斯沙皇库萨和发动了新一轮的攻势，并且所向披靡：613年占领叙利亚，614年占领以色列。在洗劫了耶路撒冷以后，已经逼近了拜占庭帝国的主要粮仓——埃及。新皇帝伊拉克略屡战屡败，很快把自己的威望透支干净。拜占庭帝国的灭亡看来指日可待，阿瓦尔汗国也希望从波斯人的胜利中分一杯羹。

614年之后，可汗便撕毁与福卡斯皇帝签订的和约，让南斯拉夫人打头阵，一路向希腊挺进。这段时间的历史缺乏文字记载，有限的资料竟连斯拉夫人和阿瓦尔人都分不清，真相只能由考古专家从破损的城市废墟中分析。

可以肯定，在615年左右，巴尔干半岛上的大部分拜占庭城市都被攻陷，而当南斯拉夫人的奇袭在希腊北部门户萨洛尼卡（Thessalonica）失效以后，可汗便亲自率领阿瓦尔大军抵达城下。这次围攻发生在617年秋，持续了33天，组织得非常充分，要不是因为攻城器械意外地出现故障，萨洛尼卡的陷落将不可避免。耗尽粮草的阿瓦尔军队最终在索要了一笔撤军费后返回北方，留下一片破败的巴尔干半岛，而忙着对付波斯人的伊拉克略也没有财力和人力去收拾此地的残局。

619 年，波斯大军在将拜占庭人完全赶出亚洲以后，终于又占领了埃及和利比亚。听说阿瓦尔可汗正在再次南下，即将与波斯部队在君士坦丁堡城下会师，伊拉克略皇帝面对欧亚两面敌军的夹击，终于对守住首都完全丧失了信心，于是命令全体军民收拾细软，准备迁都到他的故乡迦太基。

历史上，迦太基曾是罗马的死敌，两个城邦之间爆发过惊天动地的布匿战争。罗马最终取胜后，将迦太基全城摧毁，并在遗址上撒盐，令其寸草不生。而如今，罗马帝国最后的血脉却无法在欧洲立足，如果不是君士坦丁堡大主教竭力阻止的话，差一点就只能在迦太基苟延残喘。在众多僧侣的簇拥和逼迫下，伊拉克略被迫来到圣索菲娅教堂，当众手按《圣经》发誓，决不背弃上帝托付给他保护的君士坦丁堡居民，甘愿与城市共存亡。

要想抵御外侮，光是赌咒发誓是远远不够的，黄金和钢铁比伶牙俐齿具有更强的说服力。伊拉克略连一个方向的敌人都对付不过来，所以竭力想要避免两线作战。阿瓦尔人对君士坦丁堡的威胁更大，但真正动摇帝国根基的却是波斯人。因为游牧民族可以被打败，却难以被征服，而波斯人则习惯于定居的城市生活，库萨和皇宫内无尽的财富更使东方远征有利可图。出于以上考虑，伊拉克略决定首先同阿瓦尔人和解。

619年6月5日[①]，在君士坦丁堡西郊的伊拉克莱亚（Heraklaia），伊拉克略带着满朝文武来到这座与自己同名的城市，准备与阿瓦尔可汗签订城下之盟。每个人都穿戴得喜气洋洋，还准备了盛大的赛马会，以庆祝两个政权的重新和解，其实，这只是对屈辱求和的粉饰。

即将进入会场时，皇帝突然接到报告，说附近的树林里发现了阿瓦尔骑兵的身影，他们全副武装，似乎正准备切断自己的退路。他当机立断，脱掉皇袍，卸去皇冠，用一块破布裹着，化装成小贩逃走。可汗发现精心准备的计策败露，急忙派出马队紧追皇帝，几乎跟着他冲入君士坦丁堡西南侧的金门。慌乱之中，伊拉克略强行关闭城门，任数十万黎民百姓在城外被阿瓦尔骑兵蹂躏。

在这一天内，有27万人沦为阿瓦尔人的奴隶，他们被强行迁徙到多瑙河下游，为阿瓦尔人种田纺织，其后裔与当地原住民通婚，一代一代繁衍生息，这块土地因而得名叫"罗马尼亚"——罗马人的国家。它与多瑙河上的日耳曼人、阿瓦尔人及保加利亚人的政权连成一体，将斯拉夫民族切割成南北两部，这种地缘政治格局一直维持至今，只是阿瓦尔人换成了匈牙利人。

伊拉克莱亚事件之后，伯颜的幼子不给拜占庭人任何喘息之机，迅速带领全军开到君士坦丁堡城下，要求交出全城一半的财

---

① 一说此事发生在623年6月5日，但当时伊拉克略应当身在亚洲前线。也有学者认为，伊拉克略听说阿瓦尔人南下，于是暂时中断东征，回到君士坦丁堡来与可汗议和。

产，否则就要彻底毁灭这座皇城。为了让北方的骑兵不再渡过多瑙河南下，皇帝必须把一个儿子、一个侄子和宰相的长子交给阿瓦尔汗国当人质，每年还要向可汗的圈城进贡前所未见的20万枚索利得金币——相当于910公斤黄金。

　　战争的目的是争取对本方有利的和平，同样，和平的目的往往也是为了争取对本方有利的战争。为了准备东征，伊拉克略与波斯人签订了更加屈辱的和约，每年要向泰西封的皇宫进贡20吨黄金、20吨白银、1000套丝绸外套、1000匹战马和1000名处女。拜占庭帝国此时能够有效控制的不过区区几座城市和海岛，根本无法支付如此巨额支出。为此，伊拉克略孤注一掷，向教会寻求帮助，那里早已像中国的佛寺一样，沦为耶稣曾经痛斥的金融机构，里面的教士虽然不是犹太人，索要的利息却只多不少。他们语重心长地告诫皇帝说，神圣的教会财产是无价的，"无价"的意思是价格随时都在变化，在利率合理的基础上，只要是为了正义，并且有足够的信用担保，就完全可以挪作他用。

　　到此为止，伊拉克略在皇座上的表现都还像是一个彻头彻尾的昏君。然而，外国频繁的欺辱，以及本国放高利贷者的不断威逼利诱，最终激发了潜伏在他心中多年的英雄气概。此时，拜占庭与法兰克王国的关系已经改善，在教会的斡旋下，双方决定联合起来对付共同的敌人——阿瓦尔人和伦巴第人。同时，由于阿瓦尔人生活放荡，越来越令臣属民族不满，暴动的火焰开始四处蔓延。

　　620年后不久，一个名叫"萨莫"（Samo）或"萨诺戈"（Sanonago）

的法国商人被斯拉夫人中的文迪（Vendi）部落推选为国王，这个居住在今捷克一带的部落很快背叛阿瓦尔汗国，倒向法国。这是一场精心准备的政变，可汗多次派兵前去镇压，全都无功而返，反而使萨莫赢得了勇士的名声。可萨与萨莫一东一西的两场叛变，牵制了大量的阿瓦尔兵力。于是，伊拉克略在 622 年左右终止了对阿瓦尔汗国的进贡，同时也断绝了与波斯的一切关系。好在拜占庭人仍然拥有强大的舰队，皇帝得以安心地指挥舰队开向东方，去挑战 30 年来所向披靡的波斯沙皇。

经过 30 年的扩张，库萨和二世的萨珊波斯帝国此时正处于鼎盛时期，它那从爱琴海到印度河，从尼罗河到咸海的广大版图看上去坚如磐石，面积和人口在当时都雄居世界首位。在沙皇看来，伊拉克略的东征就像是笑话，他没有时间去亲自应付，更乐意在泰西封东北郊的达斯塔格德（Dastagerd）行宫里享受生活的乐趣。不过，他在这里的平静生活经常会被讨厌的报告打扰。在伊拉克略发动东征之后不久，就从阿拉伯沙漠中的小镇麦加飞来一封信函，用斩钉截铁的口吻要求沙皇幡然悔悟，放弃祆教信仰，皈依一种全新的宗教。信尾的署名是：真主的使者——穆罕默德。

库萨和大为震惊，慨叹民风不古：罗马、突厥和印度的君主都恭敬地向自己称臣纳贡，而一个阿拉伯牧羊人竟敢拒绝这样做？他立即撕掉这封无礼的信函，将它扔进了垃圾桶。穆罕默德听说此事以后，便对信徒们预言说："库萨和居然撕碎真主的旨意，因此真主就会毁灭他的帝国！波斯人的成功不会持续很久，用不了几年，胜利就将重新归于罗马！到那时，无论库萨和怎样哀求宽恕，真主也不会原谅他！最后，泰西封和君士坦丁堡都会皈依伊斯兰教，成为穆斯林的乐土！"

穆罕默德的预言很快成真。在此后的五年内，伊拉克略的军队往返于爱琴海与里海之间，不断击溃数倍于己的波斯敌军。波斯沙皇对拜占庭皇帝的看法渐渐从蔑视转向畏惧，于是决心在对方身后开辟第二战场。但他没有足以抗衡拜占庭海军的舰队，无法在欧洲登陆，与阿瓦尔汗国结盟便成了唯一的选择。沙皇想用这种"围魏救赵"的战术，迫使伊拉克略从西亚回师。伯颜的幼子欣然接受了波斯沙皇的提议，召回讨伐可萨与萨莫的军队，全力进攻拜占庭帝国。625 年左右，他攻占了包括萨洛那（Salona，今克罗地亚斯普利特）在内的许多拜占庭领地，并将原先居住在今波兰和乌克兰西部的克罗地亚人迁到那里，从而使巴尔干半岛的西部形成了塞尔维亚人占内陆，克罗地亚人占沿海的局面。还有一些克罗地亚人依然留在北方的故乡，被叫作"白克罗地亚人"。

完成迁徙南斯拉夫人的工作以后，可汗马不停蹄，在 626 年夏向君士坦丁堡进军。

在君士坦丁堡城墙外倒下的两大帝国

626 年的东西方历史显得惊人地相似。当年，突厥军队推进到长安城外的渭河之滨，给刚登基的唐太宗李世民造成了巨大的麻烦，所幸唐军主力及时赶到，迫使突厥人退却；同年，阿瓦尔军队推进到君士坦丁堡城外，而拜占庭皇帝伊拉克略却不在首都。守城的主将是皇帝的弟弟提奥多西（Theodosios）和大将军波诺斯（Bonos），这两人各有一个儿子在可汗手中充当人质，内心时刻受着亲情的煎熬。为减轻他们的压力，伊拉克略派 12000 名骑兵返回首都，但柔然可汗的先头部队就多达 3 万骑兵。6 月 29 日，君士坦丁堡被从陆地上封锁了。

伯颜的幼子对这次出征进行了全国总动员，集结起一切可以支配的力量。上千艘斯拉夫船只满载着东欧武士，与他本人率领的 8 万主力部队水陆并进，意在彻底摧毁拜占庭帝国的都城。而在与君士坦丁堡仅有一道海峡之隔的卡尔西顿（Chalcedon），10 余万波斯大军在主将沙巴拉兹（Shahrbraz）的统率下，也已经整装待发。自从建城以来，拜占庭的首都从未面对过如此严酷的考验。

7 月初，阿瓦尔军队尚未接近城墙，又正逢夏收时节，城郊的农民于是大着胆子从城墙里走出来，在军队的保护下去割麦子。但在走了 10 个箭程以后，他们遭到敌军的突然袭击，许多人被杀或被俘。7 月 8 日，一支阿瓦尔骑兵绕到城市东北郊的伽拉塔区（Galata），与博斯普鲁斯海峡对岸的波斯盟军举火为号。29 日，可汗亲自率领的主力部队也终于拖着沉重的攻城器械抵达城外。君士坦丁堡军民从城楼上放眼望去，东西南北四方尽是敌军的营帐，无不感到兵弱虏强，城孤气寡，只能闻鹤唳而心惊，听胡笳而泪下！

　　8月1日清晨，可汗下达了攻城的命令，数万斯拉夫步兵扛着云梯冲向提奥多西城墙，阿瓦尔弓箭手在他们身后不断地发射矢石，阻止城墙上的守军向下攻击。在他们身后，数千保加利亚和日耳曼重步兵高举盾牌，组成罗马式的龟甲阵，缓缓接近墙根，企图挖走那里的石块。但君士坦丁堡的96座塔楼以强大的交叉火力反击，斯拉夫人的云梯纷纷被烧毁，保加利亚和日耳曼重步兵也死伤惨重，阿瓦尔火箭也奈何不得君士坦丁堡的石头建筑，第一波攻势很快被击退了。

　　下午，可汗祭出了重型装备——攻城塔，它是井阑、冲车和弩炮的组合体，分3—6层，高达20米，足以俯视12米高的提奥多西城墙。攻城塔重达数十吨，下设多个轮子，但还需要大批牛群和士兵的拖曳才能运动。可汗把12座攻城塔集中在提奥多西城墙的中部，攻势极为猛烈，不过守军还是成功地将几座攻城塔焚毁，迫使攻势转向城北。当夜幕降临时，这天的战斗以拜占庭人的胜利告终，不过君士坦丁堡的命运仍然悬于一线，因为海面上已经飘扬起了斯拉夫海军的旗帜，他们是联结阿瓦尔人与波斯人的纽带。

　　次日上午，阿瓦尔人没有再次进攻的表示，拜占庭丞相阿纳斯塔修（Anasthasios）向来主和，此时仍抱有侥幸心理，于是亲自带领一支使团前往阿瓦尔人的营帐，试图用黄金和丝绸争取可汗的让步。然而，他遭到赤裸裸的侮辱，可汗故意让三名衣着华丽的波斯使者坐在自己身边，而没有给拜占庭丞相留一把椅子，后者只能站着听可汗的训话：

"你们看到在座的波斯贵宾了吧，这足以证明朕与万王之王有着良好的合作关系，他的将军要选出三千名勇敢的工兵，横跨海峡到这里来协助作战。别想用一点破钱来收买你们的主子，整座城市都已是朕的囊中之物。朕以宽宏大量为本，允许你们安全地离开首都，不过只能带走内衣，其余的财产都要留下。亚洲的几座城市将成为你们未来的家乡。经朕的恳求，朕的朋友沙巴拉兹将军不会伤害你们一根汗毛。这已经是非常优厚的条件了，继续讨价还价显得不自量力，只会激发起我军将士的杀戮欲。你们的皇帝生在非洲，长在非洲，从不关心欧洲领土的安危，如今更远离首都，失踪在渺无人烟的亚洲群山之中，也许已经沦为俘虏或难民，留下君士坦丁堡独自面对不幸的命运。别再抱任何幻想，你们若非变成会飞上蓝天的鸟或能潜入深海的鱼，就无法逃出阿瓦尔人与波斯人的掌心！"

这番豪言壮语透露出阿瓦尔与波斯瓜分拜占庭帝国的计划，可汗获得城市和财富，沙皇则获得人口。伯颜的幼子与父兄相反，既没有善待征服地百姓的作风，也没有争取罗马皇位的远见，又缺乏管理君士坦丁堡这样的大都市所需的兴趣和能力。他以游牧民族的特有思想，想要将它化作一片荒无人烟的废墟。这只能激发城内军民保家卫国的抵抗意志，把阿纳斯塔修也改造成了主战派。拜占庭丞相满怀怨气地返回首都，在与贵族和将领们商议后认为，两支敌军之间的联络会迅速加强，不如先下手，于是下令海军加强巡航，结果当晚便大有收获，俘虏的正是那三位坐在可汗身旁的波斯使者。

拜占庭士兵砍掉了其中两人的首级和另一人的双手，把他们扔到亚洲海岸上以儆效尤。次日，阿瓦尔使者怒气冲冲地出现在提奥多西城墙下，指责拜占庭人竟然无视万国公法，杀害外交使者，而且这三人在昨天还曾与可汗共进午餐，所以这又是对可汗本人的侮辱。守军不想进一步激怒阿瓦尔人，所以接受使者的要求，交出几十头牲畜和几桶葡萄酒作为赔偿。他们原想以此再争取一些时间，没想到却招来阿瓦尔军队在次日再度出击。

8月3日凌晨，海面上吹拂着北风，这对拜占庭海军不利，他们难以顶着逆风出港航行。斯拉夫人的船只被叫作"独木舟"，但"独木"指的其实是它的龙骨，整船虽然没有拜占庭战舰那么大，但也能容纳70人左右。它全靠桨手操作，因此不受风向影响，成功地穿越了拜占庭海军的封锁线，冲到亚洲海岸上，搭载波斯援军。不过在返航时，由于风力减弱，拜占庭舰队乘机杀出港来，发挥本方船体大、火力强的优势，将敌船全部击沉了。此后，阿瓦尔与波斯联军一再试图将拜占庭军队主力吸引到城东，试图从海上突入城区，甚至有一批斯拉夫人成功冲进内城，但最终仍然全军覆没。

通过对俘虏的审讯，波诺斯得知，可汗命令海军登陆成功，就举火为号。当夜，拜占庭军队便故意在内城举火，斯拉夫舰队果然跟进，结果落入了拜占庭舰队的圈套，遭到重创。可汗闻讯大怒，将生还者全都斩首示众。在此后的三天内，阿瓦尔陆军的攻势日夜不停，各个民族轮番上阵，提奥多西城墙下的尸体堆积得几乎和城墙一样高。城内的拜占庭军民连续多日没有合眼，全都疲困不堪。为保持清醒，在大主教塞尔吉奥（Sergios）的领导下，人们不停地举行法会和游行，高唱圣歌，祈祷耶稣基督显灵，颂扬神圣的处女母亲。最终，阿瓦尔人的车轮攻势无功而返。同时，伊拉克略在东方战场大破沙巴拉兹的副将萨辛（Sahin），波斯人遭到东西两面夹击，军心开始动摇。

8月7日，可汗的粮草即将耗尽，在部下的责难声中，他决定以全部力量发动最后一次总攻。为了能更好地协调陆军和海军的配合，主攻方向被选在城北，陆军集结在吕库斯河（Lycus）东岸，海军云集在金角湾，这里狭窄的水域对灵活的斯拉夫小船更为有利。拜占庭人针锋相对，把巨舰派驻到博斯普鲁斯海峡和马尔马拉海，留二层桨和三层桨战舰守金角湾。

海战开始后，斯拉夫独木舟巧妙地利用西风掩护，冲入拜占庭舰队之中，将其阵形打乱，占据了优势，引得在海滨观战的可汗振臂欢呼。但当船只接近时，拜占庭海军使出了撒手锏——希腊火。这种混合燃料被装入古代的火焰喷射器，瞬间就能够将斯拉夫独木舟吞噬。一些着火的独木舟看到局势无法挽回，自杀般地冲向拜占庭战船，企图同归于尽，但罕有成功者。当正午的阳光透射过海面的薄雾时，岸上的拜占庭人、阿瓦尔人和波斯人都能看到，金角湾被烧得半焦的尸体完全覆盖，几乎看不到海水，甚至令人产生错觉，以为可以踏着这些遗骸走过海峡。人们仔细辨认尸体后发现，其中很多居然是金发女郎！原来阿瓦尔可汗把全国的人力压榨得过于残酷，以至于要大批征发斯拉夫女子进海军充当桨手。

随着金角湾海战的结束，以及伊拉克略的捷报传来，君士坦丁堡围城战的结局已经不言自明。城墙上的拜占庭守军可以清楚地看见，可汗看到舰队被彻底毁灭后，久久徘徊于海滨，随即突然疯子般地疾驰回吕库斯河畔的陆军之中，对着部下捶胸顿足，甚至还扇了自己几个耳光，似乎正在作自我批评。十几年的征战并未摧残他那俊美的面容，拜占庭弩手几次可以将他定点清除，但在最后时刻都手软了。

当晚，阿瓦尔军营中燃起了冲天的大火，原来万念俱灰的可汗下令，将剩余的数百吨攻城器械全部付之一炬。滚滚浓烟借着西风笼罩君士坦丁堡全城，海峡对岸的波斯军队看到此情此景，都以为城市已经陷落，怀着宽慰与妒忌的复杂心理相互叹息说："这下子，匈奴狗可发大财了！"

和波斯人的估计相反，阿瓦尔人并没有攻入君士坦丁堡，而是从城外退却。次日上午，君士坦丁堡城门口出现了许多斯拉夫逃兵，他们报告说，可汗已经连夜带领主力部队撤走，军营里只有少数殿后部队，可以轻松击败。这使君士坦丁堡城内人心大振，就连妇女和儿童都摩拳擦掌，要求立即出城去收拾残敌。波诺斯将军出于谨慎，阻止了这种冒险行为。

次日，塞尔吉奥主教带领全城军民在金门外举行了盛大的感恩仪式。直到 1453 年被土耳其军队攻陷为止，这座城市的居民每年都要在 8 月 7 日庆祝他们击退阿瓦尔人进攻的这场胜利。

君士坦丁堡围城战的结束，标志着阿瓦尔与波斯两大帝国崩溃的开始。可汗的撤退令沙巴拉兹陷入绝境，他竟然与伊拉克略合作伪造圣旨，声称沙皇因为对他没能攻陷君士坦丁堡不满，下令处死全体前线将领。库萨和平日的残暴作风令军官们对这份圣旨深信不疑，这支军队迅速撤往叙利亚，不再妨碍拜占庭人的进军，反而阻拦埃及的波斯部队赶赴西亚前线。伊拉克略不费吹灰之力便收复了整个小亚细亚，但想要真正战胜波斯人，还需要新的盟友。

敌人的敌人就是朋友，可萨突厥人作为波斯盟友阿瓦尔人的叛徒，自然成为拜占庭皇帝重点拉拢的对象。当年秋季，可萨人的可汗哲别尔（Ziebel）[①]无法抵御财富的吸引，带领整个民族翻越高加索山脉，来到格鲁吉亚的丘陵，与伊拉克略会面。

两军会师后，哲别尔可汗翻身下马，与全体部下一起匍匐在地，对着伊拉克略三跪九叩。这种源自中国的礼仪把拜占庭皇帝感动得一塌糊涂，在他自己的军营里，许多将士甚至不屑于向君主鞠一个躬。他当场摘下自己的孔雀皇冠，戴在哲别尔的头上，称后者为自己的儿子，并赏给他的部下大笔财宝。当晚的宴会后，喝得面红耳赤的皇帝把同样醉得不轻的可汗拉到旁边，从衣兜里拿出一张绣像，上面是他的女儿——芳龄 15 岁的欧多西娅（Eudocia）公

---

① 亚美尼亚史料称哲别尔为"叶布"（Jebu），有些学者据此认为，他就是当时在位的西突厥可汗统叶护（Syr Yabghu）。不过，统叶护当时应当正在中亚接待唐僧玄奘，次年便被伯父谋杀，不大可能抽空跑到格鲁吉亚去会见伊拉克略。

主。哲别尔的嘴角流出了幸福的哈喇子。

次日，两军向格鲁吉亚的首府第比利斯发动猛攻，波斯守军难以招架只得投降。不久冬季降临，哲别尔担心大雪封山，与未来的岳父议定，先撤回伏尔加河，来年将绕道里海东岸，向伊朗高原挺进，等消灭了波斯帝国，就与公主完婚。但两人都没想到，欧多西娅公主在阿瓦尔人围攻君士坦丁堡期间染上重病，当年就去世了。

伊拉克略辞别准女婿，带着对女儿的思念，继续大胆地进击。虽然可萨突厥人已经离开，但众多山地民族和战俘的加入，让他的部队越战越强，等推进到底格里斯河时，已经发展到七万之众，足以突破库尔德斯坦的丘陵地带，深入波斯帝国的心脏。库萨和预感到决定性的时刻即将来临，于是提前把主力部队云集在古城尼尼微（Ninive）的郊区，这里临近当年亚历山大战胜大流士三世的著名战场高加米拉（Gaugamela），自古就是波斯的伤心之地。沙皇担心，自己如果亲临前线，会像大流士三世那样给部队带来厄运，于是躲在后方的军营里，把前线指挥权都托付给宰相拉扎特斯（Rhazates），但是仍然没能避免历史的重演。

627年12月1日，决战爆发，伊拉克略的表现宛如亚历山大附体，始终战斗在第一线，亲手斩下拉扎特斯的首级。拜占庭将士受到皇帝神勇表现的鼓舞，个个以一敌十。从清晨到子夜，16个小时之内，50万波斯大军被杀得几乎片甲不留。

尼尼微之战后不到一个月，拜占庭军队就开入了达斯塔格德。库萨和与家眷慌不择路，从狗洞中钻出逃走，他那座无与伦比的豪华行宫很快落得比圆明园更加悲惨的命运。茜琳皇后曾经因为传出与年轻大臣的绯闻而声誉受损，当此危难关头对丈夫不离不弃倒是值得赞赏。然而，她的长子卡巴德对父亲的感情就不那么深厚了。来年春天，波斯皇室被拜占庭军队团团包围在首都泰西封，库萨和拒绝屈辱的和谈，并决定传位给小儿子，这大大激怒了卡巴德和众多贵族，他们立即发动政变。在一天之内，库萨和就从权力无边的万王之王沦落为可怜的囚徒，被迫承受比唐高祖李渊更为痛苦的命运，亲眼看着 18 个儿子和上百个孙子被斩首示众，自己也被关入黑牢。五天之后，卡巴德将父亲的头颅送到伊拉克略的军营，总算求得拜占庭皇帝的宽恕。波斯帝国同意将几十年来扩张所得的地盘都交还给拜占庭人，并向君士坦丁堡的朝廷称臣纳贡，而这只发生在他们与阿瓦尔人联合围攻君士坦丁堡的半年之后。

许多伟人的声誉因为过长的寿命而受损，库萨和二世如此，战胜他的伊拉克略也如此。后者如果在波斯远征后立即驾崩，无疑会在史书中享有与亚历山大和恺撒一般卓越的威名。然而，他又多活了 13 年，并且因为沉溺享乐使国家状况不断恶化。就在凯旋途中，他收到阿拉伯先知寄来的书信，后者很高兴地看到，自己的预言已经实现了一半，现在打算使另一半也化作现实。

伊拉克略用惊异和怀疑的态度对待新兴的伊斯兰教，从而招致阿拉伯人的乘虚而入。虽然穆罕默德在 632 年便与世长辞，但继承他事业的哈里发们却成功地夺走了拜占庭人的半壁江山，伊拉克略临终前只能绝望地长叹："亚细亚自我得之，自我失之乎！"

拜占庭势力退出中东，也使得伊拉克略发行的索利得金币成为在中国出土的最后一批拜占庭金币。在此后的四个世纪内，阿拉伯军队将要横扫亚、欧、非三大洲，把伊斯兰教传播到从大西洋到爪哇海之间的广袤地区，开创人类历史的全新时代。

至于君士坦丁堡之战中的另一个失败者——阿瓦尔人，他们的辉煌时代同样就此告终。多瑙河畔的汗国有多重天险的保护，不至于像拜占庭、波斯、突厥、印度和唐朝那样，遭到阿拉伯骑兵的突袭。然而，精心准备的远征以溃败告终，造成的影响既恶劣又深远。随可汗南下的人员超过 20 万，能够活着回到家乡的不足五万，其中很多人都带着终生无法痊愈的伤病，却没有一个能获得可汗在战前许诺的财富和荣耀。对于多民族的草原帝国来说，这样的灾难正是祸乱的根源，大量仆从民族相继独立，数量有限的阿瓦尔人根本无力镇压。仅仅过了不到三年，伯颜的幼子便在众叛亲离中抱恨离开了人世，他用蛮横的作风和激进的政策毁掉了父兄的功业，证明开创和壮大草原帝国并不能只靠强力，更多的要靠智慧。

第十三章
兄弟阋墙：拜占庭人的福音来了吗

伯颜的孙子们缺乏团结汗国内各个民族的声望，居然与一位保加利亚贵族竞选起了阿瓦尔汗位！忽必烈，一个和元世祖同名的英雄趁机建立起大保加利亚汗国。两个原本同源的民族开始了兄弟阋墙般的持久内斗。

拜占庭人交好运了吗？不，他们依旧没有学会如何三国演义。在南方，一个更为可怕的帝国正在兴起。

大保加利亚汗国的兴起

伯颜的幼子死后，也就是 630—631 年，围绕着谁应当继承汗位的问题，阿瓦尔国内爆发了激烈的争斗。伯颜的孙子缺乏团结汗国内各个民族的声望，居然与一位保加利亚贵族竞选起了阿瓦尔汗位！虽然在选举中险胜，但保加利亚人指责他舞弊，要求重新计票。结果，保加利亚人遭到阿瓦尔军队的镇压，被迫四散逃命，从此开始了他们与阿瓦尔人的长期对抗。

　　保加利亚人究竟是谁？这个问题相当复杂，前文中曾多次提及，此处应当再予以总结。"保加利亚"即柔然语中的"步鹿真"，是一个较常见的柔然名字。保加利亚人并非作为一个整体进入欧洲，他们的西迁分两波进行：463 年左右，柔然可汗吐贺真发动西征，间接地将奥吾尔人、撒拉吾尔人和奥诺吾尔人赶入欧洲；一年后，吐贺真可汗猝死，其前锋部队库提吾尔和吴提吾尔两部落因而滞留在东欧；584 年左右，保加罗斯酋长逃离江河日下的西突厥汗国，与可萨等人一同来投奔阿瓦尔汗国。最后，保加罗斯的部下与库提吾尔、吴提吾尔、奥吾尔人和奥诺吾尔人四个部落融合为保加利亚民族。

　　这个民族的主体与阿瓦尔人一样，都来自亚洲辽阔的蒙古草原。他们也和突厥人一样，因为种种历史原因，也掺杂进了许多中亚和东欧民族的成分。不过，刚刚挺进欧洲时，他们中的大部分人都或多或少地拥有黄种人血统，这是很清楚的。总之，保加利亚人与阿瓦尔人本来毫无区别，只是因为来到欧洲的时间不同，而发展为两个集团，他们之间的争斗纯属兄弟阋墙。

　　为了躲避阿瓦尔军队的追杀，有 9000 名保加利亚成年男子携带家眷，西迁到当时受法兰克人控制的巴伐利亚地区，在那里度过了一个冬天。但到了次年，法兰克人即在阿瓦尔人的压力下，向他们发动袭击，结果只有 700 人在一个叫"阿济格"（Alzeco 或 Alciocus，努尔哈赤的第十二个儿子就叫这个名字）的人带领下，逃到阿尔卑斯山东部，与统治当地的斯拉夫贵族瓦卢克（Walluc）

相依为命。法兰克人这一系列支持阿瓦尔人的行动，也导致他们与萨莫国王反目成仇。经过两年鏖战，萨莫成功地击退了法兰克人的进攻，进一步巩固了自己的独立地位。

阿瓦尔汗国的这场内乱持续了大约五年，最后伯颜的孙子保住了阿瓦尔可汗的头衔，但却丧失了大部分领土，统治范围被局限在喀尔巴阡山脉与萨瓦河之间。还有一部分阿瓦尔人丧失了与可汗的联系，躲进高加索山区避难。夹在这两支阿瓦尔人之间的，是喀尔巴阡山脉以北的东斯拉夫人和以东的保加利亚人，以及萨瓦河以南的南斯拉夫人。他们的相继独立，奠定了今日东欧和中欧政治版图的基础。从此以后，阿瓦尔汗国便沦为欧洲的二流政权，不能再对拜占庭和法兰克王国这样的欧洲强国形成威胁。随着他们对外侵袭次数的减少，这个政权也就渐渐被人们遗忘了。

在脱离阿瓦尔汗国独立的各个政权中，"大保加利亚汗国"（Megale Bulgaria）是不能不提的名字。这个汗国在635年左右建立，疆域囊括今乌克兰全境和俄罗斯西南部，西至喀尔巴阡山脉，与阿瓦尔汗国接壤，东至伏尔加河东岸，与可萨突厥汗国接壤，是当时东欧最强大的国家。实际上，就像"阿瓦尔"与"阿拔尔"两词可以通假一样，伏尔加河的名字"Vulgar"就是"Bulgar"的斯拉夫化，"伏尔加河"完全可以改写为"保加利亚河"。

大保加利亚汗国的创始人名叫忽必烈（Kubrat、Kuvrat或Quetrades，即蒙古语的Kublai），与其说这是一个典型的蒙古名字，还不如说蒙古人借用了保加利亚名字。早在成吉思汗之前，蒙古人的祖先就与东欧的保加利亚人有过文化交流，就连"蒙古"
（Mongul）一词也来自528—535年在位的库提吾尔酋长木哥儿
（Mugel）。

忽必烈出身于奥诺吾尔部落的王室咄陆（Dulo）家族，这个
名字把他们与630—634年在位的西突厥咄陆可汗联系到一起，两
者的活动年代也大体相符，可能有些亲缘关系。阿瓦尔汗国兴起
后，奥诺吾尔人逐渐压倒了以往实力占优的库提吾尔人，成为保加
利亚人中的主导部落，咄陆家族也随之压倒了库提吾尔的艾米家族
（Ermi），成为唯我独尊的保加利亚王室。有些学者怀疑，咄陆家族
原本不是奥诺吾尔人，而是在584年左右随保加罗斯酋长逃离西突
厥汗国的那一批人，后来夺取了奥诺吾尔酋长的位置，他们曾长期
受突厥人统治，并与之混血。

伯颜的幼子在619年袭击伊拉克略期间，忽必烈曾作为阿瓦尔
使者，陪同叔父奥尔干（Organa，疑似《魏书·官氏志》记载的
"若干氏"）一同拜访过君士坦丁堡，或是充当人质。在那里，叔侄
两人皈依了基督教，伊拉克略还担任了他们的教父。因此，奥尔干
与忽必烈成了阿瓦尔国内重要的亲拜占庭分子。630年骚乱发生时，
奥尔干已死，奥诺吾尔酋长的职位由忽必烈继承。他尽力收留东逃
的保加利亚人和斯拉夫人，特别是吸纳库提吾尔人，终于建立起足
以与阿瓦尔汗国和可萨突厥汗国抗衡的大保加利亚汗国。忽必烈的
建国事业还得到了拜占庭帝国的大力协助，成功以后，君士坦丁堡
当局还赐予他贵族头衔。就这样，当拜占庭人忙于抵挡阿拉伯人的

进攻之时，大保加利亚汗国却在东欧尽情扩张着势力。

拜占庭人无法阻止阿拉伯军队的攻势，很快就被迫放弃了西亚和北非领土。作为拜占庭帝国的属邦，萨珊波斯帝国自然也难逃厄运，在651年结束了已经绵延四个多世纪的寿数，接受了被阿拉伯帝国征服的命运。阿拉伯人在吞并波斯以后，又大举北上，围攻可萨突厥汗国的首都巴兰贾（Balanjar，今俄罗斯达吉斯坦境内），但被击退，伊斯兰教因而未能传播到高加索山北麓。

与此同时，中亚霸主西突厥也日渐式微，越来越多的部落接受唐朝的统治。659年，末代西突厥可汗阿史那贺鲁被唐将苏定方击败俘虏，残余的西突厥部落一部分投降唐朝，一部分投奔了可萨突厥。可萨突厥汗国由于新加入的西突厥难民而实力大增，开始向西方扩张，大保加利亚汗国首当其冲。此时正逢忽必烈可汗去世，五个儿子各自为政，分裂的保加利亚汗国因此成了可萨突厥可汗可噶（Khalga）与卡班（Kaban）的理想猎物。

需要指出的是，可萨突厥人有并立两位可汗的习惯，一位可汗平常只负责宗教事务，地位较高，相当于国家元首；另一位可汗主管军国大事，也叫"可汗匐"（Khagan Bek，"匐"的意思是头目或官员），相当于政府首脑。可萨突厥军民如果对可汗匐的工作很不满意，就会奏请可汗，将可汗匐罢免或处死，推选另外一人担任这个职务，从而有效地杜绝了个人的长期独裁和腐败利益集团的产生。

660—670年忽必烈的长子巴颜（Bayan或Batbayan）在亚

速海北岸输给了卡班可汗，他的政权随即灭亡，残部向可萨突厥人投降；次子听说长兄败亡，便投降了卡班可汗，得以继续在伏尔加河流域生活，这些臣服可萨突厥汗国的保加利亚人被叫作"伏尔加保加利亚人"或"鞑靼人"（Tatar），也就是"大檀的民族"；三子绕过阿瓦尔汗国西迁，到阿尔卑斯山区去投奔阿济格；四子库伯（Kuber）率众西迁到多瑙河中游，向阿瓦尔汗国臣服，史称"多瑙保加利亚人"；排行第五的小儿子阿斯巴鲁赫（Asparuch）退保顿河西岸，他领导的保加利亚部落是唯一没有遭到可萨突厥人攻击的。但在东方敌人的强大压力下，阿斯巴鲁赫也准备到西方去碰碰运气，新的欧洲民族迁徙浪潮一触即发。

忽必烈的三子比较倒霉，他刚刚与阿济格会合，就赶上斯拉夫国王萨莫去世，法兰克王国和巴伐利亚等邻邦纷纷东侵，企图瓜分中欧的斯拉夫领土。阿尔卑斯山区的斯拉夫人原本都依靠萨莫的庇护生存，现在都自顾不暇。忽必烈的三子与阿济格商量后，认为此处不是久留之地，于是和以往的许多中欧民族一样，翻越阿尔卑斯山区，到意大利去投奔伦巴第人。但他们就像是群乌鸦一样，向经过的各个国家传播着霉运和灾难。

662 年，已经取得贝内文托公爵头衔的格里莫尔德起兵造反，杀死伦巴第国王哥德佩特（Godepert），并自立为王，哥德佩特的弟弟佩克塔里特（Perctarit）逃奔到阿瓦尔汗国避难。格里莫尔德原本就与阿瓦尔人有杀父母之仇，这下子更受刺激，便派使者去威胁阿瓦尔可汗说，如果不把佩克塔里特引渡给他，两国之间的传统友好关系就会终止。

正如 200 年前柔然汗国与嚈哒汗国的关系那样，此时已大为衰落的阿瓦尔汗国不仅无法再号令以往的属国伦巴第，反而经常有求于它，因此不敢得罪风头正劲的格里莫尔德，但也不忍把来投奔自己的人逼上绝路，就秘密安排佩克塔里特逃往法兰克王国。后来，佩克塔里特又去了英国，在那里对阿瓦尔人的好客与善意赞不绝口。就这样，当年从阿瓦尔战俘营中侥幸逃生的格里莫尔德取得了整个伦巴第王国的统治权，其臣民中也包括不远万里来到意大利的保加利亚人。

在这场伦巴第王国的内战期间，忽必烈的三子从人间消失了，年迈的阿济格成为意大利境内保加利亚人的唯一首领。前国王哥德佩特曾许诺封阿济格为公爵，这些保加利亚人因此颇受忌惮，被安置在格里莫尔德的根据地贝内文托，后来渐渐地与当地人融合。

格里莫尔德的篡位行为，激起了一批伦巴第贵族的义愤，其中就包括他自己的亲戚——弗留利公爵卢普斯（Lupus）。663 年，格里莫尔德听说卢普斯已经与拜占庭人结盟，十分惊恐。为了除掉这个眼中钉，他再次向阿瓦尔汗国派遣使者，请可汗去攻打卢普斯。就像伯颜可汗的幼子当年攻打他父亲吉苏尔夫一样。历史总是惊人的相似，阿瓦尔军队经过三天苦战，再度攻陷弗留利，并杀死了卢普斯公爵，帮格里莫尔德巩固了王位。这也是阿瓦尔军队最后一次向境外发动大规模进攻，在此后的一个多世纪内，这个民族极少出现在史书中，而保加利亚的名字却变得越来越响亮。

　　670 年左右，忽必烈的小儿子阿斯巴鲁赫突然渡过多瑙河南下，在征服了七个斯拉夫部落之后，很快就推进到巴尔干山脉，定都于黑海西岸风景如画的海港瓦尔纳（Varna）。他有意把七个斯拉夫部落安置在喀尔巴阡山区定居，用以抵御山脉西麓的阿瓦尔汗国。

　　随着保加利亚汗国在巴尔干半岛上的崛起，拜占庭帝国的实力遭到削弱，阿拉伯人于是在 678 年大举围攻君士坦丁堡，形势一度非常危急。幸而有希腊火的帮助，阿拉伯舰队被焚毁，君士坦丁堡这才像半个世纪以前遭遇阿瓦尔人和波斯人围攻那样，勉强度过时艰。几个月后，阿瓦尔可汗就向君士坦丁堡派来使节，祝贺拜占庭军队取得的胜利，并请求加强双边关系，以便联合对付阿斯巴鲁赫。但没过多久，阿瓦尔汗国内部再次发生政变，导致可汗失势、叶护坐大，汗国从此陷入更深层的内讧之中，再也没有能力向外大规模投放力量，679 年的使团于是成为最后一支拜访拜占庭帝国的阿瓦尔使团。

　　战胜阿拉伯人，大大增强了拜占庭皇帝君士坦丁四世（Constantinos Ⅳ）的信心。680 年，他不顾阿瓦尔汗国因内乱而无法派遣援军的不利局面，率领大军御驾亲征，企图把新兴的保加利亚汗国扼杀在摇篮之中。但在保加利亚骑兵的游击战术面前，拜占庭军队一筹莫展，艰苦的行军还导致君士坦丁四世突然中风，于是被迫撤退。

当他们渡过多瑙河时，阿斯巴鲁赫的部队乘敌人半渡出击，大获全胜。次年，拜占庭帝国便被迫割让大片领土给新兴的保加利亚汗国，并开始向阿斯巴鲁赫支付岁赐。由于保加利亚汗国的崛起，拜占庭与阿瓦尔这两个老对头此后不再接壤。没有了共同边界，也就没有了可以争斗的目标和了解对方的必要。

击败君士坦丁四世以后，保加利亚汗国占据着东至黑海、西至多瑙河东岸、南至巴尔干山脉、北至德涅斯特河的广大地区，丢失给可萨突厥的领土，由夺来的拜占庭领土得到了补偿。拜占庭帝国每年上缴的大笔贡金，使阿斯巴鲁赫拥有充足的经济实力，用以在瓦尔纳西方的丘陵地带建设新首都普利斯卡（Puliska）。为了防备可萨突厥的进犯，阿斯巴鲁赫有计划地将多瑙河北岸的各个民族迁徙到南岸的新占领土，并把保加利亚人分散到全国各地，以监视那些附庸民族，特别是朝三暮四的斯拉夫人。保加利亚人和斯拉夫人因而告别了在草原和森林中的牧歌生活，转而定居在城市周围，并开始学习耕种技术。

这说来简单，其实却是一件很难的事情，因为游牧民族在征服农业民族后，通常会变身为地主和游手好闲的小市民，而不会乐意去学习耕种。和放牧相比，种田实在是件苦差事，汉、魏、晋等中国朝代都曾经教归附的南匈奴人耕种，但一直不能成功，由此可见阿斯巴鲁赫的历史贡献有多大。

农耕民族普遍安土重迁，缺乏扩张的动力，阿斯巴鲁赫的保加利亚汗国也是如此。保加利亚贵族普遍接受了拜占庭文化，纷纷皈依基督教，而下层人民则向斯拉夫人靠拢。他们大量与斯拉夫人联姻，学习在巴尔干半岛上更加流行的斯拉夫语言，以利于交流。仅仅用了300多年时间，保加利亚人就从一个源于亚洲的草原民族演变成了近乎纯粹的欧洲斯拉夫民族，他们从文化到血统都与斯拉夫人相似，而与同为柔然人后裔的亲戚阿瓦尔人反倒有了天壤之别，只有少量姓氏和习俗还能让人把他们的祖先追溯到古代的亚洲草原。

阿斯巴鲁赫的成功和阿瓦尔汗国的衰弱，深深刺激着依然臣服于阿瓦尔人的各个民族。683年，忽必烈的四子库伯在投奔阿瓦尔人约20年之后，被部下拥立为执政官（Archon），并宣布独立。阿瓦尔可汗对此忍无可忍，发起猛烈反击，经过六次会战，库伯最终取得惨胜。阿瓦尔汗国丧失了多瑙河南岸的全部土地，而库伯也被迫放弃已经在战火中化为废墟的首府西米翁城，率领七万人种混杂的部下南迁到马其顿，向拜占庭帝国臣服，拜占庭人称他们为"西米西安"（Sermisianoi），也就是"西米翁的居民"。

这个由多瑙保加利亚人建立的政权史称"第二保加利亚"，以便与阿斯巴鲁赫创建的"第一保加利亚"相区别。和五弟阿斯巴鲁赫不同，库伯并非世袭的国君，而是一位民选的官员，他创立的第二保加利亚是一个共和国，其居民又几乎全都是基督徒，这使他们更快地与巴尔干半岛上的斯拉夫人融合，而且始终与拜占庭人保持着友好关系。库伯起兵时年事已高，690年前后就去世了，他建立的保加利亚共和国随之无声无息地被拜占庭帝国吞并。

巴尔干还在梦中吗

阿斯巴鲁赫的手下败将君士坦丁四世去世以后，皇位由太子查士丁尼二世（Justinianos Ⅱ）继承。当时，阿拉伯人由于不断的内讧，放弃了向西扩张的计划，与拜占庭言归于好，每年还向拜占庭进贡。此后，拜占庭帝国的主要敌人，就从阿拉伯人变成了保加利亚人。东方的和平局势给查士丁尼二世提供了集中力量解决保加利亚威胁并给父亲报仇的机会。他在 688—689 年终止了给保加利亚汗国的岁赐，并不断攻击臣服于保加利亚汗国的斯拉夫人，却没有遭到保加利亚军队的任何有力反击。

695 年，君士坦丁堡发生政变，查士丁尼二世被推翻，他本人遭到切掉鼻子的酷刑，并被流放到克里米亚半岛。此后的几年内，拜占庭帝国内军阀混战，但保加利亚汗国却没有乘机出击收复领土，因为阿斯巴鲁赫可汗年老多病，又遭到阿瓦尔人和可萨突厥人的夹击，已经没有主动进攻的能力了。

阿斯巴鲁赫在 702 年去世，其子特尔维尔（Tervel）继承了保加利亚的汗位。这时发生了一件稀罕事，令整个西方世界为之震惊：被削掉鼻子的查士丁尼二世从狱中逃脱，投奔了可萨突厥汗国，并受到非常热情的欢迎，布兹尔可汗（Busir 或 Ibouzir）还将妹妹嫁给他为妻。但当君士坦丁堡当局派出使者抗议后，布兹尔的立场便发生了动摇，派人去刺杀查士丁尼。好在可汗的妹妹及时向丈夫报警，查士丁尼二世才得以像拓跋珪和佩克塔里特一样，辗转投奔保加利亚汗国。特尔维尔可汗立即抓住这次干涉拜占庭内政的好机会，接纳了查士丁尼，并答应帮助他夺回皇位。

705 年，特尔维尔与查士丁尼二世率领 1.5 万名保加利亚骑兵，杀到君士坦丁堡城下，但由于缺乏攻城装备，无法攻上城墙。守军还嘲笑查士丁尼二世，说没鼻子的人要当皇帝，简直是癞蛤蟆想吃天鹅肉。被激怒的查士丁尼急中生智，在晚上亲自带兵经水渠钻入城中，杀死守兵，打开城门，保加利亚骑兵随即一拥而入。就这样，查士丁尼二世戏剧性地恢复了皇位。

为了酬谢保加利亚盟友，他赐封特尔维尔可汗为仅次于皇帝本人的"恺撒"，并与自己共同接受君士坦丁堡市民的欢呼，分享拜占庭皇室成员的荣耀。特尔维尔恺撒在得到大笔财富，以及进一步提高的岁赐以后，心满意足地回国去了。不久，布兹尔可汗把妹妹及她与查士丁尼二世所生的儿子送到君士坦丁堡，以求得到皇帝的原谅。查士丁尼二世于是策立他的突厥妻子为皇后，又封他的混血儿子为共治皇帝。由此，拜占庭与保加利亚和可萨突厥两大北方汗国的关系都得到了改善。

查士丁尼二世有卓越的军事才能，又勤于治国，但心胸狭窄，因为失去了鼻子，还变得特别残忍。他在再次掌权以后，把大多数精力都用来迫害以前得罪过自己的人，结果导致整个政府陷入瘫痪。

阿拉伯人乘虚而入，在 710 年占领小亚细亚东部，并攻克了直布罗陀要塞，自西南方杀入欧洲。711 年，阿拉伯骑兵战胜西哥特军队，征服了大部分西班牙。与此同时，查士丁尼二世不思抵御外敌，反而调集大军渡过黑海，去克里米亚半岛惩办那些曾经羞辱过自己的看守。当地驻军看到和解无望，就向可萨突厥人求援。

布兹尔可汗虽是查士丁尼二世的大舅子，却也厌恶妹夫的野心和残忍，于是派出援军，将查士丁尼二世的讨伐部队击退。皇帝闻讯大怒，威胁要处死战败的将领，结果他的整支远征军发动叛乱，与克里米亚驻军和可萨突厥人一起向君士坦丁堡进军。查士丁尼二世向保加利亚盟友求助，但还没等特尔维尔带兵赶到，君士坦丁堡守军就已经哗变。这次，查士丁尼二世丢掉的不是鼻子，而是整个头颅。

查士丁尼二世之死，标志着延续百年的伊拉克略皇朝覆灭。特尔维尔可汗来晚了一步，没能挽救盟友，于是在君士坦丁堡的郊区四处掳掠。新皇帝巴尔达尼斯（Bardanes）为了赶走保加利亚人，从亚洲前线召回驻军，但这些深受伊斯兰文化影响的部队在特尔维尔撤兵以后就发动政变，推翻了巴尔达尼斯。从此，拜占庭帝国陷入了政治和宗教双方面的长期内乱，史称"毁坏圣像危机时代"。

长期以来安分守己的阿瓦尔汗国乘机扩张，于 713 年洗劫了维也纳西郊的小镇罗尔希（Lorch），不过这和他们祖先的军事成就相比，实在算不了什么。716 年，备受内忧外患之苦的拜占庭帝国为求自保，同特尔维尔订立新的和约，割让给保加利亚一些领土，并许可两国居民自由通商，保加利亚汗国因而成为巴尔干半岛上最强大和最富庶的政权，在多瑙河流域的势力也完全压倒了阿瓦尔汗国。

西方的没落给阿拉伯人的扩张提供了天赐良机，他们不再满足于征服小亚细亚和西班牙的成就，于是翻越比利牛斯山脉，向欧洲腹地进军，一度攻占了大半个法兰克王国。如果没有法兰克王国宫相铁锤查理（Charles Martel）在732年的都尔（Tours）战役中取得的历史性胜利，伊斯兰势力很可能会统治整个西欧，并向中欧蔓延，巴黎和马赛等城市里将兴建起无数的清真寺，而非天主教堂。

这位拯救了西欧基督教世界的铁锤查理出身于加洛林家族，前文曾经说过这个家族与阿瓦尔汗国的关系：566年，伯颜可汗战胜法王西格伯特，迫使后者把首都西迁，导致莱茵河流域的地方豪强坐大，直接受益者就是铁锤查理的曾祖父阿努尔夫主教，以及曾外祖父老丕平。在铁锤查理的领导下，法兰克王国取代了拜占庭和阿拉伯，成为西欧的主导性力量，加洛林家族也因此威震整个欧洲。铁锤查理之子矮子丕平三世（Pepin Ⅲ，the Short）在751年废黜墨洛温家族，登上法兰克王位，由此开启了法兰克王国的加洛林王朝，这个王朝也将成为阿瓦尔汗国的终结者。

754年，法兰克国王矮子丕平应教皇斯蒂凡二世（Stephan Ⅱ）之邀，进军意大利，打败了威胁罗马的伦巴第人和保加利亚人，后者乘拜占庭内乱之机，已经占领了拉文纳等重镇。矮子丕平三世没有把征服的领土据为己有，而是将它移交给斯蒂凡二世管理，从此意大利中部便成为罗马教廷的私有财产，教廷也因此摆脱了与拜占庭帝国的附属关系。

当时的拜占庭帝国真是墙倒众人推，保加利亚可汗温内奇（Vinech）在 756 年撕毁和约，再次推进到君士坦丁堡城下。此后，双方的战争连绵不绝，直到 763 年，新上台的拜占庭皇帝君士坦丁五世（Constantionos V）才成功地击败了同样新上台的保加利亚可汗特勒茨（Teletz），后者很快被失望的贵族推翻。773 年，保加利亚可汗特利里格（Telerig）卷土重来，但再次大败而还，数万士兵阵亡，几千名战俘被处死在君士坦丁堡的竞技场上，君士坦丁五世因而被称为"保加利亚屠夫"。保加利亚战败之后，被迫承认拜占庭帝国的宗主地位，但也争取到了用以养精蓄锐的 30 年和平时光。

第十四章
尼伯龙根之歌：帝国"金山"顶上的千古绝唱

百余年的强盛和拜占庭人的慷慨为阿瓦尔人积累了无与伦比的财富。传说中的尼伯龙根宝物终于为他们招来一个黑煞星——查理大帝。《尼伯龙根之歌》即将领取空前绝后的著作权使用费。

蜗居在多瑙河北岸的阿瓦尔人已经蜕化成一个彻头彻尾的心平气和、闭关锁国的守成民族。上百年没有打过仗的草原儿女能对付得了这些眼冒金光的法兰西农夫吗？

徒具虚名的阿瓦尔远征

768 年，法王矮子丕平三世驾崩，法兰克王国随即被他的两个儿子瓜分。但这只是暂时现象，长子查理很快得益于弟弟卡洛曼（Charloman）的暴毙，成为全法兰克王国之王，他日后将以"欧洲之父"和"查理大帝"（Carolus Magnus 或 Charlemagne 或 Karl der Grosse，又译为"查理曼"，但容易与卡洛曼混淆）的头衔而著称。

登基后的查理坚定地奉行扩张路线，先从阿拉伯人手里夺走了西班牙东北部，尔后经过十多年苦战，陆续征服了东北方的萨克森人、东南方的伦巴第王国和东方的巴伐利亚公国。伦巴第和巴伐利亚都是阿瓦尔的传统盟友，它们的败亡自然会将阿瓦尔牵涉进来。787 年，巴伐利亚公爵塔西罗（Tassilo）感受到查理迫在眉睫的威胁，于是派他的伦巴第妻子柳特贝嘉（Liutberga）前往阿瓦尔汗国，请求盟友的支援。

法国历史文献谴责柳特贝嘉是个恶毒的女人，但事实是：她的父亲被查理废黜，她的妹妹被查理休弃，她的祖国被查理吞并，所以她有充分的理由仇恨查理。在她的大力请求下，阿瓦尔汗国终于决定为巴伐利亚的独立而与法国开战。

听说阿瓦尔援军抵达战场，法军一度颇为紧张。但战斗开始后的进程表明，8 世纪末的阿瓦尔汗国早就失去了祖先的朝气和实力。中国古人云"胡运不过百"，游牧民族政权在建国百年以后，当创业的帝王将相及其子孙全部过世以后，他们的后裔没有目睹过祖先的征战历程，在喧嚣的都市氛围中长大，注定无法培养出祖先的勇武精神和精湛的战斗技巧，对军事的了解只停留在口头上，而又缺乏统治农业民族必需的文化、科技和经济能力，这样的政权不可能维系百年以上。此种说法有些绝对，阿瓦尔汗国就成功地在欧洲立足达 250 年之久，不过现在的确已经气息奄奄。

100 多年来，阿瓦尔军队极少参加战争，阿瓦尔使团极少访问别国（679 年最后一次出访拜占庭，693 年最后一次出访法兰克王国），阿瓦尔商团也不再出国贸易。总之，这些柔然人的后裔已经变成了一个彻头彻尾的心平气和、闭关锁国的守成民族，与他们好战且好奇的祖先有天壤之别。在查理大帝身经百战的精锐之师面前，几十年来毫无实战经验积累的阿瓦尔军队只能被打得落花流水，在巴伐利亚、奥地利西部和意大利东北部多次受挫，最后只得掩护一些不愿接受法兰克人统治的当地人向东撤退。

听说阿瓦尔援军战败，塔西罗知道大势已去，遂主动向查理投降，法兰克王国的领土因而扩张至奥地利中部，直接与阿瓦尔汗国接壤了。经过调查，查理大帝得知，这个东方的新邻居依赖祖先的积累，拥有大量财宝，特别是黄金，整个民族都沉溺于享乐，军队缺乏训练，对外国可能的入侵毫无准备，是一块容易吃掉的大肥肉。

由于连年争战，法国人的国库已然十分空虚，查理无法不对阿瓦尔汗国这座金山动心。他不顾疲劳，立即着手准备下一次战争。

虽然名为法兰克国王，但查理同时也被誉为神圣罗马帝国和第一德意志帝国的奠基人。他很少在今天的法国领土上活动，更多地往返于今德国西部的莱茵河流域。当他征服了今德国北部的萨克森人以后，便在788年迁都到莱茵河西岸的亚琛（Aachen）。这次迁都充分暴露了查理对中东欧地区的兴趣，在接下来的两年内，法军又频繁扫荡易北河流域的斯拉夫人，渐渐对阿瓦尔汗国形成了两面包围之势。

上百年来，奥地利中部的恩斯河（Enns）一直构成巴伐利亚公国与阿瓦尔汗国之间的天然边界，从未有人对此提出质疑。查理却不这么看。正所谓欲加之罪，何患无辞，他很快挑起一系列边境冲突，并屡屡得手。阿瓦尔人在援助巴伐利亚失败以后，只想继续过以往的清静日子，于是在790年派使团前往法兰克王国，要求按照传统习惯线划分双方的疆界，但遭到强硬的拒绝。次年夏天，查理从亚琛南下，在沃尔姆斯（Worms）渡过莱茵河，东巡至巴伐利亚首府雷根斯堡（Regensburg，今慕尼黑东北），法兰克王国各地的部队也源源不断地向这里云集。憧憬未来的阿瓦尔战争，法军将士的眼中无不闪烁着贪婪的金光。

9月5日，法军完成了在雷根斯堡的集结，在连续祈祷了整整三天之后，开始拔营东征。伯颜时期阿瓦尔骑兵带给法国军队的噩梦依然未被遗忘，查理十分重视对手，所以花费大量财力配备士卒的盔甲和随身物资。历史上，法军从未挺进到如此遥远的地区，敌人又被公认为颇具战斗力，这支部队预计将在国外停留很长时间，所以必须拥有那个时代欧洲最完善的装备。

查理的宣传机器也不甘寂寞，提前在法兰克王国国内发动反阿瓦尔宣传，把几个世纪前的陈年旧事都翻腾出来，宣称"狂妄的匈奴人犯下了无法容忍的滔天罪恶，侵犯了基督教会及神圣的基督徒，因而必须得到应受的惩罚"。许多修道士也随同出征，以便随时鼓舞士气和安葬死者，他们虽然不计入军队人数，但也都是训练有素的武士。修道士本来不应该饮酒食肉，但在出征前几乎都破戒了，据说是为了壮胆。此外，又组织了一支由巴伐利亚人组成的船队，顺多瑙河东进，负责后勤运输，并对付多瑙河上的阿瓦尔水师。

雷根斯堡方面军并不是查理的唯一一支东征部队。查理的三子卡洛曼被父亲委任为意大利国王，他与查理的外甥、弗留利公爵埃里克（Eric of Friuli）从弗留利出发，顺德拉瓦河（Drava，今匈牙利与克罗地亚的界河）而下，从南路向阿瓦尔汗国发起进攻，准备在德拉瓦河口与顺多瑙河而来的查理主力部队会师。

两路出兵是查理惯用的伎俩，他本人永远指挥那支人数多、装备好的部队，冲锋在后，撤退在前，把一切艰苦战斗都留给诸侯们去完成，即便这些诸侯是他的亲戚。一个很好的例子是，《罗兰之歌》的主人公罗兰伯爵虽然和埃里克一样，都是查理的外甥，但却因为执行舅舅的这一战略部署，在指挥殿后部队时遭到巴斯克人伏击，战死在西班牙北部的山沟里。当时，查理本人及其主力部队早已安全地跑回法国去了。这是典型的欧洲中世纪政治文化：诸侯的消耗有助于皇权的巩固，帝王的生命安全高于战争的胜负。查理又是一位驾驭宣传机器的老手，在他活着的时候，法国文献从未提及过任何一场法军的失利。战场上的怯懦表现使查理远离军事家的标准，却有助于他成就帝业。

不知是因为吃得太多，还是装备太重，查理的军队行动异常缓慢，每天只前进 20 公里。9 月 20 日，巴伐利亚地方武装加入进来，法军阵营里随即流行起了一首与“匈奴”有关的新编史诗，也就是享誉千年的《尼伯龙根之歌》（Niebelungenlied）。在这部史诗中，所有情节几乎都在影射 791 年查理的阿瓦尔远征。

匈奴王埃采尔（阿提拉）的军队在匈奴首都被勃艮第武士杀戮，显然象征法军将攻陷阿瓦尔汗国的首都圜城，因为勃艮第是法兰克王国的一个省份，勃艮第王国首都沃姆斯也是查理迁都亚琛之前的法兰克王国首都，欧洲人又始终称阿瓦尔人为匈奴人。把勃艮第武士召到匈奴国来的匈奴王后克里姆茜尔德（Krimhild）本是勃艮第公主，象征劝说阿瓦尔汗国与法兰克王国开战的巴伐利亚王后柳特贝嘉，因为巴伐利亚当时也已被法兰克人征服。至于反复无常的主人公哈根，如前文所说，其名字可能来自阿瓦尔语的"可汗"，他最后被克里姆茜尔德害死，象征阿瓦尔可汗因为听信柳特贝嘉之言，招致亡国的惨祸。更有甚者，史诗描写的勃艮第人从沃姆斯前往匈奴首都埃采尔堡（Etzelburg）的旅途，与大部分法军从沃姆斯前往阿瓦尔汗国西部重镇匈奴堡（Chuneberg，今维也纳东郊）的路线完全一致。

行文至此，日耳曼史诗《尼伯龙根之歌》的真相已经大白于世：它是一部法军在远征阿瓦尔汗国期间集体创作，并经查理的御用文人统一润色的宣传歌曲，意在丑化阿瓦尔可汗和巴伐利亚王后柳特贝嘉，鼓舞法军的士气，宣扬武士精神和忠君思想。史诗中着力颂扬的"尼伯龙根宝物"被哈根窃走，藏在无人知晓的秘密地点，指的正是全体法军将士朝思暮想的阿瓦尔宝藏——阿瓦尔圜城内无数的金银财宝。

按照《尼伯龙根之歌》的解释，它们都是历代阿瓦尔可汗用计谋和暴力从法兰克人手中夺来的，理应归还给法兰克人。其实，这批宝藏主要来自亚欧草原上的金矿和拜占庭帝国历年向阿瓦尔汗国进贡的金银，以后又由阿瓦尔人及其仆从民族打造成富有民族风情的器物。但在《尼伯龙根之歌》里，它却被蓄意曲解成古代勃艮第人的遗产，这样法军就仿佛是去拿回自己的祖先遗产一般，从而减少了许多负罪感。①

对尼伯龙根宝物的高昂热情，似乎与法军始终保持的乌龟速度不相称，更何况他们一直没有遭遇像样的抵抗。这是由于多瑙河南岸山林密布，法军对地形极不熟悉，担心遭到伏击，同时也希望卡洛曼的南路军会先与敌人交锋，以便保存自己的实力。直到维也纳森林深处，阿瓦尔人才展现出保家卫国的决心，坚守几座要塞，其中最主要的就是匈奴堡。坚守城池，极力避免野战，这可不是游牧民族的作战方式。它充分说明，8世纪末的阿瓦尔人已经远离了游牧生活，过上了定居的日子，虽然未必变成了农民。

匈奴堡之战大约持续了半个月，过程曲折而血腥，法军一度被击退。查理的小儿子路易当年只有13岁，却被父王委以先锋官的重任，自然很难完成任务，随同部下溃退。在查理去世以后，路易继承了父亲的皇位，史称"虔诚者路易"。少年时代的不快经历造

① 《尼伯龙根之歌》用中古高地德语写成，因为当时现代法语尚未产生，法兰克人作为日耳曼民族的一支，当时主要说的就是中古高地德语。791年原始版本的《尼伯龙根之歌》没有流传下来，现代版本的《尼伯龙根之歌》大约是13世纪初由某个奥地利文人重新编纂的，但内容相差不会太大。

成巨大的心理创伤，喜爱旅游的他对匈奴堡的印象如此恶劣，以至于从未再次踏上那一带的土地。

虽然击败了小路易的进攻，但匈奴堡毕竟不是法军主力的对手，终于在 10 月底陷落。大量的死者造成了瘟疫，修道士充当起战地医生的角色，结果大多染病去世，其中还包括几位主教。

10 月 31 日，在出发后 52 天，法军在占领了奥地利全境以后，推进到今匈牙利西部的拉巴河（Raba）。在这里，查理给妻子和女儿写信，称卡洛曼指挥的南路军在 8 月底击溃了德拉瓦河流域的敌人，现已推进到河口，多瑙河与德拉瓦河之间的阿瓦尔陆军和水师看到自己即将遭到夹击，纷纷放弃阵地，撤退到多瑙河东岸去了（布达佩斯和贝尔格莱德之间的多瑙河是从北向南流的），德拉瓦河以南的克罗地亚人也都表示臣服。现在，多瑙河以西的原阿瓦尔汗国领土都被并入法兰克王国。考虑到瘟疫蔓延和冬季即将到来，这次远征可以就在此时终结。同时，查理还抱怨说，自从出征以来就没有听到过后方的消息，十分挂念家人。

查理很快就会发现，他没有收到家人的来函，因为他的王室即将祸起萧墙。

远征军回国后不久，就在 792 年秋查理的太子驼背丕平（Pepin the Hunchback）计划刺杀父王和几个弟弟，夺取江山。但驼背丕平对阿瓦尔远征后的局势判断失误，导致政变失败，他本人也被关进了修道院。大难不死的查理断绝了同驼背丕平的父子关系，并将在阿瓦尔远征中立下头功的三子卡洛曼改名为丕平，史称"意大利国王丕平"（Pepin of Italy）。

791 年的阿瓦尔远征虽受到法兰克王国宣传机器卖力的吹嘘，但并不算是完全的胜利。这次战争既没夺取多少土地，也没消灭很多敌人，就连俘获的几千匹马也因瘟疫全部死亡，此等收获与查理在战前向部下的承诺相比，差距实在太大。法兰克王国的参战盟友对此特别不满，驼背丕平的谋反和法兰克王国面临的农业歉收又增强了他们的信心。自 792 年起，萨克森人、斯拉夫人和阿拉伯人都重新向法兰克王国发难，并向阿瓦尔人求援，把查理折腾得焦头烂额。

向定居者投降的草原民族

法国的内乱本来给阿瓦尔人提供了报仇雪恨的好机会，但事实正好相反。法军撤退之后，阿瓦尔汗国内部也开始分崩离析。一些阿瓦尔人确信，法军过于强大，根本无法战胜，而另一些人则把战败的责任全归到实际负责全国军政事务的叶护身上，要求可汗仿效可萨突厥，罢免叶护的职务，并加以惩办。日益升级的争论导致全国分裂为两派，相互攻杀。内战持续到 795 年年底，并以对阿瓦尔民族最不利的结局收尾：可汗与叶护都丧了性命，汗国从此陷入无政府状态。

富有军事经验的弗留利公爵埃里克把握住了这一良机，带领他的私人军队，在邻近的克罗地亚人协助下，突然渡过多瑙河，袭击了阿瓦尔汗国的心脏地带。当时的克罗地亚人由11位"处般"（Zoupan）分享统治权，这一突厥味十足的头衔很可能来自阿瓦尔可汗的封赐。联军没有受到什么抵抗，就攻进了圜城，抢走了大批"尼伯龙根宝物"。此种快速突袭本来是阿瓦尔军队的专长，如今却被他们的学生法兰克人运用得得心应手，老师的后代反而遭到"以其人之道，还治其人之身"的下场。

现在，多数阿瓦尔人已经对本民族的政权丧失了信心，他们没有一个盟友，邻国都虎视眈眈，想要来瓜分这个衰落的国家。既然没有力量自保，最佳的方案就是与最强的对手合作，当时的一位阿瓦尔吐豆登就是这么想的。当查理在雷根斯堡指挥镇压萨克森人的战争时，吐豆登派来使者，请求向法兰克王国臣服。查理要求他交出全部土地和民众，并皈依基督教，结果得到了肯定的答复。796年年初，吐豆登如约来到亚琛，与其全体部下一起接受了洗礼。法国史书记载说："头颅两侧编着辫子的匈奴人跪拜在基督面前，放弃了他们以往无法控制的野性，表现得谦恭而驯顺。"

吐豆登的投降，成为压倒阿瓦尔汗国这头大骆驼的最后一根稻草，它现在已经不堪一击。查理向来善于把握机会，争取实惠，立即命令意大利国王丕平和弗留利公爵埃里克向东进发。意大利军队早有准备，巴伐利亚水师的加入又增强了他们的实力，这支船队经过几年的操练，已经能够熟练地搭建浮桥，在河川上进退自如，可以在水网密布的多瑙河中游地区发挥陆军起不到的作用。拒绝投降的阿瓦尔部队被敌人从水陆两面切割开来，很快崩溃。消息传开，就连意志最坚定的阿瓦尔人现在也对抵抗丧失了信心。

当丕平和埃里克的军队抵达德拉瓦河与多瑙河交汇处时，新任阿瓦尔可汗带着可贺敦、他汗、冒顿汗及大批随从出现在多瑙河对岸。他们手中没有武器，因为不是来交战，而是来投降的。不幸的可汗以绝望的口吻对丕平说道："君王啊，请做我们的主子，我在此把国家交到你的手上，花草、树木、山峦、丘陵，还有我们的子女，凡是大地上生长的一切，现在全都属于你……"丕平欣然接受可汗的臣服，命令部队把"尼伯龙根宝物"洗劫一空，尔后放火烧毁了阿瓦尔圜城。昔之虎踞龙盘，加以黄旗紫气，莫不随狐兔而窟穴，与风尘而殄瘁！

在这次东征中，法军掳获的战利品极为丰富，只有未来的美洲地理大发现能够与之相比。仅丕平在 796 年从阿瓦尔圜城中运走的黄金就重达数十吨，装满了 15 辆大车，每辆车需要 4 头公牛才能拉得动。这批巨款强烈地拉动了法国的内需，全法兰克王国的教堂都开始扩建和装修，就连与法兰克王国相邻的不列颠、意大利和西班牙也从中获益。英语称奖品为"award"，这个词就来自"阿瓦尔"，因法军对阿瓦尔汗国的劫掠而得名。从此，西欧的财力超过了东欧，一举结束了自罗马帝国衰亡后数百年来以物易物的原始经济时代，重新搭建起一直持续到 1971 年布雷顿森林体系崩溃为止的国际金本位货币体系。

可汗在 796 年的投降，标志着阿瓦尔汗国的覆灭。战争进行得过于容易，法军将士对阿瓦尔军队的懦弱表现大加嘲笑，在回国后对人吹嘘说："那些小蛤蟆除了嘟囔几句没人能听懂的话以外，什么本事也没有，我一矛就可以捅死七个、八个，甚至九个！"很难想象，伯颜可汗的后裔竟会沦落到这般境地，正应了孔子所言："不教民战，是谓弃之！"法国史书甚至声称，整个阿瓦尔民族，包括贵族和平民在内，都被杀得精光，潘诺尼亚成为一片渺无人烟的荒原。

不过，阿瓦尔人的故事并未就此终结。法军只推进到蒂萨河就撤退了，所得只不过是阿瓦尔汗国的半壁江山而已。蒂萨河以东的阿瓦尔人并未向法兰克王国臣服，就连新近投降法军的阿瓦尔人也还心猿意马。查理的帝国本是一个根基不稳的多民族国家，民族矛盾和地域矛盾每天都在产生，法兰克人洗劫阿瓦尔人的财产，并强迫他们背井离乡，到萨克森人与斯拉夫人混居的易北河上游去务农，使这些骄傲的牧民和地主感到极大的羞辱。可汗投降后仅仅一年，正如法兰克史家所说，"因为我们的大意，导致匈奴人的哗变"，中欧的阿瓦尔移民与萨克森人、斯拉夫人联合起来，展开了反抗法兰克王国统治的暴动，而法军将为他们的轻敌付出惨痛的代价。

到了799年，阿瓦尔暴动达到了高潮，阿瓦尔贵族纷纷加入反法阵营，并获得了领导权，为首的就是在796年投降法兰克王国的吐豆登和冒顿汗。被法国暴政激怒的阿瓦尔人此时似乎重新恢复了一些祖先的尚武精神，于799年8月在塔尔萨提卡（Tharsatica，今克罗地亚里耶卡）取得大捷，并阵斩了阿瓦尔汗国的实际摧毁者——弗留利公爵埃里克。就这样，查理的两位最能征善战的外甥——罗兰和埃里克都落得个在山林中丧命的悲惨下场。

巴伐利亚总督格罗德（Gerold）既是埃里克的父亲，也是查理的妹夫，他急于为爱子报仇雪恨，结果中了阿瓦尔人的埋伏，于9月1日阵亡。不久后，扎达洛伯爵（Chadaloh）和哥特兰伯爵（Goteram）也相继战死在潘诺尼亚。在一个秋季之内，法国的四大名将先后殒命于阿瓦尔人之手。眼看东部版图面临崩溃，查理被迫御驾亲征，在800年年初再次来到雷根斯堡指挥，总算扭转了战局。这次，他没有把战利品据为己有，而是将其中的很大一部分送给了罗马教廷，并很快取得了回报。

800年12月23日，在罗马发生了欧洲中世纪最重要的一件大事：教皇利奥三世（Leo Ⅲ）加冕法国国王查理为罗马皇帝，后者随即又被冠以"大帝"的无上头衔。在查理登临大宝的过程中，法兰克人从阿瓦尔人手中夺来的财宝显然起到了至关重要的作用。在中世纪欧洲，由教皇加冕为罗马皇帝并不只是一个仪式，而是宣示他对整个西欧及基督教世界拥有主权。在诸侯的眼中，称帝者的地位将会大大加强，这对查理平息各地的暴动十分有利。

但在称帝之后，查理大帝仍然没能取得对阿瓦尔人的决定性胜利，东方的战事持续胶着，除了在西班牙取得一些胜利以外，法兰克王国史书中找不到任何可以歌颂的战绩。但到了803年，阿瓦尔人的形势却急转直下，因为新上台的保加利亚可汗克鲁姆（Krum）

从东方向他们发动了进攻。在这些更为凶悍的亲戚面前，阿瓦尔人完全不是对手。次年，多瑙河中游的阿瓦尔政权彻底瓦解，保加利亚军队一直推进到蒂萨河，不愿意接受保加利亚统治的阿瓦尔人则再次向法兰克王国臣服。就这样，原阿瓦尔汗国的版图被保加利亚和法国瓜分了。

805 年，末代阿瓦尔可汗及其部下前往亚琛，在盛大的凯旋式后接受了洗礼，时为 9 月 21 日。查理大帝亲自担任可汗的教父，给他起了一个《圣经》味十足的教名——亚伯拉罕（Abraham）。这个名字听上去有点像"阿拔尔"，《圣经》中的亚伯拉罕是巴别塔倒塌以后第一个开始崇拜上帝的人，也许这是它被选为阿瓦尔可汗教名的原因吧。在这些皈依基督教的阿瓦尔人之中，也有那位曾经反抗过法兰克统治的冒顿汗，他得到的教名是"提奥多西"（Theodosios），意思是"崇拜上帝的人"。当时他的领地遭到日益壮大的斯拉夫人进攻，已经无法再自保了，所以请求法国当局赐予一块可以容身的垦殖地。但就在赶赴新领地的路上，冒顿汗提奥多西病逝。

此后，查理大帝在原阿瓦尔汗国的版图上设立了阿瓦里亚汗国（Avaria Khanate），仍由亚伯拉罕可汗统治，但要年年向法国进贡。到了 811 年，随着法军对斯拉夫人取得完全胜利，亚伯拉罕可汗及大批阿瓦尔贵族被"邀请"到亚琛去赴鸿门宴，从此便在历史上消失了。阿瓦里亚汗国也随之被取缔，改设为由法国官员管理的阿瓦里亚郡。

　　查理大帝于814年驾崩，备极奢华的葬礼上使用的大量金银器多数来自对阿瓦尔汗国的劫掠，他那著名的金像也是用阿瓦尔金器改铸而成的。虔诚者路易继承了皇位以后，在828年取缔了阿瓦里亚郡和几个尚存的阿瓦尔贵族领地，将它们并入新设的"东马克"（Ostmark），也就是奥地利的前身。从此以后，"阿瓦尔"之名再也不见于典籍，渐渐被欧洲人彻底遗忘。俄国史书就此总结说："阿瓦尔人曾经是强大而自豪的民族，但因为得罪了上帝而受到严惩，整个民族都灭绝了，没有一个人活下来。至今俄国仍流传着这样的谚语：'像欧伯尔人（Obor，即阿拔尔或阿瓦尔）一样消失，既没有留下后代，也没有留下遗产。'"

劫难之后的浴火重生

828 年以后，欧洲史书一致宣称，阿瓦尔这个显赫一时的民族已经完全灭亡了。事实果真如此吗？

神秘的柔然民族没有绝灭，他们留下的不仅仅是鞑靼、吐贺真、阿保机、伯颜这样显赫的名字，还有几十个改名换姓的新民族，在亚欧大陆上建国立业，繁衍生息。

8 世纪末至 9 世纪初，由于内部不断分裂，国民沉湎于安逸享乐的定居生活，致使军队的战斗力锐减，曾经统治中欧和东欧大片土地达两个半世纪的阿瓦尔汗国终于灭亡了。正如孟子所说，他们"生于忧患，而死于安乐"。828 年以后，欧洲史书一致宣称，阿瓦尔这个显赫一时的民族已经完全灭亡了。但事实的真相果然如此吗？

　　答案是否定的。正如古代历史上多次发生过的那样，草原帝国灭亡的最大得益者，往往并不是与他们为敌的农业政权，而是另一个草原帝国。以东方历史为例，月氏衰微了，匈奴就兴旺了；匈奴崩溃了，鲜卑就强大了；鲜卑南下了，柔然就昌盛了；柔然离散了，突厥就发达了；突厥瓦解了，契丹就活跃了；契丹败落了，女真就振作了；女真垮台了，蒙古就繁荣了。这些游牧民族之间没有天然的种族界限，他们的语言和风俗总是或多或少地相近，沟通与合作毫无困难。多数失败者都会乐意抛弃民族观念，加入胜利者的队伍，改用更为时髦的名字，以便谋求最大的利益。

　　柔然或阿瓦尔民族的结局，也是如此。诚然，许多接受法兰克王国统治的阿瓦尔人都被同化或屠杀了，但阿瓦尔人分布的地域远远超过法兰克人力所能及的控制范围。法兰克王国史书对蒂萨河以东的草原状况毫无了解的兴趣，但通过拜占庭古籍，我们了解到，伴随着阿瓦尔汗国的消亡，保加利亚汗国的实力突然有了明显的加强。保加利亚可汗克鲁姆接管了特兰西瓦尼亚（Transylvania，今匈牙利东部和罗马尼亚西北部）的阿瓦尔人和马其顿的保加利亚人之后，自认为有了足够的本钱，就硬起腰杆，拒绝向君士坦丁堡履行 773 年条约中规定的进贡义务。

809 年，克鲁姆可汗率领保加利亚与阿瓦尔联军，以及大批无处不在的斯拉夫人南下，攻陷索菲亚等多座拜占庭重镇，狼烟渐渐传播到君士坦丁堡北郊。但对保加利亚汗国来说，那并不是一个进攻的好时机，因为阿拉伯帝国刚刚发生内乱，拜占庭皇帝尼基弗鲁斯一世（Nicephorus I）没有了来自东方的压力，可以放心大胆地召回亚洲前线的驻军，准备彻底解决保加利亚问题。双方的主帅都自信满满，对大臣们提出的和谈方案不屑一顾，恶战无可避免。

811 年，尼基弗鲁斯利用优势兵力发起全面反击，不仅将保加利亚人完全驱逐出境，还一举攻占了保加利亚首都普利斯卡，歼灭 1.2 万名守军，然后将全城付之一炬。遭到重创的克鲁姆可汗率残部逃入普利斯卡西郊的巴尔干山区，派使者来向尼基弗鲁斯求和，希望能放他回多瑙河北岸，并许诺以后年年进贡、岁岁来朝。但拜占庭皇帝被胜利冲昏了头脑，决心毕其功于一役，不顾星象家的劝说和对保加利亚人有利的地形，执意要进入山区追剿残敌，直到把他们全部消灭为止。被逼上绝路的克鲁姆可汗别无选择，只得负隅顽抗。

巴尔干山区的地形蜿蜒起伏，尼基弗鲁斯为了追求推进速度，将8万大军分成四路，经四条山谷齐头并进。山谷极为漫长，一个星期都无法走出去，又连续赶上多云天气，白天看不见太阳，夜晚看不到月亮，拜占庭士兵越来越懈怠和忧虑。拜占庭皇帝不知道，就在这个星期内，克鲁姆可汗已经集结起5万军队，紧紧跟在他身旁的山坡上，占据了居高临下的地形优势。7月26日清晨，当大多数拜占庭士兵尚未从睡梦中醒来时，保加利亚和阿瓦尔联军发起了总攻。尼基弗鲁斯看到两侧的山坡上布满敌军，谷口也被严密封锁的场面，长叹道："上帝啊，我们插翅难飞了！"

对克鲁姆可汗来说，接下来的战斗非常简单。拜占庭人的军营很快被突破，近卫军奋力突破一侧的谷口，冲到山外的河流旁。因为争着在浅水区渡河，他们相互践踏，尸体堆积如山，河水都为之不流。过河的士兵冲到一座废弃的木栅城堡前，因为没有钥匙，撞不开门，于是纷纷向墙上爬，保加利亚骑兵则从他们背后不断射击，大批士兵被羽箭从背后活活钉死在木墙上，脚悬空挂在那里，显得极其怪异。还有一些士兵企图放火烧掉木墙，结果反而让他们自己更难进入。当天傍晚战斗结束时，拜占庭帝国的多数精锐部队，尤其是近卫军，以及几乎整个皇室和各个贵族家庭，全部落得被歼灭的下场。

8万拜占庭军队之中，逃出去的仅有数百人。生还者中包括太子斯陶拉修斯（Stauracius），但他被一支保加利亚羽箭射穿了颈部，伤及脊髓，高位截瘫，已经生不如死。皇帝本人受伤落马后，为了不让保加利亚人或阿瓦尔人获得杀死自己的荣誉，命令身边的老兵砍掉自己的头颅。也有记载声称，他是被政敌乘乱杀害的，或是在单挑中被克鲁姆可汗亲手刺死，后一种说法显然最受保加利亚人喜爱。当天晚上，尼基弗鲁斯皇帝的首级被细致地剥皮去肉，用黄金和白银装饰，献给克鲁姆可汗用作酒杯。

普利斯卡之战完全改变了西方历史的走向。保加利亚人的胜利经过多次口耳相传的添油加醋，迅速在三大洲流传开来，就连阿拉伯人和法兰克人也都对克鲁姆可汗深感畏惧。骤然衰落的拜占庭帝国被迫在多方面让步，包括承认教皇在意大利的特殊地位，以及承认查理的皇帝身份。保加利亚人在这场大翻盘战役后不再满足于原有领土，与阿瓦尔人和斯拉夫人一起洗劫了整个巴尔干半岛，并在813年6月又一次重创拜占庭野战军。

814年，也就是查理大帝驾崩的那个年份，克鲁姆可汗的军队再度逼近了君士坦丁堡。新皇帝利奥五世提出和谈，苦于没有攻城装备的克鲁姆欣然同意，并遵守协议，未带任何武器就来参加会议。不料拜占庭人包藏祸心，就像当年伯颜的幼子伏击伊拉克略皇帝一样，在帐后埋伏甲士，几乎将保加利亚可汗刺杀。所幸克鲁姆武功高强，空手夺刀，夺路而出，但全身都已伤痕累累。次年春季，克鲁姆第三次向君士坦丁堡进军，但因突发性脑出血，在6月份突然病逝于君士坦丁堡城外的军营中。这样戏剧性的死亡让保加利亚人更有理由把他与阿提拉相提并论。

其实，游牧民族的饮食结构普遍不合理，长期摄取高脂肪、高蛋白、高胆固醇、高热量食物，而很少吃蔬菜和水果，所以患上心脑血管疾病的概率非常大。

克鲁姆可汗死后，精疲力竭的拜占庭帝国与保加利亚汗国捐弃前嫌，重归于好。和平总是对经济和科技更发达的一方有利，到了 860 年左右，拜占庭人软硬兼施，使多数保加利亚人皈依了基督教。当时，"阿瓦尔"这个名字已经销声匿迹，很可能所有的阿瓦尔人都放弃了祖先留下的名号，改称自己为保加利亚人了。为了对付这个日益强大的敌手，拜占庭使者还不断鼓动可萨突厥人从背后进攻保加利亚。但保加利亚人也变得越来越聪明，他们从更遥远的东方招来了神秘的佩切涅格人（Pechenegs）。

佩切涅格人同样是一个接近柔然和突厥的民族，"佩切涅格"的意思就是"靠近罗马的突厥人"。希腊语称他们为"帕兹纳科人"（Patzinakoi），拉丁语称为"比西尼人"（Bisseni），匈牙利语称为"贝森岳人"（Besenyo），阿拉伯语因为地域相邻的关系，写法最清晰——"Bajanak"——伯颜人。看来，佩切涅格人也可能是柔然人的后裔。这支新兴起的游牧民族以更强的野性，占领了可萨突厥汗国的东北部领土，后者随即分崩离析。890 年左右，三个可萨突厥部落结合成一个叫作"喀巴尔"（Khabar）的联盟，起来反抗可汗与可汗匐的统治，失败后逃窜到西方去了。

喀巴尔联盟并不孤独，他们的队伍因为七个东方游牧部落的加入而日益壮大。新来者自称"马扎尔人"（Magyars），这个名字源自古波斯语的"马古人"（Magi 或 Magians），本来指米底人（Medians）的一个部落，他们专门负责宗教事务，例如祭祀、占星、释梦，还懂很多魔术，所以欧洲人称魔术为"magic"，本义是"马古人的"。

马扎尔人来自东方草原，与西亚的米底人毫无瓜葛，也不以擅长魔术闻名，对宗教也没什么兴趣，之所以采用这个名字，是因为他们曾经占据过马古人的故乡马格吉亚那（Margiana，今土库曼斯坦东北部）。

来到欧洲以后，马扎尔人很高兴地发现，自己被基督徒误以为是《圣经·启示录》中将在世界末日降临的魔鬼使者玛各（Magog）。既然敌人不敢抵抗，他们便滥用胜利者的权力，用流寇式的生活方式威吓半个欧洲。他们共有七个部落，与喀巴尔联盟正好结合成一个由十个部落组成的大集团，号称"十箭联盟"，也就是"奥诺吾尔"。

这个名字容易与保加利亚人中的奥诺吾尔部落混淆，其实他们都是仿效突厥人的"十支箭"组织而已，彼此间没有联系。无知的欧洲人泛称这个集团为"匈奴人"或"突厥人"，结果造成更大的混乱。最后，人们普遍接受了"匈牙利人"（Hungarians）作为马扎尔与喀巴尔联盟的名称，因为他们最终占据了原先匈奴人的疆土。

马扎尔人说着很独特的语言，由此可以推测他们真正的祖先。马扎尔语最近的亲属是现代的芬兰语，现代芬兰人是日耳曼土著与东方游牧民族伊戈尔人的混血后裔。伊戈尔人又称乌戈尔人或奥吾尔人，如前文所说，他们曾经臣属于匈奴人，在463年被柔然可汗吐贺真赶到欧洲，随即四分五裂，有些人为阿瓦尔可汗南征北战，有些人为保加利亚可汗东奔西走，有些人回迁到中亚的故乡，有些人则浪迹于荒无人烟的北极圈附近。定居于今芬兰地区的伊戈尔人由于缺乏敌手，逐渐忘记了战争为何物，与其多瑙河畔的亲戚马扎尔人走上了南辕北辙的道路。归根结底，他们原本都是柔然——阿瓦尔汗国的臣民。

匈牙利人能够入主多瑙河流域，与拜占庭帝国愚蠢的引狼入室不无关系。894 年，保加利亚可汗西蒙一世（Simeon I）再次大破拜占庭人，拜占庭皇帝利奥六世（Leo Ⅵ）本来想求助于老盟友可萨突厥，但听说后者已经在佩切涅格人和马扎尔人的夹击中衰微，鞭长莫及，于是本着"远交近攻"的原则，向马扎尔人求助。当时担任马扎尔大公的阿帕德（Arpad）欣然接受邀请，带领"十箭联盟"西进，袭击了保加利亚汗国的大后方，占据了特兰西瓦尼亚这块阿瓦尔汗国的故土，他的新政权因而被叫作"匈牙利"——匈奴人的国家。从此，保加利亚人丧失了多瑙河以北的领土，只能满足于对巴尔干半岛东部的占领。

没过多久，利奥六世看到匈牙利人的暴行，便对自己的"驱虎吞狼"之计深感后悔，于是与西蒙可汗破镜重圆，联合对付阿帕德，总算把马扎尔洪流挡在巴尔干半岛之外。但一个傻瓜的觉悟往往伴随着另一个傻瓜的迷茫，法兰克国王阿努夫（Arnulf）自以为聪明地把匈牙利人引来，指望他们帮助自己打赢内战，换来的却是哀鸿遍野。匈牙利人对财富表现出强烈的饥渴感，迅速横扫整个法兰克领土，包括今日的德国、奥地利、荷兰、比利时、法兰克王国、瑞士和意大利，巴黎和罗马都沦为他们的囊中之物。但他们和许多游牧民族一样，完全不具备统治占领区的打算和能力。直到955年，匈牙利人才被神圣罗马帝国或第二德意志帝国的开创者奥托大帝（Otto Ⅰ）击败，此后逐渐走上和阿瓦尔人与保加利亚人类似的定居化道路，并且皈依了基督教。

可萨突厥汗国因佩切涅格人来袭和匈牙利人的哗变而衰落，原来受其统治的东斯拉夫人乘机造反。912年左右，一个叫"伊戈尔"的人建立了基辅罗斯大公国，成为俄罗斯的祖先。从名字上判断，他可能与匈牙利人和芬兰人一样有乌戈尔人的血统。他能够在东欧成就伟大的功业，还要得益于柔然可汗吐贺真在463年把他的祖先从西伯利亚针叶林里赶出来。

967年，伊戈尔的继承者斯维亚托斯拉夫大公（Svjatoslav）攻克了可萨突厥首都阿提尔（Atil，今俄罗斯阿斯特拉罕），宣告可萨突厥汗国的覆亡。可萨突厥汗国这个从阿瓦尔汗国分裂出去的政权虽然比母体要长寿一些，但因为柔然民族共同的特质——喜欢定居生活，最终遭到文化程度更低的异族征服。因为不怎么嗜血好杀。这个政权很快也和阿瓦尔汗国一样，被欧洲人遗忘了，余部基本上都与伏尔加保加利亚人结合，成为俄国的鞑靼族——大檀的民族。

在吞并可萨突厥汗国之后，斯维亚托斯拉夫大公并不满足，他应拜占庭人的邀请，挥师渡过多瑙河南下，于972年征服了保加利亚汗国。拜占庭皇帝尼基弗鲁斯二世发现这个新邻居更危险，便及时与佩切涅格人结盟。斯维亚托斯拉夫的疲惫之师最终在保加利亚被打垮，他虽然与拜占庭人和解，但后者却阴险地指使佩切涅格人在归途中将他袭杀，俄罗斯的强国之梦由此遭受沉重打击。保加利亚人经此劫难，后来虽然在巴尔干半岛上重新兴起，但其黄种人血统已经丧失殆尽，完全变成了一个斯拉夫民族。佩切涅格人在继承了可萨突厥汗国的大部分遗产以后，却与后者殊途同归，因战斗意志的衰减、内部的分裂、盟友的背叛和东方更狂野的游牧民族冲击而衰落。

库蛮人（Cumans）和钦察人（Kipchaks）在原佩切涅格领土上建立的国家很快被蒙古西征的铁蹄踏碎，此后柔然人的血脉逐渐在欧洲消退。在现代保加利亚人、匈牙利人和芬兰人体内的 DNA里，已经难寻亚洲祖先的痕迹，只有图书馆里的古籍，以及一些词汇及风俗，还能把旁观者的思绪带回到 1000 多年前的蒙古高原。

1000 多年来，在亚欧大陆的过渡地带，某些柔然人的后裔一直享受着被主流史书边缘化的命运。由于历史原因，他们丧失了与亲戚部落合力创业的机遇，没有力量和野心独自建立庞大的草原帝国，但却有足够的自卫能力，保障他们坚持着与祖先相似的生活方式。

吉尔吉斯或柯尔克孜，就是这样一个民族。他们发源于叶尼塞河上游的唐努乌梁海地区，与柔然人关系很近，柔然兴起以后，当时叫"契骨"的吉尔吉斯人也成为柔然汗国的一部分；而在柔然汗国崩溃后长期与突厥人为敌，无疑又加重了这个民族的柔然成分。

唐朝称吉尔吉斯人为"黠戛斯"，他们几度被突厥征服，但总能很快恢复独立，给突厥汗国制造了很大麻烦，也减轻了唐朝的北方压力。突厥汗国灭亡之后，回纥汗国在蒙古高原上兴起，在安史之乱后更是强大无比，在唐朝版图内存在近百年之久。最后，是黠戛斯人击碎了回纥人的野心。他们在 841 年杀死回纥可汗驳特勒，回纥人大部迁往新疆，形成现代维吾尔族。但黠戛斯人兴盛不久，就遭到东方的契丹人和鞑靼人的攻击，被迫退出蒙古高原。辽代称这个民族为"黠戛斯"，元朝称他们为"吉利吉思"。部分吉利吉思人被蒙古人和俄国人迁往南方，在今新疆西部和吉尔吉斯斯坦地区定居下来，余下的依旧住在唐努乌梁海，至今仍然天各一方。

吉尔吉斯族或柯尔克孜族的柔然成分也许不算太多，当今地球上是否还有柔然民族的纯正后裔呢？有的，不过得到"没落民族的避难所"——高加索山区去寻找。在俄罗斯高加索地区的达吉斯坦共和国，还生活着 60 万阿瓦尔人，他们的祖先没有跟随伯颜可汗到多瑙河畔去攻城略地，而是甘于雪山松林间的寂寞。他们是达吉斯坦共和国的第一大民族，占当地总人口的 30% 左右。阿瓦尔人长期与周边民族通婚，以至于完全失去了蒙古人种祖先的相貌，但始终保持着独特的文化。他们还是当地唯一拥有本民族文字的民族，使用格鲁吉亚字母书写。他们的文字叫作"bolmac"，意思是"军事用字"，可见这个民族是多么尚武。时隔 1000 多年，阿瓦尔民族依然还像拜占庭皇帝莫里斯记载的那样："他们的生活就是战争，一听说要打仗就欢欣鼓舞……"如果不是有太多阿瓦尔年轻人死在枪弹之下的话，他们本应是世界上平均寿命最长的民族之一。

至此，神秘的柔然民族的历史终于真相大白。他们的后裔不仅没有绝灭，反而发展为几十个新民族，在整个亚欧大陆上建国立业，繁衍生息。因此，成吉思汗和努尔哈赤的家族中，常常闪耀着柔然人的名字，他们的辉煌岁月，最终随着现代交通工具和现代武器的出现而陨落。不过，他们的活动对世界产生的各种影响，仍将万古长存。

柔然（阿瓦尔）帝国大事年表

年代（公元）	大事记
前 8—前 6 世纪	被称为"戎"和"狄"的西北方游牧民族对华北周朝的诸侯国形成了极大威胁。
前 5 世纪	希罗多德在《历史》中提及亚洲北部的魔法师阿拔里斯与怪兽格里芬。
前 460—前 370	自称是马人喀戎学生的希波克拉底在希腊各地巡回治病。
前 4—前 3 世纪	由犬戎、楼烦、林胡等游牧部落发展而成的匈奴民族在蒙古高原上兴起，又被称为"胡"。在其东部运河上游、大兴安岭南端的游牧部落称"东胡"。秦、赵、燕等国为抵御匈奴和东胡的南侵，纷纷在北部边境修建长城。
前 215	秦始皇派将军蒙恬攻匈奴，匈奴败退，蒙恬将战国的各国长城连接成东西近万里的秦长城，以利防御。
前 209	匈奴与东胡的攻击令幽州前线吃紧，秦二世征兵到渔阳去守长城，途中部分戍卒在大泽乡哗变，导致秦帝国崩溃。秦末，东胡强盛，强索匈奴名马、阏氏、土地。
前 205—前 202	楚汉相争期间，刘邦和项羽都雇用大批楼烦骑兵为自己作战。
前 201	匈奴太子冒顿从月氏逃归，杀死父王头曼，自称单于，随后攻灭东胡。东胡余众北退，退居乌桓山（今内蒙古阿鲁科尔沁旗北）的一支称乌桓；退居鲜卑山（今内蒙古科尔沁右翼中旗西）的一支称鲜卑。

年代（公元）	大事记
前 200	冒顿单于在白登包围刘邦，几乎使西汉帝国覆灭。刘邦被迫与匈奴和亲。
前 177	匈奴右贤王占领汉朝的河套地区，此后匈奴与汉朝的战争不断升级。
前 176	匈奴战胜其西部被称为"西胡"的月氏和乌孙，夺取河西走廊，西域各城邦及青藏高原上的羌族均向匈奴臣服。
前 152	汉景帝与匈奴和亲，双边关系好转。
前 133	汉武帝诱歼匈奴军失败，两国战争升级。
前 121	骠骑将军霍去病征服河西走廊，犹如斩断了匈奴的右臂。
前 119	卫青与霍去病大破匈奴，封狼居胥山。
前 90	贰师将军李广利北伐匈奴，全军覆没。汉武帝从此不再发动北伐。
前 58	匈奴分裂为南北两部。
前 54	北部郅支单于在内战中取胜，南匈奴单于呼韩邪投奔西汉。
前 49	郅支单于惧怕西汉与南匈奴的联合讨伐，放弃蒙古高原西迁。
前 36	西域副校尉陈汤奇袭康居，杀死郅支单于。呼韩邪单于统一匈奴各部，完全臣服于西汉。
10	王莽称帝后，为虚名不断侮辱匈奴，双方重新开始交战。不久，中原大乱。
25	刘秀建立东汉，中原重新统一，与匈奴的关系重新和好。
48	匈奴再次分裂为南北两部。
50	南匈奴单于呼韩邪二世内迁附汉，东汉政府将其部下分置于内蒙古南部、山西北部和河北北部。
87	东胡系的鲜卑部势力崛起，是年大破北匈奴，斩杀优留单于，大批北匈奴人投奔东汉。

年代（公元）	大事记
89	车骑将军窦宪北伐，北匈奴或降汉，或西迁，拓跋部等十余万户匈奴人投降鲜卑，并从此自称鲜卑人。蒙古高原全部纳入鲜卑版图。
91	右校尉耿夔在阿尔泰山区战胜北匈奴，北单于逃往乌孙故地。班超出任西域都护，在当地驱逐匈奴势力。
107	西羌与西域暴动，东汉政府撤销西域都护，西域重新成为北匈奴的势力范围。
123	班超的小儿子班勇出任西域长史，数次击败北匈奴呼衍王，呼衍王西迁。
127	班勇被罢免，随后呼衍王多次击败汉军。
151	呼衍王最后一次与汉军交战。
153	车师后部国王阿罗多因内乱一度投奔北匈奴，后来被汉朝使者召回。檀石槐统一鲜卑各部，尽据匈奴故地，又西击乌孙。北匈奴畏惧鲜卑，继续西迁，在中亚建立悦般国。
154	檀石槐开始连年攻击东汉边疆。
177	东汉与南匈奴联军北伐檀石槐，大败而还。
181	檀石槐去世，其子和连南侵时被汉朝边防军射死，鲜卑帝国随之分裂。
290	悦般士兵以雇佣军身份来到亚美尼亚。
304	南匈奴单于刘渊起兵反抗西晋，"五胡乱华"开始。
308	拓跋猗卢统一了拓跋鲜卑，将势力扩展到长城脚下。刘渊自称汉帝，西晋为对抗南匈奴，邀请拓跋猗卢南下与刘渊作战，并封他为代王。

续表

年代（公元）	大事记
约 310	拓跋猗卢的部将木骨闾因为在军事行动中迟到了，担心会遭到严惩，改名叫"郁久闾"，和百余名逃兵跑到阴山北麓的游牧部落"纯突邻"避难。
316	匈奴军队攻陷长安，西晋灭亡。拓跋鲜卑爆发内战，拓跋猗卢和几个儿子都被杀，最后他的侄子郁律继位。
约 320	郁久闾去世，其子车鹿会继位，改姓"郁久闾"，随即摆脱对纯突邻部的依附，建国号"阿拔尔"，汉语意译为"蠕蠕""蝚蠕""芮芮""茹茹""柔然"等，通称"柔然"。
约 340	车鹿会去世，其子吐奴傀继位为柔然首领。
338	郁律之子什翼犍继位为拓跋鲜卑首领。
约 350	吐奴傀去世，其子跋提继位为柔然首领。悦般征服粟特国。
356—358	悦般攻打波斯，反遭失败，于是向波斯臣服。
359	悦般单于格龙巴特随波斯军队攻打东罗马帝国，围困阿米达，罗马守军射杀悦般太子。
约 360	跋提去世，其子地粟袁继位为柔然首领。
约 370	地粟袁去世，柔然分裂为东西二部，分别由地粟袁之子匹候跋与缊纥提两兄弟统治，都臣属于拓跋鲜卑，每年向后者贡献兽皮和牲畜。
376	前秦皇帝苻坚进攻拓跋鲜卑，什翼犍败逃，中途被太子拓跋实君杀害。前秦军俘虏拓跋实君，将其处死。拓跋鲜卑被分成两部，由铁弗匈奴贵族刘卫辰与刘库仁分别管辖，柔然人被称为"河西鲜卑"，由刘卫辰管辖。匈奴人入侵东哥特王国，引发欧洲民族大迁徙。
约 380	刘库仁击败刘卫辰，独自统治全部拓跋鲜卑人和柔然人。

续表

年代（公元）	大事记
383	苻坚在淝水战败，前秦帝国随之分裂。刘库仁及其弟刘眷相继在内战中被杀，刘眷的女婿拓跋珪逃奔匈奴贺兰部避难。
386	拓跋珪自称代王，不久又改称魏王，建立起北魏帝国。
391	拓跋珪进攻柔然人，俘虏了匹候跋与缊纥提。
394	缊纥提之子社仑和斛律离开北魏，到漠北投奔伯父匹候跋。
395—397	社仑和斛律推翻匹候跋，又征服了高车人。社仑自称"丘豆伐可汗"，建立起柔然汗国，以北魏为榜样，建立新式的政治和军事制度。
398	社仑击退北魏军入侵，拓跋珪只得把北魏帝国的首都从盛乐南迁到平城，并创建了府兵制，以防柔然人南下。
401	北魏讨伐附属后秦的高车人，后秦向柔然求救，但社仑派来的援军被北魏军打败。社仑西征中亚，乌孙人逃进葱岭山中，贵霜王寄多罗向南逃到印度河，战胜笈多君主超日王，建立第二贵霜王国，又称寄多罗王国。社仑因为内乱回国，委派属国高车后部管理中亚事务，结果高车后部便发展为哝哒汗国。
405	社仑要与后秦联姻，但送去的聘礼却被刘卫辰之子刘勃勃截留。社仑对后秦向北魏屈服不满，便与刘勃勃合谋颠覆后秦。
407	刘勃勃依靠三万余名柔然援军的帮助，突然发动兵变，袭杀后秦守将，自称大夏天王，同时改姓"赫连"，即夏武帝赫连勃勃。
409	北魏皇室内讧，拓跋珪遇刺，社仑乘机南征，但无功而返，很快就去世了。
约 410	社仑之弟斛律被拥立为"蔼苦盖可汗"，与北燕建立了联盟关系。

年代（公元）	大事记
412	在印度留学的高僧法显因中亚战乱，只得经斯里兰卡走海路回国，险些遇难。
414	柔然汗国发生了内乱，斛律被流放到北燕，他的侄子步鹿真登基不久，就又被堂兄弟大檀推翻，大檀自立为"牟汗纥升盖可汗"，并很快与北魏发生冲突。
420	北凉王沮渠蒙逊攻灭西凉，西凉公李歆的侄子李宝与其舅舅唐契被俘。
421	李宝与唐契越狱逃到伊吾，向柔然称臣。大檀可汗在唐契和李宝的劝说下，西征北凉，杀死北凉太子沮渠正德。北魏明元帝拓跋嗣重修长城，以御柔然。
423	拓跋嗣去世，拓跋焘继位，史称北魏太武帝。
424	大檀可汗南征北魏，与拓跋焘在云中郡激战。
约 425	悦般与柔然交恶，此后双方冲突不断。
427	哒哒西征波斯，结果全军覆没。
429	拓跋焘奔袭柔然，大获全胜，原本病重的大檀可汗因而不治身亡，幼子吴提继位，号称"敕连可汗"。
约 430	柔然控制了吐鲁番盆地，立当地人阚爽为高昌太守。
434	北魏与柔然和亲，两国关系好转。
436	北魏攻灭柔然的盟国北燕，吴提可汗因而南征北魏，长城脚下战火重燃。
438	拓跋焘北伐柔然失利，北凉和多个西域城邦都向柔然臣服。伊吾因是北凉的死敌，也倒向北魏。
439	拓跋焘西征北凉王沮渠茂虔，吴提可汗南攻北魏首都平城，但因长兄乞列归战败被俘而撤退。北凉于是被北魏兼并，沮渠茂虔的弟弟沮渠无讳逃往敦煌。

年代（公元）	大事记
441	阿提拉统一了欧洲匈奴各部，尔后东征西讨，威震整个欧洲。
442	沮渠无讳攻打鄯善不克。唐契攻打高昌，阚爽向吴提和沮渠无讳求救。柔然军击杀唐契，李宝放弃伊吾，逃到敦煌投奔北魏。沮渠无讳夜袭高昌，阚爽投奔柔然。
442—456	嚈哒与波斯多次交战，互有胜负。
443	拓跋焘大举北伐柔然，吴提可汗诱敌深入，待北魏军粮草枯竭时将其围歼，拓跋焘率领少量部队逃回漠南。
444	拓跋焘表示对失败负责，让出权力，命太子拓跋晃监国、总百揆。北魏严禁死难军人的家属办丧事和百姓供养僧人，强制拓跋鲜卑贵族子弟入太学研习汉文化。拓跋焘和崔浩又捏造罪名，处死郁久闾辰和刘洁等重要将领，乐平王拓跋丕等贵族遇害。李宝惧怕柔然军队来袭，放弃敦煌，逃到平城。北魏全国大乱，各民族暴动此起彼伏。
445	盖吴起兵反魏，南连刘宋，北结柔然，威胁长安。
446	拓跋焘征盖吴时苦于军费不足，诬陷佛寺勾结盖吴，下令彻底灭佛，并宣称释迦牟尼是虚构的人物。高僧法爱逃奔柔然，被吴提可汗拜为国师，并俸以三千户，柔然人从此开始信佛。被北魏驱逐到于阗的吐谷浑可汗慕利延返回柴达木盆地的故土，并与柔然、刘宋两国结成反北魏同盟。
447	吴提西征悦般，遇风雪袭击，败还。
448	吴提去世，其子吐贺真继位，号称"处可汗"。
449	北魏与悦般夹击柔然，吐贺真退却。崔浩等人完成北魏国史《国书》。

年代（公元）	大事记
450	拓跋焘听说吐贺真已死，认为柔然不足惧，于是大举南征刘宋。留守平城的崔浩密有异图，与小舅子柳光世等人谋反，引吐贺真入塞。听说柔然军南下，拓跋焘急忙北返，处死崔浩，柳光世逃奔刘宋。宋文帝刘义隆接见柔然使者和柳光世等人，判定北魏内忧外患，可以一举消灭，便大举北伐，还声称要"封狼居胥"。柔然人闻言大怒，从前线撤兵，拓跋焘得以全力南下，重创了刘宋的北伐军，推进至长江边的京口。
452	拓跋焘死，有一半柔然血统的皇太孙拓跋濬即位，史称北魏文成帝。北魏与柔然的关系显著改善，灭佛令也被解除。
453	濮阳王闾若文等贵族谋反失败。拓跋濬开始建造巨型佛像。阿提拉病逝。
454	阿提拉的长子埃拉克被日耳曼人杀死，欧洲匈奴帝国崩溃，埃拉克的弟弟成吉思和埃尔纳克等人逃往东方。
458	拓跋濬应波斯人的请求，象征性地北伐柔然。
约 450—550	北魏兴建云冈石窟。哌哒汗国许可信仰佛教的属民建造巴米扬石窟。
460	吐贺真可汗攻陷高昌，封阚爽之子阚伯周为高昌王。沮渠家族的旧部阿史那家族向柔然人投降，被安置到阿尔泰山南麓，负责给柔然人炼铁，突厥民族由此诞生。
461—462	吐贺真大破悦般，残余的悦般人逃入兴都库什山区，后被哌哒人消灭。
463	吐贺真派库提吾尔和吴提吾尔两部落西征，战胜亚欧边境的萨比尔人，后者西迁至高加索山区，驱逐奥吾尔、撒拉吾尔和奥诺吾尔三族涌入顿河流域，向东罗马帝国求援。库提吾尔人和吴提吾尔人从此留在东欧。

年代（公元）	大事记
464	吐贺真去世，太子予成继位，号称"受罗部真可汗"。予成喜爱汉文化，改元"永康"，又南征北魏，企图问鼎中原，大败而还。
约 465	撒拉吾尔人吞并了埃拉克的余部阿卡泽尔人，欧洲匈奴人大量投奔成吉思。
466	予成攻打于阗，不能取胜。成吉思受东方游牧民族的压力，渡过多瑙河，进攻日耳曼人和东罗马帝国。
467	哒哒与波斯瓜分了寄多罗王国，但因分赃不均，很快反目成仇。受匈奴人再度来袭的影响，日耳曼人之间发生冲突，匈奴血统的日耳曼人酋长奥多阿克战败，投奔西罗马帝国，被任命为大将。
469	成吉思在巴尔干半岛战死，悬首于君士坦丁堡赛马场。埃尔纳克将库提吾尔、吴提吾尔、奥诺吾尔、奥吾尔各族联合起来，改国号保加利亚，并将与欧洲匈奴人为敌的撒拉吾尔人赶回亚洲。
470	予成再次攻打北魏，仍然大败而归。
472—474	予成两度派兵攻打敦煌，还是无法获胜。
约 475	哒哒可汗阿赫善瓦尔派寄多罗特勤室利·头罗曼远征印度，占领了整个印度河流域和大部分恒河流域。
475—484	阿赫善瓦尔连续三次战胜波斯沙皇俾路斯一世，后者在战场上失踪，波斯政权随即落入曾经长期在哒哒汗国当人质的太子卡巴德之手。
476	奥多阿克发动兵变，废黜西罗马末代皇帝奥古斯图卢斯，自称意大利国王，西罗马帝国灭亡，东罗马帝国由此也被叫作拜占庭帝国。

续表

年代（公元）	大事记
478	齐王萧道成派骁骑将军王洪轨出使柔然，希望与予成可汗结盟对付北魏。柔然国相刑基祇罗回表，劝萧道成称帝，并许诺援助。萧道成喜得外援，于是代宋称帝，建立南齐。北魏立即进攻南齐，予成按照盟约南下攻北魏，但不能突破长城，转而东进。契丹酋长勿于担心自己受到夹击，就向南逃到辽河与大凌河一带。高昌发生内乱。
479	予成可汗派高车副伏罗部酋长阿伏至罗讨伐高昌，导致阚氏家族覆灭，并改立张孟明为高昌王。
485	予成去世，太子豆仑继位，号称"伏古敦可汗"，改年号为"太平"。
487	豆仑南征北魏，对此持反对意见的阿伏至罗在西域独立，称"阿至罗国"或"西部高车"。柔然汗国从此分裂。
489	阿伏至罗击败豆仑，夺取了柔然汗国西北部的大片领土，柔然举族南迁。
490	阿伏至罗的西部高车王国向北魏示好，但因为北魏使者拒绝向阿伏至罗下拜，这次结盟失败，南齐使者江景玄却获得了阿伏至罗的好感。
492	北魏孝文帝拓跋宏北伐柔然，因风雪撤兵。
约 493	豆仑与叔父那盖分兵两路西征阿伏至罗，结果那盖取胜，豆仑战败，柔然人于是刺杀豆仑，拥立那盖为"候其伏代库者可汗"，并改年号为"太安"。
494	拓跋宏迁都洛阳，加快拓跋鲜卑的汉化进程。
约 500	柔然与哒嚈夹击西部高车，阿伏至罗战败，被部下刺杀。哒嚈人俘虏了阿伏至罗的三个孙子弥俄突、伊匐、越居，立弥俄突为高车王。西域从此成为哒嚈的势力范围，柔然也收复了一些领土。

续表

年代（公元）	大事记
502	头罗曼去世，其子摩醯逻矩罗继位，凶暴好杀，抑制佛教。
504	那盖去世，太子伏图继位，号称"他汗可汗"，改年号为"始平"。
508	伏图被弥俄突击杀，太子丑奴继位，号称"豆罗伏跋豆伐可汗"，并改年号为"建昌"。
509	嚈哒攻灭粟特。
516	丑奴擒杀弥俄突，以其头盖骨为酒杯。弥俄突的弟弟伊匐在嚈哒可汗厌带夷栗陀的支持下，重建西部高车国。
520	柔然皇室内部爆发地万丑闻，伊匐乘虚而入，战胜丑奴。丑奴被不满的大臣谋杀，其弟阿那瑰继位。十天后，阿那瑰被堂兄示发击败，只得投奔北魏，在洛阳滞留三个月。阿那瑰的另一位堂兄婆罗门战胜示发，自立为"弥偶可社句可汗"，并要召回阿那瑰。阿那瑰担心遇害，不敢回国，重归洛阳。
521	婆罗门被伊匐击败，也投奔北魏，蒙古高原全部落入西部高车之手。婆罗门对北魏给自己的待遇不满，想去嚈哒投奔姐夫厌带夷栗陀可汗，但在途中被北魏军擒获。
522	阿那瑰统一漠南的柔然各部，实力大增，于是擅自返回漠北。北魏派军追赶，却不敢逼近。此后，柔然军不断骚扰北魏边疆。
524	北魏的北方边疆发生六镇大暴动。
525	北魏与柔然和解，阿那瑰应邀南下，大胜六镇军的主力破六韩拔陵部，威名远扬，于是自称"敕连头兵豆伐可汗"，并招揽汉族官员在其政府任职。

年代（公元）	大事记
527	阿那瑰与北魏将领尔朱荣多次合作，镇压各地暴动，又要去解营州之围，遭到北魏胡太后的拒绝。
528	尔朱荣发动兵变，杀死胡太后、小皇帝及北魏的大部分贵族官员，拥立元子攸为北魏孝庄帝，随即赐予阿那瑰可汗"参赞不言名，上书不称臣"的殊礼。
515—528	摩醯逻矩罗四处镇压暴动，最终被摩揭陀国王婆罗阿迭多俘虏，后得到释放。
约 530	摩醯逻矩罗袭杀迦湿弥罗王，又占领犍陀罗国，重建在印度河上游的统治。
532	高欢在北魏内战中获胜，拥立元修为北魏孝武帝。
534	北魏分裂为东魏和西魏。阿那瑰战胜高车王越居，重建在天山南北的统治。伊匐之子比适刺杀越居，自立为高车王，越居之子去宾投奔东魏。
535—539	东、西魏都竞相要求与柔然和亲，阿那瑰决定把女儿嫁给西魏文帝元宝炬。元宝炬被迫与皇后乙弗氏离婚。
539—540	阿那瑰的女儿去世，高欢乘机声称元宝炬仍爱乙弗氏，故而将柔然公主毒死。阿那瑰大怒，南征西魏，西魏丞相宇文泰只得逼元宝炬杀掉乙弗后，柔然军这才撤退。
541	阿那瑰与东魏和亲，为其太子庵罗辰迎娶东魏乐安公主，又把孙女邻和公主妻嫁给高欢的第九子高湛。
542	摩醯逻矩罗去世，印度的嚈哒政权全面瓦解。
545	高欢迎娶阿那瑰的小女儿，号称茹茹公主。宇文泰向阿尔泰山区派出间谍，劝突厥首领布民起兵反抗柔然。

续表

年代（公元）	大事记
547	高欢去世，茹茹公主又嫁给高欢的长子高澄。
549	高澄遇刺，茹茹公主失踪。
550	高澄之弟高洋称帝，取代东魏，建立北齐。疯和尚阿秃师警告高洋，北齐将被阿那瓌消灭。布民吞并铁勒，向柔然提出联姻，遭到阿那瓌的责骂，突厥于是同柔然绝交，布民自称伊利可汗。
551	突厥与西魏和亲，建立反柔然同盟。
552	突厥大破柔然，阿那瓌自杀。太子庵罗辰与堂叔登注、登注的长子库提等人南奔北齐，留在蒙古高原东部的柔然人则拥立登注的次子铁伐为可汗。不久，铁伐被契丹人杀死。
553	高洋相继拥立登注和库提为柔然可汗，但都没有成功，只得立庵罗辰为柔然可汗并将柔然人安置在大同盆地里。
554	庵罗辰起兵反抗北齐。西魏推行鲜卑化运动，将军杨忠被赐姓普六茹。
555	庵罗辰被高洋赶出长城，经营州前往松花江流域，投奔靺鞨人。蒙古高原上的柔然人拥立阿那瓌的叔父邓叔子为可汗。伊利可汗去世，突厥汗国被分为东西两部，分别由伊利可汗的长子科罗和弟弟室点密统治。科罗大破邓叔子，但随即去世，传位给弟弟俟斤，是为木杆可汗。邓叔子被木杆可汗赶出蒙古高原，投奔西魏。突厥使者逼迫宇文泰交出邓叔子等三千名柔然流亡者，在长安城东的青门外全部斩杀，柔然女子和未成年男子被分配给各个西魏贵族家庭当奴隶。至此，柔然汗国宣告灭亡。

续表

年代（公元）	大事记
556—557	驻扎在亚欧大陆交界处的柔然部落趁突厥人南下进攻呋哒汗国，开始西迁。
558	西突厥可汗室点密与波斯沙皇库萨和一世夹击呋哒汗国，在布哈拉会战中杀死了呋哒可汗渥泽尔。被欧洲人称为"阿瓦尔"或"阿拔尔"的柔然使团渡过黑海，来到君士坦丁堡访问，请求与拜占庭人结盟。
559	库提吾尔酋长扎伯干进攻拜占庭帝国，围困君士坦丁堡，终被拜占庭的匈奴血统将军贝利撒琉击退。
560	伯颜可汗率领两万阿瓦尔人迁徙到多瑙河口附近。
561	阿瓦尔军队攻入易北河流域，被奥斯特拉西亚国王西格伯特一世击退。突厥使团拜访君士坦丁堡，希望拜占庭当局不要与阿瓦尔人来往。
563	阿悉结使团造访君士坦丁堡，再次劝阻拜占庭帝国与阿瓦尔汗国结盟。残存的呋哒人撤到兴都库什山区内，推举富汗尼什担任可汗，向波斯称臣。
566	伯颜可汗西征奥斯特西亚，俘虏了西格伯特一世，后来接受赎金和物资，将其释放，两国结盟。西格伯特畏惧阿瓦尔人，将首都从梅斯西迁到兰斯。阿瓦尔和伦巴第结盟，以对付格皮德王国。
567	格皮德王国被阿瓦尔汗国和伦巴第王国瓜分，残余的格皮德人退保西米翁城，并召来拜占庭军队协助防守，导致阿瓦尔汗国与拜占庭帝国交恶。
568	伯颜可汗围攻西米翁城失败。伦巴第国王阿尔伯因放弃故土，率领全民族向意大利的拜占庭领地进军。拜占庭与突厥交好，摩尼支使团拜访君士坦丁堡，拜占庭皇帝查士丁二世派蔡马库斯陪伴摩尼支回访西突厥，觐见室点密可汗。
570	伯颜渡过多瑙河，阿瓦尔人从此开始进攻拜占庭领土。

年代（公元）	大事记
570—581	拜占庭将领莫里斯撰写《战略学》，赞扬和分析阿瓦尔军队的战术。
572	阿尔伯因在征服了半个意大利以后，被王后罗莎蒙德谋杀，伦巴第人扩张的脚步停滞不前。西突厥可汗室点密和东突厥可汗木杆相继去世，突厥汗国随即陷入内战。
574	伯颜两度战胜拜占庭将领提比略。提比略称帝后，与伯颜可汗讲和，每年向阿瓦尔汗国进贡8万枚金币。室点密的次子听说拜占庭人与阿瓦尔人和解，怒斥拜占庭使者瓦伦丁。
575	拜占庭与阿瓦尔联军在梅利泰内会战中击败波斯人。
575—577	吴提吾尔酋长阿那盖叛变阿瓦尔汗国，引导突厥可汗达头西征，围攻克里米亚半岛上的拜占庭属地。
578	斯拉夫人入侵巴尔干半岛，提比略向阿瓦尔人求援，伯颜渡河南下，歼灭了大批斯拉夫人。
579	伯颜在萨瓦河口造桥，占领辛吉杜农（贝尔格莱德）。
580	大萨满孛克罗不花与伯颜的一名妃子私奔到君士坦丁堡。
581	杨忠之子杨坚（普六茹·那罗延）建立隋朝。
582	伯颜向被围三年的西米翁城供应粮食，大批守军因暴饮暴食而死，阿瓦尔人入据西米翁城，但很快因火灾撤出。提比略去世，莫里斯继位为拜占庭皇帝。
583	伯颜退位或去世，长子继位为阿瓦尔可汗。他要求拜占庭帝国把岁赐从8万枚金币提高到10万枚金币，遭到拒绝后率军南侵，攻陷安夏洛等地，逼近君士坦丁堡。莫里斯散布谣言说突厥人正在西征，可汗慌忙撤退。

续表

年代（公元）	大事记
583—585	突厥内乱不止，阿拔人乘虚而入，击败了突厥可汗沙钵略，后被隋军赶走，突厥因而向隋朝割地称臣。塔尼支、科扎吉尔和哲本德三个瓦尔匈奴部落在保加罗斯和可萨的带领下背弃西突厥汗国，投奔阿瓦尔汗国。
585	莫里斯同意将给阿瓦尔汗国的岁赐提高到10万枚金币，但不久又拘留阿瓦尔使者鞑吉帖，可汗于是再次进攻拜占庭。
586	莫里斯释放了鞑吉帖，但可汗仍继续进攻。科门帖洛将军用游击战术迎战可汗，先胜后败。拜占庭工兵布萨斯投降阿瓦尔人，助其攻城略地。
588	突厥与拜占庭重归于好，联合进攻波斯，结果叶护可汗处罗侯及其太子均被波斯军射死，突厥汗国再度内乱。
589	隋文帝杨坚召回防御突厥的北方驻军，南下灭陈，统一中国。
592	莫里斯皇帝御驾亲征阿瓦尔人，以虎头蛇尾告终。阿瓦尔人随即发动反击，莫里斯派普里斯库斯将军迎战可汗，屡战屡败，被迫求和。
593	普里斯库斯渡过多瑙河，袭击臣属阿瓦尔人的斯拉夫国王阿达伽斯特，导致阿瓦尔可汗的抗议。
597	阿瓦尔可汗渡过多瑙河南下，与普里斯库斯军对峙于托米斯城郊。
598	可汗在复活节给物资匮乏的拜占庭军队送去食物。莫里斯派科门帖洛去援助普里斯库斯，反而被阿瓦尔军队击溃，12000人被俘。莫里斯拒绝花钱赎回战俘，可汗怒而将其全部处死，后因瘟疫北返。莫里斯把支付给阿瓦尔汗国的岁赐提高至12万枚金币。

续表

年代（公元）	大事记
599	普里斯库斯渡过多瑙河北上，先后杀死了伯颜的四个孙子、5万名阿瓦尔人和3万名格皮德人，俘虏17200人。阿瓦尔汗国几乎崩溃，可萨突厥和一些斯拉夫部落相继独立。
约600	普里斯库斯将军神秘死亡。
601	莫里斯的弟弟彼得与阿瓦尔将领阿布舒在铁门关对峙，彼得坐失良机，诱发军队的不满，莫里斯克扣军饷，更加深了矛盾。
602	防御阿瓦尔人的拜占庭军队哗变，推举福卡斯为帝，攻入君士坦丁堡，杀死了莫里斯、彼得和科门帖洛等人。莫里斯的长子提奥多西逃奔波斯，向妹夫库萨和二世求援。福卡斯把支付给阿瓦尔汗国的岁赐提高至15万枚金币。
603	阿拔、仆骨等铁勒部落叛离突厥，归附隋朝。突厥达头可汗逃奔吐谷浑，在途中被部下杀死。隋朝基本上控制了突厥。
605	库萨和二世大举进攻拜占庭，所向披靡。
609	波斯军队挺进到爱琴海东岸。
约610	伯颜的长子去世，幼子继位为阿瓦尔可汗。
610	迦太基军阀伊拉克略从海上突袭君士坦丁堡，处死福卡斯，自立为帝。
611	应伦巴第国王阿吉乌夫的邀请，阿瓦尔可汗率军讨伐弗留利公国，杀死背叛阿吉乌夫的弗留利公爵吉苏尔夫。吉苏尔夫的遗孀罗米姐被可汗的美色迷惑，开城投降，后被可汗处死，小儿子格里莫尔德逃往贝内文托。
约615	阿瓦尔军队攻击巴尔干半岛。
617	可汗围攻萨洛尼卡达33天之久，因攻城机械发生故障而撤兵。

续表

年代（公元）	大事记
618	李渊建立唐朝。
619	波斯攻占拜占庭的全部亚洲版图、埃及和利比亚，并与阿瓦尔汗国结盟，要瓜分余下的拜占庭领土。伊拉克略要与阿瓦尔可汗和谈，却在伊拉克莱亚遇袭，几乎被俘，君士坦丁堡险些陷落，数十万名拜占庭人被阿瓦尔人俘虏。伊拉克略被迫把给阿瓦尔人的岁赐提高到 20 万枚金币。
620	萨莫在法国的协助下，领导易北河流域的斯拉夫人独立建国。
622	伊拉克略停止向阿瓦尔和波斯进贡，亲征波斯。穆罕默德建立伊斯兰教。
625	阿瓦尔人攻占了亚得里亚海东岸，将克罗地亚人迁徙到这里。
626	玄武门之变，李世民称帝，突厥人一度进逼到渭桥。阿瓦尔人与波斯人围攻君士坦丁堡，最终被击退，且损失惨重，阿瓦尔汗国由盛转衰。伊拉克略与可萨突厥可汗哲别尔和亲，两国联合进攻波斯，占领第比利斯。
627	伊拉克略在尼尼微会战中大破波斯军，随即占领波斯夏都达斯塔格德。
628	波斯发生政变，太子卡巴德杀死父皇库萨和二世，向拜占庭割地臣服。
约 630	伯颜的幼子去世，阿瓦尔贵族与保加利亚贵族竞选可汗，保加利亚贵族失败后认为阿瓦尔贵族在选举中舞弊，遭到武力镇压。保加利亚贵族阿济格率部逃往巴伐利亚，遭到法军屠杀，辗转到阿尔卑斯山区避难。另一位保加利亚贵族忽必烈在伏尔加河流域建立大保加利亚汗国，阿瓦尔汗国四分五裂。
632	穆罕默德归天。

年代（公元）	大事记
632—656	阿拉伯人征服叙利亚、巴勒斯坦和埃及。
651	阿拉伯人征服波斯，随后围攻可萨突厥首都巴兰贾，但被击退。
659	唐朝与可萨突厥瓜分了西突厥汗国。
660—670	忽必烈可汗去世，可萨突厥人乘虚而入，征服伏尔加保加利亚人，忽必烈的三子到阿尔卑斯山区投奔阿济格，后来一起前往意大利投奔伦巴第人。四子库伯投奔阿瓦尔人，五子阿斯巴鲁赫在顿河西岸建国。
662	贝内文托公爵格里莫尔德杀死伦巴第国王哥德佩特自立，哥德佩特的弟弟佩克塔里特逃往阿瓦尔汗国。格里莫尔德逼阿瓦尔人引渡佩克塔里特，后者又投奔法国。
663	格里莫尔德召阿瓦尔军队攻打弗留利，杀死背叛自己的弗留利公爵卢普斯。
约 670	阿斯巴鲁赫渡过多瑙河南下。
678	阿拉伯人围攻君士坦丁堡失败。
679	阿瓦尔使团最后一次出访君士坦丁堡。
680	拜占庭皇帝君士坦丁四世亲征保加利亚失败，被迫向阿斯巴鲁赫割地赔款。
683	库伯从阿瓦尔汗国独立出来，率部南下到马其顿，建立保加利亚共和国，向拜占庭帝国臣服。
约 690	库伯去世，保加利亚共和国随之消亡。
693	阿瓦尔使团出访法国。
702	阿斯巴鲁赫去世，其子特尔维尔继保加利亚可汗位。被剁掉鼻子的查士丁尼二世越狱投奔可萨突厥汗国，与布兹尔可汗联姻。

续表

年代（公元）	大事记
704	布兹尔可汗应拜占庭人要求，欲杀查士丁尼，后者投奔保加利亚。
705	特尔维尔与查士丁尼攻陷君士坦丁堡，查士丁尼封特尔维尔为恺撒。
711	拜占庭远征军与可萨突厥军队联合暴动，查士丁尼二世被杀。阿拉伯人征服西班牙，西哥特王国灭亡。
716	拜占庭向保加利亚割地并许可通商。
732	法国宫相铁锤查理在都尔战役中击退阿拉伯人对法国的入侵。
751	铁锤查理之子矮子丕平称王，建立加洛林王朝，墨洛温王朝终。
755	安史之乱爆发。
756	保加利亚可汗温内奇进攻君士坦丁堡。
763	拜占庭皇帝君士坦丁五世战胜保加利亚可汗特勒茨。
768	矮子丕平去世，法国被查理和卡洛曼兄弟瓜分。
771	卡洛曼去世，查理统一全法国。
773	君士坦丁五世战胜保加利亚可汗特利里格，被称为"保加利亚屠夫"。
787	巴伐利亚公爵塔西罗受法国威胁，派妻子柳特贝嘉去阿瓦尔汗国求援。
788	法国吞并巴伐利亚，阿瓦尔援军也被法军战胜。
790	阿瓦尔使团抗议法军侵犯其边疆，并要求重新划界，被查理拒绝。
791	法军分两路进攻阿瓦尔汗国，占领匈奴堡，推进至德拉瓦河口而还。
792—795	阿瓦尔汗国内乱，导致可汗与叶护双双死亡。

续表

年代（公元）	大事记
795	弗留利公爵埃里克从意大利北部突袭阿瓦尔圜城，虏获大量财宝。
796	吐豆登率部投降法国，查理命意大利国王丕平和弗留利公爵埃里克东征，推进至德拉瓦河口，新任阿瓦尔可汗率其大臣出降。阿瓦尔圜城被再度洗劫并焚毁，阿瓦尔汗国灭亡。
797	阿瓦尔人因对法国统治不满，群起暴动。
799	吐豆登和冒顿汗领导阿瓦尔人杀死弗留利公爵埃里克、巴伐利亚总督格罗德等四名法国大将。
800	查理亲征阿瓦尔，稳定局势后赴罗马称帝。
803	保加利亚可汗克鲁姆越过喀尔巴阡山脉，进攻特兰西瓦尼亚的阿瓦尔人。
804	保加利亚军队推进至蒂萨河，大部分阿瓦尔人向克鲁姆可汗投降，冒顿汗向法国臣服，阿瓦尔领土被法国和保加利亚瓜分。
805	末代阿瓦尔可汗率部至亚琛，接受基督教洗礼，可汗取教名为"亚伯拉罕"，冒顿汗取教名为"提奥多西"。提奥多西不久病死。查理大帝重建阿瓦里亚汗国，作为法国的附庸，由亚伯拉罕可汗统治。
809	克鲁姆可汗率保加利亚和阿瓦尔军队进攻拜占庭。
811	拜占庭皇帝尼基弗鲁斯反击克鲁姆可汗，攻陷保加利亚首都普利斯卡。克鲁姆求和，尼基弗鲁斯不允，继续追击，在普利斯卡西郊的巴尔干山区遭到伏击，几乎全军覆没，克鲁姆可汗取尼基弗鲁斯的头盖骨为酒杯。亚伯拉罕可汗再次前往亚琛，一去不回，阿瓦里亚汗国也被改为阿瓦里亚郡。

续表

年代（公元）	大事记
814	查理大帝驾崩，虔诚者路易继位。克鲁姆可汗再度南下，在与拜占庭人会谈时遭袭，几乎丧命。
815	克鲁姆可汗怒而围攻君士坦丁堡，但突然病逝，保加利亚与拜占庭和解。
828	虔诚者路易取缔了阿瓦里亚郡和几个尚存的阿瓦尔贵族领地，将它们并入新设的"东马克"行政区。
841	黠戛斯人杀死回纥可汗馼特勒，将回纥人赶往新疆，经过与当地居民的长期融合，形成维吾尔族。
约 890	可萨突厥汗国内乱，七个马扎尔部落和三个可萨突厥部落结为"十箭联盟"。
894	保加利亚可汗西蒙大破拜占庭军队，马扎尔大公阿帕德受拜占庭人邀请，率"十箭联盟"西进，攻打保加利亚人，在中欧建立匈牙利王国。
912	伊戈尔建立基辅罗斯大公国。
967	基辅罗斯大公斯维亚托斯拉夫征服可萨突厥汗国。
972	斯维亚托斯拉夫大公与拜占庭帝国瓜分保加利亚汗国。

参考文献

1. 司马迁：《史记》

2. 班固：《汉书》

3. 范晔：《后汉书》

4. 陈寿：《三国志》

5. 房玄龄（等）：《晋书》

6. 沈约：《宋书》

7. 萧子显：《南齐书》

8. 魏收：《魏书》

9. 李百药：《北齐书》

10. 令狐德棻：《周书》

11. 魏徵：《隋书》

12. 脱脱（等）：《宋史》《辽史》《金史》

13. 宋濂、王祎：《元史》

14. 柯劭忞：《新元史》

15. 赵尔巽：《清史稿》

16. 杨炫之：《洛阳伽蓝记》

17. 余太山：《金钱之旅：从君士坦丁堡到长安》，人民美术出版社，2004 年。

18. 勒内·格鲁塞：《草原帝国》，商务印书馆，1998 年。

19. 佚名：《蒙古秘史》，特·官布扎布、阿斯钢译，新华出版社，2006 年。

20. 周伟洲：《敕勒与柔然》，广西师范大学出版社，2006 年。

21. 马利清：《原匈奴、匈奴：历史与文化的考古学探索》，内蒙古大学出版社，2005 年。

22. 余太山：《嚈哒史研究》，齐鲁书社，1986 年。

23. 余太山：《塞种史研究》，中国社会科学出版社，1992 年。

24. 耿世民：《古代突厥文碑铭研究》，中央民族大学出版社，2005 年。

25. 徐黎丽：《突厥人变迁史研究》，民族出版社，2008 年。

26. 朱学渊：《中国北方诸族的源流》，中华书局，2004 年。

27. 罗三洋：《欧洲民族大迁徙史话》，文化艺术出版社，2007 年。

28. 希罗多德：《历史》，徐松岩译，上海三联书店，2008 年。

29. 都尔教会主教格雷戈里：《法兰克人史》，寿纪瑜、戚国淦译，商务印书馆，1996 年。

30. 马苏第：《黄金草原》，耿昇译，青海人民出版社，1998 年。

31. 爱德华·吉本：《罗马帝国衰亡史》，席代岳译，吉林出版集团有限公司，2008 年。

32. 麦高文:《中亚古国史》, 章巽译, 中华书局, 2004 年。

33. 乔治·奥斯特洛格尔斯基:《拜占廷帝国》, 陈志强译, 青海人民出版社, 2006 年。

34. 李特文斯基:《中亚文明史》第三卷, 马小鹤译, 中国对外翻译出版公司, 2003 年。

35. Procopius: *De bello Persico*

36. Procopius: *De bello Gothico*

37. Cassiodoros: *Variae Epistulae*

38. Michael Syrus: *Chronica*

39. Georgios Pisides: *Bellum Avaricum*

40. Mauritius: *Strategicon*

41. Menandros Protectoe: *Historiae Fragmenta*

42. Theophylactos Simocates: *Historiae*

43. Theodor Synkellos: *Homilia De Obsidone Avarica Constantinopolis*

44. Zosimos: *Historia Nova*

45. Johannes of Ephesos: *Historiae Ecclesiasticae Pars Tertia*

46. Johannes of Niciu: *Chronica*

47. Isidor of Sevilla: *Chronica*

48. Fredgar: *Historiae*

49. Paulus Diaconus: *Historia Langobardorum*

50. Einhard：*Vita Caroli Magni*

51. Theodulf：*Ad Carolum Regem*

52. Notcer Balbulus：*Gesta Caroli Magni imperatoris*

53. 佚名：*Suidas Lexicon*

54. 佚名：*Miracula Demetrii*

55. Walter Pohl：*Die Awaren*，C. H. Beck，2002.

56. Florin Curta, Roman Kovalev：*The Other Europe in the Middle Ages: Avars, Bulgars, Khazars and Cumans*，Brill，2007.

57. Falko Daim：*Reitervoelker aus dem Osten: Hunnen und Awaren*，Burgland，1996.

58. Neil Christie：*The Lombards*，Wiley-Blackwell，1999.

59. Pierre Riche：*Les Carolingiens*，Hachette，1983.

60. Dieter Haegermann：*Karl der Grosse*，List，2003.